特别鸣谢：中共昆明市呈贡区委　昆明市呈贡区人民政府

国务院参事室 中央文史研究馆纪念改革开放40周年口述史丛书

No.1 亚洲花都

昆明斗南花卉产业发展口述史

昆明市人民政府参事室
昆明市文史研究馆 编

云南出版集团
雲南人民出版社

图书在版编目（CIP）数据

NO1亚洲花都：昆明斗南花卉产业发展口述史 / 昆明市人民政府参事室, 昆明市文史研究馆编. -- 昆明：云南人民出版社, 2018.11
ISBN 978-7-222-17825-0

Ⅰ. ①N… Ⅱ. ①昆… ②昆… Ⅲ. ①花卉—种植业—产业发展—研究—昆明 Ⅳ. ①F326.13

中国版本图书馆CIP数据核字(2018)第268196号

统筹编辑：马维聪
责任编辑：李东华　陶汝昌
责任校对：陈　亚
责任印制：代隆参
装帧设计：赵　丹

No.1 亚洲花都
No.1 YAZHOU HUADU
——昆明斗南花卉产业发展口述史

昆明市人民政府参事室
昆　明　市　文　史　研　究　馆　编

出　版　云南出版集团　云南人民出版社
发　行　云南人民出版社
社　址　昆明市环城西路609号
邮　编　650034
网　址　http://www.ynpph.com.cn
E-mail　ynrms@sina.com
开　本　787mm × 1092mm　1/16
印　张　25.25
字　数　330千
版　次　2018年11月第1版第1次印刷
印　刷　云南商奥印务有限公司
书　号　ISBN 978-7-222-17825-0
定　价　78.00元

如有图书质量及相关问题请与我社联系
审校部电话：0871-64164626　印制科电话：0871-64191534

云南人民出版社公众微信号

谨以此书献给中国改革开放40周年

献给斗南花卉产业的开拓者

幸福都是奋斗出来的

云花从这里走向世界
（手机扫码看视频）

花香斗南颂

这 里 繁 花 似 锦，到 处 五 彩 缤 纷。
群 芳 争 艳 绽 满 村，四 季 幽 香 袭 人。
招 来 八 方 宾 客，赢 得 财 源 滚 滚。
千 家 丰 盈 起 歌 声，喜 庆 繁 荣 昌 盛。

——斗南种花第一人化忠义遗作

总 序

改革开放是一项长期的、艰巨的、繁重的事业，必须一代又一代人接力干下去。

——习近平

2018年4月，习近平主席在博鳌亚洲论坛2018年年会开幕式上说，历史，总是在一些特殊年份给人们以汲取智慧、继续前行的力量。1978年，以中共十一届三中全会为标志，中国开启了改革开放的历史征程。从农村到城市，从试点到推广，从经济体制改革到全面深化改革，40年众志成城，40年砥砺奋进，40年春风化雨，中国人民用双手书写了国家和民族发展的壮丽史诗，中华民族迎来了从站起来、富起来到强起来的伟大飞跃。

改革开放这场中国的第二次革命，不仅深刻改变了中国，也深刻影响了世界！改革开放40年取得的成就，充分证明了改革开放是决定当代中国命运的关键抉择，是当代中国发展进步的活力之源，是党和人民事业大踏步赶上时代的重要法宝，是坚持和发展中国特色社会主义、实现中华民族伟大复兴的必由之路。党的十九大描绘了决胜全面建成小康社会、夺取新时代中国特色社会主义伟大胜利的宏伟蓝图，进一步指明了党和国家事业前进方向。我们要胜利实现既定战略目标，就要坚定不移走改革开放这条正确之路、强国之路、富民之路。

为贯彻落实习近平新时代中国特色社会主义思想，进一步落实中共中央和国务院《关于实施中华优秀传统文化传承发展工程的意见》，中央文史研究馆自2017年起面向全社会，长期、系统、有序地开展了文史资料征集工作，主要征集对象是自辛亥革命以来，有关反映中国社会、文化、历史演进变迁的各种形式的文史资料。值此中国改革开放40周年到来之际，国务院参事室、中央文史研究馆开展了纪念改革开放40周年专题口述史及相关文史资料征集工作，以全景展现40年来在中国共产党的领导下，中国人民艰苦奋斗、矢志不渝成功走出一条中国特色社会主义道路的伟大历史画卷，保存历史记忆，记录时代风云，弘扬将改革开放进行到底的时代主旋律，创新发展中国特色社会主义文史研究，丰富中央文史研究馆文史资料库。

以史为镜，可以知兴替；以人为镜,可以知得失。口述史料作为文史资料中的独特形式，是通过重要当事人（亲历者）口述方式收集的史料。以当事人生动的口头叙述，可还原历史真相，揭示历史细节，彰显历史的丰富性和鲜活性。纪念改革开放40周年口述史工作自2017年仲秋启动以来，得到了各地方文史馆及中央和国家机关有关部门的积极响应和大力支持，征集选题总计达200多项。其中，各地方文史馆推荐选题多围绕改革开放时期所属省域内发生的，具有改革特色和创新特点的有关重大事件或重要活动；中央和国家机关有关部门则多围绕本部门职责范围和相关领域推荐选题。在广泛征求各方面意见后，我们在众多推荐选题中节选了具有代表性、引领性和全面性的选题开展相关口述史料采集工作，坚持口述者亲历、亲见、亲闻，采访者忠于历史、客观记录，撰稿者忠于“信”、通于“达”、求于“雅”的原则，在各方通力协助下，编纂成书。

本套丛书的内容，基本保持了口述当事人生动的口头叙述风格，在尊重历史事实基础上，最大限度地还原历史真相，充分展现口述历史的独特魅力。文中配以大量历史照片和实景图片，图文并茂，力求真实、生动、具体的再现历史，留存改革开放的“第一手”资料。

中国特色社会主义进入新时代。在新时代、新起点、新征程上，继续全面推进改革开放，虽然不复当初“摸着石头过河”的艰辛，但是面对更加复杂多变的世界形势和大发展大变革大调整的新时期，中国发展仍面临诸多挑战。数往知来，温故知新，我们编辑出版这套丛书，希望能为广大读者提供一个了解和关注改革开放四十年这段历史的机会；亦希望将这套丛书编成具有文

总 序

史研究馆特点的丛书读本——讲好中国故事、传播文史声音；更进一步地，我们也热忱希望丛书的编纂和出版能发挥存史资政的作用，为新时代实现“两个一百年”奋斗目标和实现中华民族伟大复兴中国梦贡献绵薄之力。

是为序。

王仲伟

2018年10月

改革开放为斗南花卉插上腾飞的翅膀

（代序）

20世纪80年代初，中国农村迎来了以联产承包责任制为主的重大改革，亿万农民有了在责任田上生产和交易农产品的自主权。昆明斗南农民正是借改革东风，自发地发展花卉种植，到1991年，斗南花卉进入商品化规模生产，经过30多年的发展，斗南花卉产业已基本形成生产、科研、加工、市场物流几大体系，成为高原特色农业的典型代表。

昆明斗南一步步成长为“亚洲花都”，起始于“以路为市”的鲜花销售。1995年，呈贡县政府在斗南村修建了第一个花卉交易市场。1998年，省、市、县政府在斗南村新建成占地74亩，西南地区最大的昆明斗南花卉市场。2002年，中国第一个国际花卉拍卖交易中心在斗南建成投入运营。现正在开发建设的斗南花卉产业园区占地1020亩，园区项目共分为三期进行建设。其中，一期项目花花世界，占地286亩，总建筑面积28万平方米，于2015年建成并投入使用，园区每天上万人次进场交易。园区二、三期围绕花卉科技研发、金融服务、特色小镇、教育培训和物流服务的基础设施建设，正在有条不紊开展规划和建设准备。

截至目前，昆明斗南花卉市场已经连续20多年交易量、交易额、现金量、人流量和出口额居全国第一，被誉为中国花卉市场的“风向标”和花卉价格的“晴雨表”。斗南国际花卉产业园区是目前全球唯一四种交易模式，即互联网＋电子商务、拍卖模式、电子统一结算、对手交易并存的花卉交易市场，现有1000余家花卉经营户和物流企业，拥有花卉行业仅有的2个中国驰名商标“斗南及图”和“KIFA及图”。斗南花卉市场日上市鲜切花100多个大类1600多个品种，每天有1000多吨鲜切花通过航空、铁路、公路运往全国80多个大中城市，远销逾亚洲、欧洲、美洲、大洋洲等50多个国家和地区。2017年斗南片区花卉及关联产品交易总额达180亿元，实现了花卉一二三产业融合发展。享有春城美誉的昆明，已经成为全国规模最大的鲜切花生产基地，最具影响力的鲜切花集散中心及价格指导中心。

世界鲜花看昆明，昆明鲜花在斗南。目前，以昆明为主的云南鲜切花在国内市场占有率超过了70%，全国每10支鲜切花中有7支来自昆明斗南。斗南花卉市场承载了云南全省80%以上鲜切花交易份额，来自其他省份和周边国家的花卉也在这里集散和交易，被农业部、林业局和中国花协评定为“全国定点花卉市场”“全国重点花卉市场”。昆明及斗南已建立育种、生产、营销、物流等环节齐备的花卉产业链。2017年，昆明全市花卉种植面积达31.8万亩，其中鲜切花种植面积12.3万亩，主要种植和销售的鲜切花品种有玫瑰、康乃馨、百合、洋桔梗、非洲菊等。全市花卉种植企业1000余家，其中国家级龙头企业2个、省级龙头企业8个、市级龙头企业17个，花卉生产合作组织128个，带动花卉种植农户数达2.67万户，花卉从业人员10.3万人。花卉种植不仅让斗南农民富裕起来，还通过建立花卉扶贫示范基地等方式，整合高效益的鲜切花、盆花、食用花卉、加工花卉、特色花卉的实用技术，为禄劝、寻甸、东川等贫困地区农户，提供了有效脱贫致富的好路子。

在纪念中国改革开放40年之际，昆明市文史研究馆做了一项十分有意义的工作，落实中央文史研究馆征集文史资料的工作要求，“昆明斗南花卉产业发展口述史”作为全国重点选题，深入研究其发展历程。市文史研究馆馆员、市政府参事等专家组成的课题组，走访了34位斗南花卉产业的亲历者和见证人，倾听他们讲述斗南花卉最早的种植、销售和发展壮大的过程。这些口述者人中，有斗南的第一代花农、有斗南花卉拍卖市场的创始人、有帮助过花农的中科院科技人员、有花卉种苗创新的科技工作者、有新一代电商，还有一代又一代支持斗南花卉产业创新发展的各级党委和政府领导。他们的口述，清晰地构建起一部斗南花卉产业的创业史。

在纪念中国改革开放40年之际，昆明市文史研究馆通过记录昆明斗南花卉产业的亲历者的口述，展示了改革开放带给滇池畔一个小村庄的沧桑巨变，展示了在农村改革中富起来的斗南农民的艰苦奋斗精神；展示了斗南花卉产业的创业历程，用事实再次证明：改革开放是中国的一条光明希望之路、一条正确之路、强国之路、富民之路。

长风破浪会有时，直挂云帆济沧海。云南素有“植物王国”“天然花园”之称，地处滇中的省会昆明，是世界上最适宜发展花卉的地区之一。今天，“世界春城花都”已成为昆明的城市品牌，我们热切期待，承载着昆明的梦想和光荣的斗南花卉产业，按照李克强总理的要求，向着“走向世界，成为世界第一”的目标迈进！

厉鸿华

2018年10月

目　　录 CONTENTS

目 录

卷首语

花儿为什么这样红

“金斗南，银梅子，铜江尾。”

这句百年谚语，再次叫响是在1984年。

这年，斗南村口一块三分鸡粪土菜地里，悄然冒出一片花海，花枝摇曳，阵阵清香。村里人好奇地问：“这是哪样花？”种花人化忠义静静答道：“唐菖蒲。”

唐菖蒲，原种南非，“世界四大切花”之一，又名剑兰、十三太保。然而，谁也没想到，这朵淡红的“十三太保”，竟在斗南开启了一个亚洲花都的传奇故事。

“赶马盘菜园，做个手不闲。”种菜300年的斗南，牢记这条祖训，在发展大宗商品蔬菜上一路走来。从抗战时“一担番茄换一个金戒指”，到20世纪50年代全县第一个蔬菜生产专业队，再到70年代昆明市蔬菜生产基地，80年代攀上了种菜1630亩、产菜1048万公斤、产值159万元的巅峰，“菜篮子”让斗南人一跃成为吃商品粮的菜农。然而，随着市场的放开，附近县区大量蔬菜上市参与竞争，菜价一跌再跌，辛苦一年，斗南依旧是菜多钱少，人均仅336元，全村多数人家直到80年代仍挤在破旧的土墙草屋里，村里道路破烂不堪，出行全靠扁担、自行车、马车。看着大片的蔬菜烂在地里卖不出去，斗南人陷入

卷首语

了沉思，改变贫困，路在何方?

云南花多，素有“世界园林之母”之称。300年来，西方160余位植物猎人潜入云南深山采集珍贵花木、标本、种子100多万号，不远万里运回欧洲皇家植物园，撒下了世界观赏花卉的第一把种子。这些植物经过繁殖推广，对世界花卉产业产生了巨大影响，以至西方植物学家感慨：“没有云花，不成花园”。至今，大英博物馆里还陈列着英国植物猎人傅士礼从高黎贡山砍去的杜鹃花王木材圆盘。然而，这些让西方植物猎人垂涎的花卉资源，却花开花落，长期在深山沉睡，资源优势没有转化为经济优势。

面对云南丰富的资源，1899年入滇采集植物的英国著名植物学家威尔逊，在《中国，园林的母亲》一书中就预言：“一个有数千年文明、人口稠密、以经营农业为生的国家，应当在20世纪以其世界上最丰富的温带植物区系而自豪。”

这一天终于来到。20世纪90年代，人们在昆明城边突然发现一个世界级的温带鲜切花产区。在第一个种花人化忠义的花田里，斗南人嗅到了一个巨大的商机，看到了一条美丽的脱贫之路。这是经历过百年种植大宗商品蔬菜练就的本领。在一大批无私奉献的植物科学家、农技师精心指导和省、市、县优惠政策和资金的大力扶持下，全村从0.3亩唐昌蒲开始，种花面积从1989年的360亩，迅猛发展到2000年的2589亩。菜田变花海，菜农变花农，家家种菜变成家家种花。大田里的白菜、萝卜、葱、莲花白、韭菜、西红柿，变成了满天星、勿忘我、玫瑰、百合、紫罗兰、鸢尾花。

“三千亩花田，薰风习习。”斗南从此成为一个“鲜花盛开的村庄”，一个“诗意栖息的地方”。2000年，斗南完成了以蔬菜种植为

主到以花卉种植为主的产业转型，日上市鲜花从5万—20万支，再到150万支，成交额200万元，斗南鲜切花远销“北上广”等60多个大中城市。全村人均收入从1982年521元，一跃到1999年的4614元。

“东北风，雨祖宗。”斗南，滇池沿岸古代农耕文明的摇篮，有着高海拔、低纬度、光照丰富、土质肥沃、气候温暖，“冬不祁寒，夏不溽暑，四时之气，和平如一”的优越自然环境，90年代成为继肯尼亚、厄瓜多尔、哥伦比亚全球三大花卉适宜种植区后，又一个适宜种植区。这个适宜种植区在“天时、地利、人和”的推动下，如朝阳，如少年，如猛虎，刚一登场便惊艳四方。

然而，斗南一枝花创业之路备尝艰辛。“玫瑰是血钱，康乃馨是汗钱，种花就是血汗钱。”这是斗南第一代花农毕仲伟发出的感慨。为了一颗种子，花农们辗转几十公里于植物所、农科院虚心学习；为了一个品质，花农们起早贪黑，松土、施肥、打药、滴灌、剪枝、包装；为了一个市场，花农们结队远征广州、上海、北京。1993年，一个叫张耀春的斗南青年和几个小伙伴，两天两夜，挑着扁担在南宁走街串巷，走过7条街21个花店，硬将7箱花卖了出去。广州广福路口有条“斗南街”，那是斗南花农走向世界的第一个大码头。一个叫李洪波的花农，回想往事还心有余悸：“住菜市场石棉瓦房很热，穿短衣短裤整理花，一夜下来全身都被蚊子叮，肿的大块大块，衣服都无法穿进去，只能用塑料袋套在手上。”曾记否，卖不掉的花换了一碗米线？曾记否，1998年雪灾压垮几千亩花棚，多少花农血本无归，欲哭无泪？曾记否，多少花农天不亮骑自行车驮花去尚义街卖花？曾记否，广州岭南花市100多斗南卖花人的身影？

1999年是斗南“冬天里的一把火”。这年1月10日，亚洲最大的

“中国昆明国际花卉交易市场”建成投入使用，每天深夜，这里成了花的海洋，成千上万的花商如鲫过海，爆棚的叫卖声，如声声春雷催醒着沉睡的花朵。这一年，许多省市领导来了，联合国世贸组织官员来了，荷兰阿斯迈尔花卉市场总裁来了，外国领导人来了，时任国务院副总理李岚清来了，参观者人山人海。

2017年斗南备受瞩目，这一年，市场鲜切花交易额达到53.55亿元，65亿支花卉经斗南销往全球，占有国内70%的市场份额，出口50多个国家和地区，鲜花交易量和交易额分别增长8.27%和15.5%，一个个漂亮的数据再次擦亮“云花”品牌。

1月24日晚近9点，李克强总理夜访斗南花卉市场。那晚的情景，陪同视察的呈贡区区长张先宝至今难忘：“花农突然见到总理非常激动，不知哪位先喊出来：总理来了！大家不约而同鼓起掌来。”然而，更难忘的是总理留给了斗南一个更高更远的奋斗目标：“现在斗南花卉市场已经是中国第一、亚洲第一，希望你们向世界第一迈进!”

短短35年，斗南从花田、花街、花市到花都；从对手交易到电子拍卖和互联网＋；从空运到公路铁路冷藏联运；从“靠天吃饭”到设施农业；从买种子到自主研发新品种，一路坎坷，一路风霜，仅仅用35年时间，就走完了西方花卉大国几百年的路程，不但创造了一个“斗南奇迹”，还将改写一部精彩的世界花卉产业史。

100多年前，面对一树红花，清代昆明诗人倪藩曾作诗《红梅》赞：“一红管领万千春，艳李秾桃尽后尘。肯向花王争富贵，聊同处士慰清贫。”100年后，我们回望斗南之花，并在中央文史馆直接部署和呈贡区委、区政府及昆明植物所、云南农科院、昆明市农业局及昆明花农、花卉企业等单位大力支持下，组织专家学者采访了30余位创

卷首语

业者、亲历者、见证者，历时半年，精心编辑出版了这本《NO．1 亚洲花都——昆明斗南花卉产业发展口述史》一书，就是在隆重纪念中国改革开放40周年之际，不忘来路，不忘初心，用人物口述方式，总结35年斗南花卉产业发展之路。为打造“世界春城花都”，早日实现总理殷殷嘱托，让斗南花卉产业走向世界第一，尽一份绵薄之力，这就是我们的初衷。

杨亚伦

花视野

斗南之变

一支花破茧成蝶的故事

世界上只有两种语言没有国界：一种是微笑，一种是鲜花。无论走到世界任何一个角落，无论面对什么人种和制度，有了鲜花和微笑，人类就变得柔软了。

—— 作者手记

1982冬天，出差到广州的呈贡县农业局良种场场长化忠义，在白天鹅宾馆看到一支花要卖2角钱，他顿时怦然心动，想到了自己的家乡呈贡斗南，那个在滇池畔以种蔬菜为生的“金斗南”。

第二年，他从广东佛山引进了剑兰（学名唐菖蒲）种苗，用良种场的1亩地试种成功之后，他让良种场职工胡老师带着一捆花，到昆明当时唯一一家涉外酒店昆明饭店附近的白塔路上“试卖”。那天运气不错，一位要去给朋友过生日的老外，正犯愁找不到一家花店，突然看到酒店附近有人卖花，便兴奋地冲过来，把一捆花全买走了。

看到鲜花前景的化忠义，随即向县科委申报了“在塑料大棚里试种返季剑兰”的课题，1984年，他正式把剑兰种苗引到自家的两分自留地上种植，种出的鲜花，他让自己的三女儿化俊华骑着自行车驮到昆明尚义街去卖。当年，他家的种花受益达到3000元左右。

斗南之变

那一年的中央“一号文件”，确定了农村工作重点，是“在稳定和完善生产责任制的基础上，提高生产力水平，疏理流通渠道，发展商品生产。” 1985年，中央“一号文件”，正式取消了农副产品的统购派购制度。

改革需要先驱者充当“铺路石”。化忠义一家作为中国农村改革和农产品生产流通方式的第一批探索者，也成了改革开放以后斗南村先富起来的第一代，他家在村里盖起了第一幢楼房。

化忠义一家靠种花先富起来，成为斗南农户发家致富的标杆，斗南村的菜农纷纷跟上化老的步伐，1988年斗南几个青年农民引进了康乃馨、勿忘我、满天星、香雪兰等鲜花品种，斗南从此一步步地变成了一个鲜花盛开的村庄。1990年斗南村95%的农户，都把自家的菜地改为花田；1992年昆明尚义街上的第一批花店鲜花几乎都是从斗南

村批发来的；1993年，村里一批有志青年闯广州，把斗南鲜花卖到广州、上海；1995年，斗南村委会投资380余万元，建成占地5.7亩的中国第一个村级花卉交易市场……

20世纪80年代在中国农村掀起的一场改革大潮，犹如“蝴蝶的翅膀”，一个看似偶然的事件酝酿成了一场革命。一支花破茧成蝶蜕变成一个花卉产业。斗南花卉从此一发不可收拾。一个世代以种粮、种菜为生的村庄，在后来的30年间发生了一场社会变迁。

生计方式之变：菜地变花田　菜农变花农

社会学理论认为，不同的族群选择的生计方式，是随着自然环境和社会环境的变化而变迁的。20世纪八九十年代，以种菜卖菜为生计的斗

20世纪90年代初，斗南农民把菜地改为花田，种菜改为种花

20世纪90年代斗南花农实录：背着孙子来卖花

南村民，突然整村改为种花，这个生计方式的变化，并非是偶然的。

斗南村濒临滇池，村名据说是源于其形状如同龟背驮金斗，故名斗南。不过当地老百姓把斗南称为“金斗南”，不仅仅是因为这个传说。

斗南是一个靠老天养的村庄。整块坝子土地肥沃，年平均气温15.1度，年无霜期有300天左右，全年晴天同数超过300天，自古以来都是风调雨顺。

自古就是“鱼米之乡”的斗南，在1950到1980年期间，主要是靠种粮种菜作为生计方式。1970年，斗南大队划为专业蔬菜队，由于地肥人勤，当时斗南的蔬菜无论是在数量规模上还是质量上，都闻名于

1990年代的斗南花农挑着刚从地里摘来的鲜花赶早市

呈贡乃至昆明。但在统购统销年代，农民种的蔬菜全部按指标上交，村民的口粮则是按标准全部由国家供给。那些年，斗南村民一年苦到头，一个劳动力每天挣的工分大约是 8 角钱，人均年纯收入200块钱。尽管那时的斗南是呈贡人眼中的“金斗南”，外村的姑娘都愿嫁到斗南，但在改革开放以前，斗南村依然是几口人挤在两小间破土坯房里，日子都过得还很拮据。

1982年，是斗南村走向富裕的一个转折。以家庭联产承包责任制为主要内容的农村改革，赋予了中国农民生产的自主权。这一年，斗南村实行了土地包产到户，农民终于可以自己做主选择在自家的责任田种什么。那时1公斤白菜收购价大约是8分到1角钱，如果一亩地的菜收成有五六百斤，就能卖五六十块钱。既然种菜比种粮能多挣钱，斗南全村耕地都改为种植蔬菜。

直到1984年，呈贡县良种场场长化忠义在自己家的责任田里种植成功了唐菖蒲（当地人叫剑兰），他让自己的三女儿把花拿到昆明尚义街去卖了，第一天就卖了100块，1亩地共收入3000元。

1亩地种上不能当饭吃的鲜花，就能收入3000元！这让当时还没见过这么多钱的斗南村民都有些心动了。一花引来万花开。短短几年内，斗南村的第一代花农诞生了。

农村改革的成功之道，能人经济具有不可低估的标杆作用。斗南花卉之所以从单纯的种植业快速发展成为一个综合性的产业，与斗南村第一代花农密不可分。

提到斗南第一代花农，不能不提到斗南村的经济能人华明昇、王路坤、鲁翠华。当年，就是他们在化忠义种花致富的启示下，排除众议，在自己家的花田里挖出了第一桶金。

华明昇仍记忆犹新：“我种了1分地的剑兰，总共卖了160元，相当

1994年的斗南花卉交易市场

于在3分土地上种植和销售1000公斤蔬菜。”他靠种花一年就成了“万元户”。1988年，善于动脑筋的华明昇在中科院昆明植物研究所“花卉工厂”的魏兆祥老师的指导下，引入了斗南村历史上第一批康乃馨、满天星和玫瑰，并第一批到周边县区租地种花，成为斗南大名鼎鼎的玫瑰专业户。

30多年过去，华明昇已经从一名普通农民变成了高级农民技师、全国农村青年致富带头人。当年跟随他一起闯广州卖花的同村花农，大都还在斗南，也都成为斗南花卉产业中的骨干力量。

目前，斗南村有200余户花农在外地甚至周边国家租地种花，租地种花面积超过3400亩，花卉种植品种已有66个大类，300多个品种，以康乃馨、满天星、玫瑰、非洲菊、百合、富贵竹、勿忘我、情人草、剑兰、洋桔梗、菊花等为主。

生产方式之变：种花也卖花　买花又卖花

花改变了斗南人的生计方式，也改变了斗南人的生产方式。回溯斗南花卉产业发展史，斗南花卉的主体始终未变，地还是这块地，人也还是那群人，然而当我走进斗南，却无法辨认今天的斗南人究竟是什么身份。

今天的斗南人，是花农又是花商。他们在外区域租着成百上千亩土地大规模种花，可他们又有自己的花卉公司，他们每天的工作既在地里又在办公室内，他们把自己种的花通过自己的公司卖到省外国外。

个案No.1：华明昇是斗南第一个种玫瑰康乃馨的人，是最早骑着自行车到昆明白塔路卖花的伙子，也是第一批去广州的卖花男，如今他在各地租地近千亩种康乃馨和玫瑰，他也是公司化的大花卉农场的股东之一，他还在斗南花卉交易市场里有一个40平方米的花店，每天要给全国客户发几吨花。

个案No.2：鲁红伟是斗南村的第一批花农，他也跟着华明昇骑着单车到昆明卖过花，又到广州卖花得到了第一桶金，再转回斗南来租了370亩，先后投资2000多万建设了27个花场，又投资了1000万建成了斗南花卉网站，向全世界销售斗南鲜花。

今天的斗南人，是买家又是卖家。他们在斗南国际花卉交易拍卖中心有自己的席位，在北京上海广州有自己的花店，他们每天早上到花拍市场看好花的编号，晚上坐在自己的席位上盯着大钟按下按钮，买到自己看好的鲜花，然后通知物流公司把花发送到自己在北上广的花店，或直接发给网店上买花的客户。

个案No.3：彝族卖花女李雯碧，18岁就从外乡到斗南买花，然后拿了到昆明尚义街去卖。2002年她成为斗南花拍中心的第一批购买商，她现在的工作就是在拍卖市场买花，然后发货给她在北京的六七家花店客户和3个批发市场，儿子在家等着她的电话，这边拍下一批花，儿子马上就从网上卖了。20年来，李雯碧的花质量好，客户群越来越大，曾经一段时间，人民大会堂的花也是她负责专送。

交易方式之变：以路为市变拍卖网卖

有经济专家分析改革开放以来农村生产方式的五大变化，产业化和市场化位居前列。斗南花卉的成功，就是云南省和昆明市在推进农业产业化和市场化进程中取得的成果。

循着斗南花卉产业发展成功的轨迹，我们可以看到，从1984年斗

斗南之变

1992年斗南花农以路为市卖鲜花

南村种下的第一支花，在昆明尚义街边以每支3毛钱卖出，每天收入100元，到2017年斗南鲜切花交易量达76.34亿支，交易额63.82亿元，出口额1.7亿美元，远销50多个国家和地区，成为亚洲第一、世界第二的重要鲜花产销地，斗南鲜花盛放世界，仅仅用了30多年的时间。

昆明作为世界园艺界公认的最适宜花卉种植的地区之一，在短短的30多年间，斗南花卉经历的4次大飞跃，都是市场的大变迁，而市场的每一次大变迁，又拉动了花卉产业的大升级。

1984——1993 以路为市，街边卖花

十五六岁的化俊华，是斗南第一个卖花姑娘。她卖的花是她父亲化忠义在自家责任田里种的唐菖蒲。她第一次卖花是到昆明的尚义街。她把自行车往街边一停，站在自行车边上等顾客来买，那天她卖了100块钱。

除了化俊华，华明昇、毕仲伟、鲁红伟、王秀华、郑继兰等都骑着单车在昆明街头卖过花。随着昆明花店的出现，花店直接到斗南花农家买花，斗南村的主路成了一条花街。如今已是斗南花卉协会会长的鲁宏伟迄今还清楚地记得，1993年前后，村里种出来的花，就像卖菜一样摆在街边卖，一条街上都是，一捆捆地卖。以路为市，斗南的花开始都是多数是卖给外来的人，他们买了花再拿到昆明街上摆着卖。

1993年，鲁红伟、莫柳林、宋彪、李红波等一批年轻花农，看到了鲜花带来的商机，他们怀揣着财富梦想，闯到广州街头卖花。20多个斗南花农把花在街上摆着卖，硬是在广州芳村卖出一条“斗南花街”。

1995—2001　从中国第一个村级花市到亚洲第一大的花市

1993年，时任云南省省长和志强专程到斗南考察，他在斗南花街子上走了一圈后，对陪同他考察的斗南村委会主任李亭仁说，斗南市场太小，满足不了老百姓摆摊设点卖花的需求，村委会应该考虑建一个市场。而此间，全国连锁花店缤纷花卉公司首家入驻斗南，直接给花农下订单，向全国各地卖斗南花。花卉市场建设迫在眉睫。

1995年，在省、市、县三级政府的支持下，村委会把斗南村原来的蔬菜农贸批发市场改造扩建成一个占地大约12亩的花市。这是斗南的第一个花卉交易市场，也是当时中国第一个村级花卉市场。

这个市场才建起了，每天从云南各地来买花卖花的人如潮水般地涌入市场，这个8000平方米的小花市显然容纳不下迅速壮大的斗南花卉，1998年，由省、市、县三级政府投资组建的昆明斗南花卉有限公司在斗南建成了约50000平方米，配有金融、关税 、仓储、电子屏幕等设施的西南地区最大花卉市场。2001年，经上海第十四届吉尼斯总部认证，斗南花市成为中国乃至亚洲最大的鲜切花交易市场。

2001年7月29日，日本记者星野哲在日本最大的报媒《朝日新闻》

对斗南花卉交易市场作了一篇新闻报道：

今年1月，在距昆明以南约20公里的斗南村刚刚建成了一个规模约6.6万平方米的花卉市场。从早上4点左右至中午，来这里进行鲜花交易的约4500人，鲜花日交易量为150万—200万支。

1986年斗南村只有一家农户种植花卉，而如今种植花卉的农户已经增加到2100户。花卉市场是由“昆明斗南花卉有限公司”管理。该公司的人士说：“1990年村人均年收入为2100元。如今人均年收入已经达到了4500元。”

在市场周边，刚刚建成的二层和三层住宅鳞次栉比，而且很多家庭都安装了卫星天线。据说，以前这里的村民住的大多是土坯房，4口之家居住面积约为40平方米。而如今，很多家庭盖起了楼房，砖瓦房，居住面积达到了100平方米左右。

花卉市场的主导产品有康乃馨和玫瑰等。如今,该市场80%的花卉面向国内销售，20%出口。该市场人士说：“今后要提高花卉的质量，2005年使花卉出口比率达到40%。”

受斗南村“成功”的刺激，周边地区也掀起了种植花卉的热潮。

距斗南村以南约60公里的江川县，与昆明的民间公司合资成立了栽培康乃馨的公司，该公司的花卉栽培面积为5.78万平方米，2018年已经开始为市场提供花卉。

2002—2015　荷兰阿斯米尔模式落定斗南，花卉产业园区投入使用

1999年昆明世界园艺博览会的成功举办，云南花卉产业进入全盛时期，但要解决花卉出口导向，必须打造一个与国际接轨的拍卖市场平台。在时任国务院副总理李岚清亲自过问下，云南省政府与欧洲最

1995年斗南建成占地74亩的花卉市场

大的鲜花拍卖市场——荷兰阿斯米尔拍卖市场正式签订合作协议，由阿斯米尔提供技术支持，上市公司云大科技控股，3家国企持股，在斗南建设花卉拍卖市场。

2002年12月20日，中国第一个国际花卉拍卖交易中心在斗南落下第一锤，拥有交易席位300个、1000家上下游客户签订合作协议。担任开拍第一槌拍卖师的张力，目前已成为斗南国际花卉拍卖中心总裁，而第一拍的5把玫瑰，是斗南花农华明昇自己地里种的。

2012年，斗南花卉步入产业化的节奏。这一年斗南国际花卉产业园区开工建设，总投资50亿元，占地1020亩。园区一期项目花花世界，已于2015年3月8日投入使用，总建筑面积28万平方米，现已成为花卉+农业创意+文化创意+旅游创意融合发展的公共服务平台。园区

二、三期主要围绕科技研发、金融服务、特色小镇、教育培训和物流服务的基础设施建设正在有条不紊开展规划和建设准备。

2015—2018　2.0、3.0、4.0 三箭齐发

2014年，6个交易钟、600个交易席的国际花卉拍卖中心第二个拍卖交易大厅建成运营。2015年12月，斗南花卉电子交易中心启动运行，采取“荷兰式降价”拍卖方式，拍卖大钟3口，交易中心拥有306个交易席位，日交易量超百万支，会员已突破4000个。目前交易中心拥有600个交易席位、6个交易大钟，日交易规模达600万支，每4—5秒钟即可完成一笔交易。现有供货会员25000个，登记买家3000个。据称花拍中心的交易席又面临一位难求了。于是第二座拍卖大厅已开建，规划7口拍卖大钟，700个以上交易席位，届时将成为国内最大的拍卖

2017年，在斗南花卉拍卖交易中心，买家只需在席位上就可以拍到自己满意的鲜花

大厅。2015年3月，由云南斗南花卉产业集团投资建设23万平方米的斗南最大的对手市场正式启用。花花绿绿的外形被斗南人称作“花花世界”。目前入驻各类花商2000家。

2015年5月，在斗南最大的对手交易市场开业两个月后，一个总部在上海的互联网花卉企业——花加在斗南正式启动。不过花加的势头不可小视，截至目前，花加市场覆盖200多个城市，拥有900万客户，2017年的销售额达15个亿，送出鲜切花达3.86亿支，成为目前全国最大的花卉电商。它的整体供应链，通过互联网下单，鲜花直接从种植基地，进入花加自己的1.4万平方米物流大厅，对花卉经过整理加工和花艺设计包装后，通过冷链运输送达顾客。整个过程快捷便利，减少了中间环节，成本降低了许多。

斗南国际花卉产业园区已成为目前全球唯一一个四种交易模式（互联网＋电子商务、拍卖模式、电子统一结算、对手交易）并存的花卉交易市场，现有1000余家花卉经营户和物流企业，拥有花卉行业仅有的2个中国驰名商标“斗南及图”和“KIFA及图”。斗南花卉市场连续20多年销售量、交易额、人流量、现金流全国第一，被称为全国花卉市场的“风向标”和花卉价格的“晴雨表”。

如果对手交易是花卉产业的2.0版的话，拍卖交易就是花卉产业的3.0版，电商交易则是花卉产业的4.0版。

30多年来，斗南一支花撬动了一个庞大的花卉产业不断发展升级。如今的斗南，每天都有100多个大类1600多个品种1650万支鲜花从这里走向世界各地，日交易额达1294万元。2017年，斗南花卉交易市场鲜切花交易量达76.34亿支，交易额63.82亿元，出口额1.7亿美元，远销50多个国家和地区，斗南已连续20多年交易量、交易额、现金量、交易人次和出口额居全国第一。

斗南之变

社会环境之变：看不见的手　看得见的手

当我们的斗南花卉产业口述史课题组进入采访尾声时，课题组成员提出了一个共同问题：究竟谁是斗南花卉产业的“推手”？

西方经济学的鼻祖亚当•斯密在他著名的《国富论》中有一句经典的论述：每个人都试图应用他的资本，使产品得到最大的价值。当他这样做的时候，会有一只看不见的手引导他去达到另一个目标。他在追逐个人利益的同时，却促进了社会利益。

20世纪80年代，联产承包制的出现，给斗南农民带来了新的生计空间，而改变贫困现状和对追求财富的冲动，像一只看不见的手，激励着斗南村民把菜地改为花田，激励着斗南村民历尽千辛万苦走出去卖花，激励着斗南村民租更多的地种更多的花卖更多的钱。这只看不见的手，在激励着斗南村民实现了致富梦想的同时，也潜移默化地改变了一个乡村的生计方式、生产方式和生活方式，将一个本能自发的少数人的行为，变成一个有组织有目标有规模的社会事业，撬动了一个产业无限大的发展空间。

然而，如果只靠这只看不见的手，斗南花卉也许永远停留散乱状态，不可能发展成一个如此壮大的产业。因此课题组在讨论中一致认为，斗南花卉产业化、市场化和规模化，必须靠一只“看得见的手”引导、扶持和推动。

这只“看得见的手 ”，就是人民政府的力量。

80年代末90年代初，斗南农民刚出现自发种植的花卉得到迅速扩张的情况，马上就引起了省市县政府的重视。昆明市农业局局长、时任呈贡县分管农业的副县长郭增敏回忆说：“在种花和种菜的产业选择上，我们提倡什么赚钱种什么，花的收益肯定要比蔬菜高。作为人民

斗南之变

20世纪90年代初的斗南村，村民住的都是土坯房

今天的斗南村，村民都住上了楼房

政府，我们的态度是很明确的，我们是公开地支持农民种花致富。”

1993年，时任云南省省长的和志强曾专程前往斗南村对花卉交易市场进行调研，当年8月，云南省就出台了第一个《云南省花卉产业发展规划》。1994年和1995年，云南省政府曾先后两次召开现场办公会，明确提出鼓励花卉业发展，并且制定了一些扶持政策。1995年，斗南建设5.7亩的农产品市场时，呈贡县曾上报时任副省长黄炳生，希望得到省里资金支持，黄炳生副省长亲自到斗南调研后，当场表态支持300万资金建花卉交易市场。斗南第一个花卉市场建成后，为鼓励斗南花农种花，昆明市和呈贡县两级政府出资对花农给予资金鼓励。规定花农每建一个标准的钢架大棚，政府就补贴6000块钱。2000年，时任云南省委常委、昆明市委书记杨健强亲自在专业刊物上撰写《斗南花卉产业发展成功之路》的调查报告，认为“斗南村的发展之路，已

2010年，市民在斗南花市购花

成为发展农村经济、增加农民收入的典型范例。”

政府这只“看得见的手”为斗南花卉市场建设付出了极大努力。1998年，在省市县三级政府支持下，在斗南建成了占地75亩的斗南花卉交易市场，交易规模的扩大也刺激了花农的积极性，1999年，斗南鲜花种植达到2589亩。日交易额达到180万—200万元，日上市鲜花达到120万—150万支，高峰时期达300余万枝。

为了将斗南花卉产业与国际接轨，1999年，时任国务院副总理的李岚清亲自过问，省市政府全程督办，做了一系列投资规划和部署，从荷兰引进国际上最先进的花卉拍卖模式，2002年在斗南建成了昆明国际花卉拍卖交易中心，经过几年运作，该花拍中心交易量最终成为亚洲第一。

除了政策资金扶持、市场管理和金融服务，省市政府还为花卉产业发展提供学习交流机会。近20年间，省市政府及有关部门先后多次组织企业、花农、政府服务支持体系、花卉专家等多种层次的考察团，到荷兰、以色列、哥伦比亚、厄瓜多尔、马来西亚、新加坡、肯尼亚等国家和地区考察学习，同时搭建平台，鼓励花农花企加强国际交流合作，邀请国外花卉专家来华考察，开展技术指导和培训。

30多年来，这只“看得见的手”一直伴随着斗南花卉产业的成长、发展和壮大。

一支花撬动了一个产业，也改变了一群人。改革开放40年来，斗南人富起来了，目前，斗南农村居民年人均可支配收入达到1.8万，斗南村基本家家都盖了新房子，也都有了汽车。

在结束全部采访时，昆明市文史馆馆员、原省技术监督局副局长李建华向我们口述了一个真实的故事：

90年代末，省里两位老领导颜义泉和王连芳听说了斗南村的变

斗南之变

斗南花卉已遍布在昆明的大小花店

化后，决定要亲自去考察。当时在昆明市某局任职的李建华老师陪同两位老人到了斗南，他们没有惊动当地政府，而是径自敲开一家花农的家门，这家人正在院子里整理从地里收回来的鲜花，两位老领导就坐在院子里与主人唠起了家常。这家主人告诉眼前两位老人，他们一家靠种花卖花，年收入十几万，全家人的生活得到了大大改善。两位老革命望着这家农户3层小楼和宽大的院落，不由地感叹：我们当年流血牺牲打江山，不就是为了让老百姓过上幸福生活嘛，今天我们亲眼看到农民兄弟过上了这样的好日子，我们当年冲锋陷阵吃苦流汗也值了！

王晓洁

听花蕾绽放的声音

从花田到花都
（手机扫码看视频）

花农篇

城西十里暖烘霞

能不忆滇花

化俊华

斗南第一个卖花姑娘

口述人：化俊华（斗南种花第一人化忠义的女儿）

采访时间：2018年7月1日上午
采访地点：斗南生态园
访 问 人：杨国才

我是斗南第一个卖花姑娘

我叫化俊华，是化忠义的三女儿，也是斗南第一个卖花姑娘。我能成为斗南第一个卖花姑娘，跟我爸爸化忠义是分不开的，他是第一个引进花种到斗南的人，也是斗南第一个种花的人。

我爸爸能够把花种引进到斗南，跟他的工作分不开。他以前是一名教师，在教育局工作，“文化大革命”的时候被下放到农场劳动。因为他在农场表现很好，农场就让他回到生产队工作。“文革”后他得到平反，被安排到呈贡县良种场当场长。良种场的工作主要就是培育一些植物，主要负责培育和引进良种。

由于我爸爸在良种场当负责人，经常有机会到省外出差，主要就是考察别的地方哪些农作物品种好。他看到省外花卉种植的经济价值比种蔬菜好，就想引进来。那个时候中国改革开放好几年了，农村也不再是政府说种什么就种什么，而是变成了农民觉得什么经济价值高就种什么。所以，我爸爸看到种花的经济价值高，就开始想办法引进花卉的种苗，开始种植花了。第一次在我们家做实验，是他把从广州带回的剑兰种球在我们自己家的地里种植。

我记得我爸爸第一次拿剑兰种球回家的时候，那个种球很小，是第一代剑兰。我们家就是用这个种球自己繁殖。那个时候也没得哪家人家种，我们家就自己试验繁殖。种苗拿来的第一年，只敢用一小片地来试种，第二年繁殖起来之后我们家就种了一大片。

刚引进剑兰的时候，村子里的乡亲都不知道我们在种什么花，也不能理解我们家怎么种花不种蔬菜的这种行为，他们觉得这花卖不了什么钱。后来，我们家的花种出来以后，到昆明卖得还不错，周围的人才看到了花的经济价值，也就跟着我们家种起花来了。

我们家刚开始种花的时候，我是负责把家里种出来的花用自行车驮着去昆明卖。我爸爸是改革开放之后斗南第一个种花和引进花种的人，我们家是斗南第一户种花的人家，而我就成了斗南第一个卖花姑娘。所以说我这“第一个卖花姑娘”跟我爸爸是分不开的。

卖花姑娘也有快乐时光

我开始卖花的时候，年纪还小，很多事情还不是很懂，开始卖花的年龄记不清了。好像是十五六岁，年纪还是小。我生平第一次干的活就是卖花。

我记得，当时呈贡到昆明交通不像现在这么方便，在路上要花很长时间，所以每天要早早地把花采好理好。一般

斗南卖花人

头天晚上花就要采回家里，要采那种花还没有开全的花枝，这样才放得久。采回家后要整理好，这样卖的时候就比较方便，不会在大街上留下什么垃圾，也就不需要打扫。

那哈我每天天不亮就要骑着自行车驮着花到昆明去卖花。因为花还是比较脆弱，捆着怕勒坏了，就不好卖了。所以我用自行车不能把花直接捆在自行车上，而是把花插在一个有水的小桶里面，再把小桶放在自行车上驮着去卖。

我第一次卖花，是在昆明的尚义街。因为我大姐嫁在那边，她早就在那边卖花了，卖得挺好，所以我就跟着她在尚义街卖花。当时卖花都是零售，1支3毛钱，我就在街边1支支地卖。

当时卖花很简单的，不需要摆摊，当然就不需要什么摊位费，更没有什么城管收啊查啊的这些。我只要把我的自行车往街边一停，站在自行车边上等顾客来买就行了，不需要什么吆喝这些的。那个时候花也好卖，虽然卖花的人总是要讨价还价一下，但是不一会儿就能全部卖掉，很少有卖不完的时候。卖完了，我就直接回家把钱交给我妈妈。那个时候每天能卖着100多块钱，还是很开心的。

因为最开始斗南村里就我们一家人种花，上昆明卖花的时候也就我一个人，没有什么小伙伴，也就不会在昆明逗留。当时昆明也没得现在那么多可以吃呀玩呀的地方，我自己也没想着去哪里玩一玩。

当时一个人去卖花，心里一点都不会觉得害怕，可能是因为那个时候的人都比较憨实，不然我爸爸妈妈是不会让我一个人去卖花的。不过我记得有一次出了一点小车祸，还好没怎么伤着人。那一次去卖花我正生着病，不知怎么就跟人家发生了碰撞，幸好当时汽车很少，都是自行车撞自行车，没有伤到人。那个时候我年纪小，也不知道该怎么办，后来就喊我大姐和姐夫来，他们一起跟人家说说这个事情也就解决了，也不用赔什么钱，那个时候的人还是淳朴嘛。后来，我哥哥也和我一起去昆明卖花，不过到了昆明我们就分开，各卖各的。后来我们村种花的人多起来了，我卖花的时候就有小伙伴了，卖完了花还早，我们也会在昆明一起逛逛街、看看电影，非常开心，不过更多时候我们还是直接赶回家。

我在尚义街卖花的时候就像这个样子，后来来了两个搞推销的人，他们看到我在这边卖花卖得还不错，就想找我批发，他们批了我的花之后也是拿去零售。就这样慢慢地搞批发的人多了起来，种花的人也就更多了。后来在白塔路那里自发地形成了一个小的花卉市场。

卖花的、批发花的人越来越多，他们会自己来斗南村民的家里批发鲜花，我们也就不用去昆明卖花了。就这样，斗南村慢慢地形成了一个花卉市场。花卉市场形成之后，我就只要把花驮到市场，送到批发的人那里就可以回家了。

我回到家里，一般还是要帮妈妈种种花，帮家里干点活。因为当时爸爸还在单位上班，还没退休，我最小的兄弟年纪还小。就是这样，爸爸教会我们种花的技术，妈妈、哥哥和我就是家里主要种花人了。我和哥哥主要是帮妈妈，虽然做的工作不多，但是多多少少也能学到一些种花的技术。整理花束、卖花的技术也是从我爸爸那里学来的，虽然我爸爸总是不在家，但他把很多东西教给了我们。也因为这样，我爸爸在2000年因病去世之后，我们还能依靠种花、卖花很好地生活下来。

我出嫁前基本都是在尚义街卖花，所以说卖花也卖了不少年。在这么多年里，我卖过很多品种的花，最开始是卖小草花，后来我爸爸引进剑兰之后，我就卖剑兰了，再后来满天星、康乃馨、玫瑰这些花

20世纪90年代，斗南的花农在自家小院里分拣包装鲜切花

我都卖过。在我的印象里，1993年、1994年、1995年这3年是昆明斗南花卉市场发展得比较好的时候，那时候的康乃馨要卖到1块多1支，剑兰能卖到2块钱1支。当时年纪小，觉得花太好看了，种的时候也很开心，卖的时候花的价钱还很好，我就更开心了！

卖花姑娘变成种花媳妇了

在自己家的时候我就帮家里卖花，不过后来我就出嫁了。我出嫁那年是22岁，出嫁之后，我刚开始到我老公的村子里还是自己种花，自己卖花，跟原来在斗南家里种花会有一些不一样。以前在自己家的时候，种花的时候主要是帮着妈妈种，还有哥哥、弟弟一起帮忙。嫁过来之后，就基本全靠我自己了。以前是爸爸妈妈教我种花，嫁到我老公他们村子里以后，我就开始教他们村里的人种花，就从被教变成了教别人了。他们村子里的人就是看我种花、卖花的效益不错，然后种花跟种粮食蔬菜都差不多，都是种地嘛，所以他们村的人也就跟着我种起来了，我就把我种花时候要注意的地方说给他们，告诉他们怎么培植种苗、怎么繁殖啊这些。他们也时不时地到我的地里面来看看啊，学学，就是一点一点学了嘛，对农民来说其实没有那么难，说说看看嘛也就会了。慢慢呢，我们村子里会种花的人也越来越多了，他们自己也相互学习种花的技术，后来种得比我还好呢！

我也算把我老公村子这边的人的种花积极性带动起来了。这边村子就大批量地开始生产。他们的花种出来之后，我还是建议他们拿到斗南村去销售，因为我自己就是这么做的。我告诉他们斗南村本身就有花市，而且已经做得很大了，花在那里是很好卖的。就是这样，斗南的花卉市场就有越来越多外面村子里的花送来交易。

刚嫁到我老公那边的时候，我就是这样种种花、卖卖花，还带别人种花卖花，但是后来我有了孩子之后，我老公又常年在外面做生意，我就没有时间再种花卖了，所以也就慢慢改行了，这也是没办法的事情。现在你问我什么时候最开心，我肯定会回答做姑娘的时候最开心，每天和赏心悦目的花在一起，无忧无虑的，不像有了自己的家庭之后有那么多琐事，做卖花姑娘的时候真的很开心！

现在我虽然嫁到别的村子了，家不在斗南了，但是我还是会一直关注斗南，有机会也一定会尽自己的一份力。最后希望斗南花卉产业越来越好，斗南人的生活水平也越来越好！

斗南卖花人

17
13
14
15
16
16
17

8
10
12
13
14

华明昇

一辈子的种花人

口述人：华明昇（斗南村花农，小名金才）

采访时间：2018年6月30日下午
采访地点：斗南生态园
访 问 人：杨国才

我叫华明昇，这是我的学名，村里的人平时都喜欢叫我的小名——金才。我家里有6口人，2个孙子，父母、儿子和儿媳妇，还有我和老伴。我就住在斗南村，属于斗南村委会，斗南街道目前有6000多人。

我是斗南第一个种玫瑰康乃馨的人

我最早是出去做建筑，当时住在昆明的白塔路的一个朋友在卖花，他告诉我可以种花。于是我向他了解了一下种花亩产多少？1支花可以卖多少钱？在哪里买种苗？他给我一一讲解，然后带我去云南省林木种苗站买种苗，我就是在那里买的剑兰种球。就这样，我就有了买种苗的渠道。后来他又带我到昆明植物研究所花卉工厂，我在那里认识了魏兆祥老师。就这样我成了村里第一批种花人，开始种花了。魏老师引导我们种康乃馨、满天星、玫瑰这些花。

最初种花的时候，我作为农民，也就是为了讨生活，种花比种菜赚钱嘛。比如说当时种3分地的菜可以收着两吨多的菜，几角钱1斤，就可以卖到几百块钱。但是3分地的花在当时就可以卖到1000块左右，所以，种花和种菜产生的经济价值就有很大区别了。

我开始种花时只有1分地，买了90块钱的剑兰种球，仅卖花就卖了150块。种球种下去它还会长，种球又多出一半来。如果是1分地的菜，就卖不到这么多了，1分地的菜那时最高价就是卖8分钱或1毛钱1斤，1分地的菜可以收个五六百公斤，能卖着五六十块钱。而且，花首先就是轻，当时我们那个菜是靠人力用小板车拉到呈贡去卖，五六百公斤的菜卖得到五六十块钱，拉着去很辛苦。可我卖100多块钱的剑兰就几小捆，拿自行车托就可以了。这样一比较，所以花的效益

剑兰

就好多了.

也就是为了生活，1991年，我就开始外出包地。自己种的面积不够了，就在呈贡的小洛羊村合伙租了30亩地。1993年，又去官渡区的鱼村租了20亩地。1995年，在呈贡的松花蒲，就是机场那边租了60亩地，那个时候加上鱼村的就有80亩了。2005年，在晋宁南疆承包了60亩地。2007年，和几个人合伙在昆阳承包了140亩地，现在昆阳已经有300多亩了。接下来是到了哪一年，我也记不清了，又到石林承包了140亩，就开始种大花蕙兰了。

那些年，大众花我基本都种过了，最开始村里的人种的主要是剑兰。但像康乃馨、满天星、勿忘我、小苍兰、孔雀草、玫瑰这些品种我是第一个种的。到1998年，我就开始专业种玫瑰了，我引进的那些新品种，到现在也还卖着呢，比如我取名字的紫皇后、大桃红、金香槟这些，花苗引进来的时候是外国名字，但到了中国就要有中国名字了嘛，这些都是引进的品种，不是自己繁育也不是自己培育的。

最初花和菜是混着卖

我种了一段时间的花后，魏兆祥老师又告诉我，种花这个事情还是要尽量推广出去，种的人多了才能形成规模，有了产量省外的人才会来跟我们买东西，才能做出品牌。作为农民，我当时是没有这个意识的，后来也就鼓动村里面的人一起来做这个事，我们无偿地带种苗给他们种，慢慢种的人就多起来了，就有省外的人过来采购。第一批采购的是上海人，上海的俞家花行一个叫俞龙高的人来采购的。

大约是1991年、1992年，我们的花产量开始大了，外省人来斗南采购鲜花的人也多了，但当时这边还没有形成花街。我们都是把花和菜混着一起卖，就是每一家种植的面积非常少，放在装菜的箩筐上面，一起挑着去卖。后来就有昆明人骑着自行车来斗南，一家一家地收，然后在昆明卖。再后来上海人也来斗南收花了，我们就整捆整捆地卖给他们，那个时候还没有市场意识，不会做生意。

刚开始种花什么品种都种，什么满天星、康乃馨、玫瑰、剑兰都种一点，反正这个不赚钱么，总有一样赚钱嘛。当时的想法很简单。其实如果你样样种，样样都种不好，只有专业种一个品种，品质才会好。

刚开始卖花是没有花店的，也没有专门的花街，就在白塔路上卖，一家人大概摆五六个小桶。卖的品种很少，就是点康乃馨、剑兰，玫瑰也是有的。但当时的不是玫瑰，都是从大板桥园艺场捡来的那种很短的玫瑰，当天摘来当天卖，而且花容易脱水，就用莲花白的叶子包着的。

我们当时卖花最初就是早早地就骑着自行车去白塔路，最先昆明的花街是在白塔路，后来因为影响交通，才规划在白塔路旁边的叫尚义街的小街道上去，尚义街是后面有的，最先只有白塔路。

1993年，我在种花的同时开始发花了，那个时候斗南已经有花街了，卖花的人很少，每天也就二三十家人在哪里交易。我的第一个客户是南京动物商场，接下来开始往青岛、厦门发花。1993年，买了张微型车，在那之前都是骑自行车，用自行车驮的一箱箱的花去发，就把花送到昆明机场去发。因为花卉发展得很快，当时昆明机场的进货口也还没得多大，就觉得拥挤了。加上机场也觉得我们这些人还是比较合适可靠的人了嘛，1995年，机场这边的货运公司就和我们合作，在斗南开了个窗口，这就是斗南的第一个航空货运，叫云南航空公司斗南收货点。斗南这边我负责，每天机场都来人在这边开单，我这边也出两个人配合他们，吃饭就在我们家吃，吃完中午饭他们就回去了。做到1998年的时候，鲜花发展了，航空代理就多了，我也就没有做了。之后就专业种花，同时做鲜花销售。

与花的缘分来自这个好时代

种花的过程就是这样了，后来村子里种花的就多起来。最精彩的故事好像也没有哪样，但一直有人帮助，赶上了改革开放的好时候，国家政府的各种支持，就是一路这样做着过来了。

我到现在都很庆幸，赶上了改革开放的好时代，在种花过程中也一直有人相助。就像刚刚提到的魏兆祥老师，也是他告诉种花也要把让它形成规模，之后才意识到，原来这个东西需要市场，慢慢地才有了产业的发展意识，思想上才意识到形成产业不是一个人就可以做得到的，也不是几个人就做得好的，需要很多很多的人一起努力。

后来政府也给了我们很大的扶持和帮助，比如斗南花卉交易市场就是政府帮我们建的，这给我们的帮助是很大的。1997年就开始建，1998年建成了。联合国有个关于援助云南省花卉出口战略的一个项目，这个项目当时给了云南省，云南省给了“18办”，就是云南省当时的18生物办公室，简称“18办”。我就是这个项目的受益人。1998年，省里组织我们去东南亚目标市场考察，后来也经常有国外的专家来给我们讲开拓市场，或者是种植的指导课。

魏老师也是一直在种植技术上都给我们指导。他对我们很好，在我们认识他的好几年前，他就发现昆明是一个种植温带花卉的好地点，作为专家，就想找人推广，但是推广的很难。因为，最开始他找的是种粮食的地方。我们村当时已经全部种植蔬菜了，跟种花就已经很接近了，后来我们去找他，就太合他心意了。当时去找魏老师时都

华明昇和外国专家及省花卉产业的专家在花田合影

是坐的中巴，要倒三趟车才能到，首先是从斗南到呈贡，再从呈贡到东站，在东站又换25路车到北站，北站换几路记不清了，之后才到黑龙潭。但当时只要是在花上面我们有什么问题搞不清楚，只要给魏老师打个电话，第二天他一定会过来帮我们瞧瞧，告诉我们应该怎么办。魏老师为了花卉的发展真的是非常辛苦的，从来都是任劳任怨，不要我们的任何回报，一直指导着我们，那时候斗南也还没有餐馆，赶着吃饭的时候就在我家随便吃吃。后来跟魏老师也还有联系，每次去看他的时候，他就说你一样东西也不要给我拿，带点花来给我。他这一辈子就是太爱花。

当然我种花离不开我家人的支持。我媳妇是一个传统的妇女，一辈子跟着我，也很配合我。她自从嫁给我以后，就任劳任怨地跟着我苦到今天，后来发花的事情她也都在做。我儿子现在也算是“花二代”了，主要在做着鲜切花的电商和空气凤梨的批发。

1998年的那场大雪，把我60亩地的大棚全部压垮了。之前种花搭的都是竹子棚，压垮了后，就借钱贷款来建了钢架大棚。第二天早上看到那些员工还在扫雪，我就告诉他们不用扫了，这些棚都已经要不成了，得重新盖。那个时候打击是很大的，一夜之间所有的棚全部压垮，损失有上百万。后来就贷款借钱自筹经费盖钢架棚。

农业这个行业，因为土地是租来的，又还要相宜的设施，大棚这些的，加上买种苗、下种，所有的加起来差不多也是过百万的成本了，20年前要投入就已经有这么多了。农业这个行业投资很大，回报率很慢，但它也有一个好处，就是比较稳定，不像别的产品，存在好卖的时候和难卖的时候，农业这个产业嘛，只要你辛辛苦苦实实在在去干去，反正不会给你饿着就是了。农业这个项目，想要做到最富是很难的，也就是可以让大多数人都过得好一点，他不像房地产哪些行业，可以突然间暴富，花卉这个行业很稳定。

我参与了斗南的发展历程

今天，我这个曾经年轻力壮的小伙，如今已成了年过花甲的老倌了。这么些年，最大的收获就是见证了斗南村的变化，参与了斗南花卉产业的发展。

我亲眼见证了斗南从一个种菜的村子，发展到现在一个靠花卉产业生活的集镇。不单是这个村子，很多人来到这个村子里头生活也是越过越好了，这个就是最大地改变了。那时都是靠拉小板车去卖菜过日子，现在大家都不需要那么辛苦了，都赶上了改革开放的好时代。

现在加上我一共三个股东一起经营了个大花蕙兰农场，做成了公司，公司名字叫金才兰园，土地面积大概有400多亩，300多亩都是种的大花蕙兰。具体的产出要看年成了，每年的投入要400万左右，有时候好卖点有时候难卖点，好卖点的时候大概可以达到个500万—600万的样子，这个是三个股东总的毛收入。这些年行业本身就不景气，但也还过得来。我个人在花花世界开了间40平方米的店，每天就是卖卖花，现在卖的是泰国产的空气凤梨，这个东西不要土不要水，本来就会长，会开花。主要是游客在买，一天的收入嘛，好的时候可以卖到几千元，有时候一天也就卖个百来块。这个花是我儿子从泰国买回来的，他在做空气凤梨的批发。我儿子儿媳妇都在泰国读过书，现在是"花二代"了，现在做着鲜切花的电商和空气凤梨的批发。他从小就看着我们种花，所以在这个行业上他是有基础的，自然就成了"花二代"。

斗南花卉有今天，全靠党的好政策

就我个人而言，发展到现在，其实也都是自己整个事业发展过程的一个必然现象。种花也像是滚雪球，开始的时候资本很少，从只种了1分地，到种3分地，然后到1亩地，那个时候资金也有了，我肯定就想着再做大一些，那个时候我们的责任田就不够了，就开始向外租地，苦到钱之后自然就是要扩展了嘛，就是这么一个自然的过程。包括后来发货也是，其实也不是说我们有多少的眼界能够看到哪样，我只是一个农民，一个喜欢学习，爱学习的农民。

很多人从种花到卖花，再到货运，其实这是一个产业发展的过程，比如最开始经营花卉销售的人，大部分是自己也就种花，慢慢地当这个产业发展到一定程度的时候，就开始慢慢细化，开始出现分化，种花人是种花人，卖花人是卖花人，这也属于一个很自然的现象。后来又专业的公司来做这个销售了，很多人就又返回来种花了，因为这就是我们的专业了嘛，这都是发展的一种必然现象。

斗南花卉发展到今天这样一个程度，跟国家的政策是有很大关系的。有些事情光靠村子里的人是做不到的，比如和国际接轨，同国际上的这些专家联系，这些没有政府的帮助是我们自己做不到的。

1998年，我去马来西亚考察的时候，第一次接触外面的种花人，首先就把他们的发展和我们的发展做了一个对比。他们的发展是靠由种花人组成的行业协会来解决问题，我们是靠政府。就比如我们需要一个花卉市场，他们那边通过行业协会自筹资金，因为他们的土地是私有化，别人不愿意卖给你，你也是没有办法的。又或者是要引进一家公司来这里繁育种苗，也只有通过这些渠道。

当时我就做了一个对比，我们的康乃馨苗是5毛钱人民币1棵，在那边的康乃馨苗是50美分1棵，为什么出现这种情况？因为他们没有繁育种苗的公司，都是直接从荷兰购买种苗，很不方便。后来云南省烟草公司办了一家英茂花卉公司，把从外国引进的种苗繁殖以后推广给我们，花卉发展就很快了。

50美分按当时的汇率就相当于4元多了，而我拿到的苗是5角人民币1棵，如果4元1棵苗，能有几家人种得起花？所以政府扶持的力度还是相当大的。当时东南亚的花就靠马来西亚的金马仑高地，出口到新加坡、泰国、印尼、日本，包括台湾地区。当时昆明的花发展得还不够好，考察期间，我就跟他们花商会的会长说：以后你们这个地方不需要种花了，他问我为什么，我说因为有昆明就可以啦！（笑）因为当时我年轻，所以我敢讲。果真过了3年以后他们全部转去种菜了，昆明的花卉产业发展起来，新加坡、泰国、日本的一些地方都到中国来拿花了，主要还是因为他们的成本高。那会为什么有底气说这样，因为我们有政府的支持，他们没有的，单靠行业协会的发展非常慢，有些事他们做不了。

政府花卉产业发展给我们的支持是多方面，给我们建市场、帮我们协调航空的运费，还有技术培训。当时给我们的运费是进来种苗的价格，那会儿我们的种苗在上海进的比较多，价格1公斤两块三块就运给我们，运出去时价格稍微高一点，就促使我们赶快种花。不是说我一直在夸政府，确实我们是收益了，这个事实如此。当时成立了花产联，花产联就担保银行给我们贷款。我大部分的贷款都是花产联担

保，那会儿我们贷款是没得抵押的，完全靠花产联给我们担保，花产联当时给我们担保了20万，然后我自己又自筹了部分股份。关于花卉的培训就很多了，最早是云南省“18办”组织的，后来有了花产联，包括当时的农业局有个花卉办公室都是给我们开展了很多技术培训的。我们只是第一批种花人而已，如果没有政府的领导，我一个农民咋个看得到这个农业的发展呢？没有政府的支持斗南花卉发展不会快到这个程度。

斗南人应该有主人的姿态

如今，我已经从一个卖花小伙现在成了一个卖花老倌，但这一生我还是感到很自豪。我们斗南从一个很落后的村子，发展到今天这么繁荣，与我们第一批种花人的努力及花卉产业是分不开的。村子里头现在有两万多外来常住人口，地铁、码头什么都通到这个地方，我们也是做了一些事和努力的，心里也还是觉得应该保护它。

斗南正在建设旅游小镇了，作为今后发展的打算，要告诉斗南的年轻人要好好地学习，做好斗南人，因为我们是斗南的主人，要时刻记住这一点，以后成为旅游小镇了，不管是客人还是旅游的人来了，我们是斗南的主人，就要有斗南主人的姿态。一些最基本的礼貌，最基本的语言都是需要学习和培训的，不单单是考虑怎样做花生意了，现在有很多大公司已经来专业的做这件事了。作为村子的一员，从事这个行业的人就要想到另外一件事情：怎样做好斗南人。

毕仲伟

种花挣的都是血汗钱

口述人：毕仲伟（斗南村花农）

采访时间：2018年6月30日上午
采访地点：斗南社区
访 问 人：杨国才

我是斗南村村民毕仲伟，家在斗南社区23号，我家里一共5口人，除了我之外，还有我的妻子、儿子、女儿和父亲。女儿已经大学毕业工作了，儿子还小。我从1990年到现在一直都在种花，刚开始的时候在斗南种康乃馨，也种过满天星、勿忘我，当时有的大部分品种我都种过。2004年之后，我就开始出去租地种玫瑰了，种玫瑰一直种到现在，现在主要就是种彩玫。

鲜花盛开的斗南

我们斗南村以前都是种蔬菜的，改革开放之后才开始种鲜花的。刚开始大多数人不能接受，他们认为鲜花卖不完又不可以吃。不过在我种花之前，我们村子里的化忠义老师，以及华明昇、毕会、李永刚已经开始种花了。我一个很要好的朋友看见他们种，总是跟我说种花比种蔬菜的效益好。我自己也看到了种花的效益，而且我觉得自己卖花不会像卖菜那么辛苦。有了种花这个想法之后，我的一个小姑叫毕翠芳，是在大观公园搞园艺的，她就带我去植物所买种苗。就这样，我就开始种花了，第一次种花是在1990年。

我刚开始种花时，种的是康乃馨。花种出来后，我自己把花20支1扎捆好，用自行车驮了到昆明尚义街上去卖。卖花的价钱一般都是7—15块钱1扎。后来我就叫倒花的来斗南，买了再卖给昆明的那几家花店。等于说是批发了。这样就不需要我自己再驮着花到昆明卖了。不过我有时候也零卖点，反正能卖就卖。

1990年到1993年，斗南花农种的花越卖越好，斗南花卉市场就慢慢形成了。1993年，康乃馨最高的时候可以卖到一块七八1支。花好卖了，卖的人就多了，还吸引了省外的、国外的购买商来批发鲜花。这

修剪花枝

样一来，花的需求量越来越大了。我也就从一边种花一边卖花，偶尔还要批发花，到后来我干脆一心种花。1993年，我的两亩土地已经全部种上了康乃馨，我的花卉种植面积在全村算是比较大的。那时我和村里刚开始种花的人家，都感到了花卉给我们带来的效益，为了扩大效益，1996年的时候，我又在生产队的自留地上租得1亩地，还是全部种上康乃馨。

1990年到1997年，应该是种花效益最好的几年。我种两亩地，每年的收入都在两三万左右，最高的时候能挣到5万，我觉得在当时还是算高的，那个时候种花的人少，而种蔬菜是无法达到这个收入水平的。所以，周围的人看见种花的这种经济效益，跟着种花的人也就越来越多了。

种花挣的都是血汗钱

种花带来的经济效益虽然比种蔬菜好很多，但是种花是很辛苦的，赚的都是辛苦钱、血汗钱！

那几年在种康乃馨的时候，种苗是个稀缺的东西，比较难弄，不像现在有专门的种苗公司。最开始的时候，我的种苗是我在大观公园工作的小姑带我去植物所买的，是小头康乃馨的种苗，小头康乃馨只种了两年就引进了上海大头康乃馨的种苗。我记得大头康乃馨是鲁翠华引进来的。大头康乃馨的种苗要5毛钱1棵，当年还是觉得很贵，每家买个两三千棵就算多了，所以我和几个朋友买了一批种苗之后就开始摸索着自己扦插繁殖种苗。

我认为种花技术很重要。当时，因为我们老是去植物所买种苗，植物所的老师也就跟我们熟了，就教我们一些种花技术。植物所的夏德云老师，当时去日本留学了5年回来的，专门从事中国的鲜花生产。还有包世奇老师、罗吉凤老师，罗吉凤老师她也是大学毕业后分到植物所的。我们扦插就是跟这几位老师学的，还有我小姑，她是搞园艺的，也会扦插。我学会了以后，第一批买的种苗种出来就可以自己扦插了，扦插出来的第二批种苗就可以种出花来。这样一来，后边种苗成本就几乎没有了，效益也就上去了。一直到1997年，种花效益都比较好，特别是1995年、1996年、1997年这几年，效益是最好的，所以我所有的田全种上了花。

种苗有了，只解决了一个问题，后期的管理也很困难。像是康乃馨，种植下去以后，后期管理最重要的就是除草。除草不可以打药，草又相当多，因此除草很困难。还有，康乃馨种植是用花网，花长了一段时间，就要把花网收起一部分来。这些过程需要非常细心，时时

20世纪90年代，夜晚的斗南花市

注意，非常辛苦。花种出来了，就要上花去卖。上花的时候，天一亮你就得起来了，我们去得早时间才多，时间多采花才采得多嘛。每天一起床就要到花地里干活，主要就是采花。采完花回来要包装，包装好之后还要自己把花拉到拍卖公司。就这样，一天至少要工作12个小时。

以前没有拍卖公司的时候还要自己乘车、转车拉到市场卖，那就更辛苦了。记得那个时候，有一段时间我们总是坐公交车去卖花，就是先坐12路车，再转5路车，坐到市政府那条街，下车之后再走到尚义街去卖，是很辛苦的！有时乘车的路上会遇到一些车子，这些车子总是走这条路，时间长了，那几个开车的驾驶员也就认识我们了，看见我们拿着鲜花，就先让我们的鲜花上，再上人，遇到车就相当方便了，但是也不是天天都能遇到的。辛苦呢，种花是真的辛苦！

刚开始我一直围着斗南种花，满天星和勿忘我也种过，但是来后在斗南种花产量不是很大，所以在2004年，我就出去租地种花了。刚出去租地种花的时候，发现康乃馨种不出来，就改种玫瑰了，到现在一直种的都是玫瑰。刚出去种的时候，为了扩大玫瑰的种植面积，我和我们村的5家人家就到晋宁新街租了23亩地。在新街种了4年后，我们家三姊妹又在宜良草甸租了100亩地。当时我们每个人一年的收入就有30万左右了，这样的收入很好了。5年后，我们又到杨林，在那里租了20亩地。目前在安宁的西街租了30亩地种花，到现在已经4年了。出去租地种玫瑰到现在，我已经换了4个地方，一次一次换地方是非常辛苦的，因为每到一个地方就要重新适应那里。

不光是换地方，玫瑰的生产过程也比康乃馨更复杂。玫瑰的复杂不仅在于种植，主要是1支成品花手续还很多。天天管理到1支花，打草药，打草药后采下来，采下来分离、打刺、包装。包装就很复杂，光商标、包装纸就是好几道工序。种康乃馨有一个好处，300支1捆捆好，拉到市场批发给人家，人家自己包装。但是玫瑰不能随便运输，因为花束太大，它不像康乃馨，不可以散着拉。购买商也因为包装复杂和怕刺穿，不要散的，只要包装好的玫瑰。种玫瑰不仅是工序最复杂，而且受伤是家常便饭，身上没得不受伤的地方，大条小条的伤痕满身都是。淡季还好，到了上花上的多的时候，衣服就穿不了一点好的，玫瑰有刺，好的衣服都会被刺刮烂，我觉得现在种植玫瑰最辛苦。

现在不仅是辛苦，种花的效益也没有1997年那些年好了，因为现在种花成本实在太高。农药、化肥、包装的这些前期投入成本要占到毛收入的三分之二，最后收的利润只占毛收入的三分之一，效益反倒是没有以前好，但是也还能接受。现在我在新街这边种花，一年的毛收入也在100万左右，这个收入没有以前效益好了。而且现在我们种花还是看天吃饭，如果遇上个自然灾害或者病虫害什么的，那付出太多的辛苦也是白费，那个时候的痛苦真的很难承受。

所以我说种花挣的就是血汗钱，以前种康乃馨挣的是汗钱，现在种玫瑰挣的是血钱。我也总是告诉我的两个娃娃要好好读书，不想他们再来种花了，挣的都是血汗钱，太辛苦了！

种花不仅专心还得学技术

我种花到现在已经快30年了，我一直都在学习，总是感觉学不完。开始的时候，我主要是主动向植物所的几位老师学习，学习培育技术、扦插技术、手工艺等，各种与种花有关的技艺技术。在种植的过程中，我们种植的这些人就自己摸索、互相学习，还时不时参加政府和拍卖公司提供的培训。说白了，我就是一个地地道道的老农民，好多东西根本不懂，必须要多学习，所以只要是能学到种花知识的交流或者培训，我都尽量参加。我知道自己在种植方面还有很多不精通的事情，像是七、八月份雨季天气的玫瑰花容易产生灰霉，头天晚上包装出来的花觉得还可以，包好直接到市场上卖的时候，打开仓门一看，全部是灰霉，已经是卖不成了。这种事情自己就处理不好。

从学习和实践种花的过程当中，我总结出品质、技术、设施是种花的三个关键。品质方面就是说，现在不管什么品种的花都是好花好价，价格悬殊太大，比如玫瑰，现在价格可以相差100倍以上，市场上有卖6块1角8分1支，也有5分1支。而好品质的花既需要好的种苗，也需要后期好的技术和设施的支持。

好的种苗现在倒是不用担心了，现在有好几家专门培育种苗的公司，很多还都是外国公司进驻昆明的，只要去这些公司购买种苗就行了，比较方便。技术和设施是我现在感到困难的两个方面。

我现在虽然随着年龄的增长也赶不上年轻人了，他们都是大学毕业，还有这些个专利，但是技术多瞧瞧、多学学、多问问总是还行。设施的不完善才是最难解决的，现在好的大棚都是恒温的，自己能调控温度、湿度，不受外界气候影响，如果遇到自然灾害，也不用面对颗粒无收的局面。平时简易大棚种出来的花就比不了温室大棚里的花，要是气候差点就更没法比了，就像有一次我跑过去给花卉拍卖中心总经理张力送过1支花，同样的花就比不过那些温室大棚里的花。跟我们一开始用最简陋的竹子大棚种花，后来换成塑料的简易大棚种出来的花就好很多，是一个道理。所以我说，这三个种花关键中占第一的还是设施。

这些设施现在买是买得到，但是我们一般种花的农户买不了太多。如果说你想弄现在好的温室大棚，它每一亩的造价都是在15万以上。也就是说，一般农户你造个几亩还可以，但是你弄多了就没得多少钱了。1亩大棚都要在15万以上，这个还只是说是保底价，在15万以上才能做得下来，这个对我们一般农户来说还是一笔很难承担的费用。

反正到现在，我都是在为技术和设施感到头疼。现在主要就是种玫瑰，种玫瑰第一就是自然灾害，第二就是我们说的红蜘蛛、螨虫，处理起来相当困难，几乎一出现就是毁灭性的。自然灾害，我们的设施不够好就没有办法了。病虫害，像红蜘蛛，一般爆发是在4月份到8月份这个期间，如果不是采花的高峰期还好一点，如果是在采花的高峰期，人手就会不够，那个时候在几天之内这个花就不行了。这些东西是很难承受的！

除了种花这些经验，我觉得种花还要专心。刚开始种花的时候，我们就和种蔬菜一样，种完就自己去卖，后来卖有专门的人做，我就能专心种花了。人的精力也有限，不能又种花又卖花。村里有人去广州卖花的时候，我父亲也一起去了。我父亲其实没种过田，当时他是一个民办教师，会画点画、写点字，总是不在家里。后来他回到村子那会还没改革开放，那些年有地也不敢种，他就没种地，后来他也就不用种了，因为有我了，我们家的地都是我在种，所以他就跑到广州卖我们自己家的花去了。我们村的人出去卖花，多数是在广州、上海、北京这些地方。我父亲去广州，也就去了半年左右。那半年左右我老是感觉太累，自己又要种花、又要卖花、又要发货。当时发货不像现在，还要自己亲自拉到机场，当时就觉得太累了，搞得花也种不好，花种不好就卖不出好价钱。最后就要下个决心，我觉得自己就是最喜欢种花，所以还是决定把心思都放在种花上面，好好地专心地种花吧！

我家现在的生活比以前有天壤之别

种花这么多年，有困难的时候，也有开心的时候。印象最深的就是在1993年左右的时候，康乃馨在过春节的那段时间市场上能卖到一块四五，甚至一块七八1支，那个时候我已经不用自己卖花了，花要采回来以后，只要在家里等人来拿，5分钱1支，每天都有人来，供不应求。我每一天能卖到五六千块钱，六七千块钱，那时候我印象当

中最深刻。现在每一天基本都能卖到这个价钱，你也不会有什么感动的，当时倒是真的觉得感动，觉得开心。

除了这些开心的事情，种花给我和我的家庭带来的很多变化，我们现在的生活和种花以前比可以说是天壤之别。当时种菜的时候，大约在1990年左右，种一棵大白菜能卖到3角钱1公斤，就觉得好卖了。后来开始种花之后，我们种出来到尚义街卖的时候，康乃馨有时卖到20块1扎，就是1块1支，感觉是非常多了，后来花种得越来越多，收入确实是逐年在增加了。收入多了，家庭条件也就变好了。最开始我们家就住20多平方米的土基房，1996年的时候用种花的积蓄盖了105平方米的两层楼的新房，到现在我在斗南有两套105平方米5层楼的房子，还有两辆车，一张货车，一张家庭用的，就是普通轿车。生活真的发生了很大的变化，所以我还是会不断学习，一直坚持种花这个事业。

至于对斗南花卉产业的希望，就是希望发展得越来越好！我自己，我现在最希望的就是得到技术和设施上的支持，能够有条件把我的简易大棚换成温室大棚，让自然灾害和病虫害对花的影响减到最小。如果大家都能有好的设施，那斗南的花将会开得更鲜艳,斗南的明天更美好！

尹树苍

我只想认认真真种好花

口述人：尹树苍（斗南村花农）

采访时间：2018年6月24日上午
采访地点：斗南社区
访 问 人：杨国才

我叫尹树苍，52岁，属马，是上门女婿，现在家里一共5口人，膝下有一儿一女，丈母娘和媳妇。

远行广州去卖花

斗南人最早开始种花大概是1984年，我从1991年开始种花，那时候种花的人还很少。那年，化忠义老师送来了鲜花种子，就是从那时候，大家开始尝试种花。早年鲜花品种比较单一，1990年的时候开始引进小矢菊苗，小头康乃馨，接着是满天星，玫瑰，花的品种也越来越多。一开始种出来的花要用自行车驮着到昆明尚义街去卖，这样一直种花卖花到了1993年，萌生了去外面走走一走的念头。

1993年出去之前，我在钢厂上着班，钢厂里大部分工人都是女的，二十七八岁的男青年，心里埋着一颗渴望出去闯荡的种子。1992

年，已经不用驮花去尚义街摆卖了，村子里有些人开始收购花了。村里有大广播，那时候经常有人在广播里喊：收花喽，5分钱1支。诸如此类，每天花的价格都不同。每次听到广播我们都很兴奋。殊不知这些人就是收购花，然后发到广州，高价卖出。后来知道村里早到广州的那些人都在广州挣了大钱，便也按捺不住跃跃欲试的心了。我跟家里人一合计，决定出去闯一闯，看看村里人如何在外面挣钱，也渴望着能打开一条家里的财路。

如果在广州花确实好卖，我就在广州待下来了。但那哈这么多人在广州挤着，不如去周边也看看。带着各种各样的渴望和好奇，我出发了。丈母娘和老婆都很支持我，家里种小雏菊攒下的7000多块全给了我，也不管还有债要还。三四月份的样子，昆明还有些冷，我穿着线裤，羊毛衫就出发了，带着年轻人的满腔热情。到了广州才发现，确实是热。一腔热情也羞得赶紧去买薄衣服换上。在广州待了4天，接着就去了海南，去了海南就开始联系花店，那时候的海南刚刚设立

为省。在海南大概待了一个星期，然后去深圳。在深圳印象最深的就是深圳缤纷分公司的一个老人。作为一个简简单单的农民，我能做的也只有询问：“我是来自云南昆明斗南的，我们那儿种的花多，需不需要鲜花？”老人拿着笤帚就把我扫地出门了，扫出来后旁边还有一道门，我又进去了，结果老头转个身又把我扫出来了，搞半天原来那个房子是相通的。

卖花得到人生的第一桶金

在深圳的日子，人生地不熟，我必须记得我住在哪里，让自己不迷路就行。我的早饭一般就是一个面包，一瓶汽水，然后就到处转。在深圳那时分不清东南西北，感觉太阳都是从一边出来的。待了3天没有任何成绩，接着又回到广州。在广州待了一晚上，买了火车票直接到郑州，在郑州待了一晚上，终于联系到了几家花店。然后从郑州出来又到了西安，在西安，我遇见了一个人，一个让我一辈子铭记在心的人，那是一位二级教授，享受国家津贴。教授见我老实得可爱，便也想要帮帮我这个是傻里傻气的年轻人。说到鲜花，教授也感慨，云南是个好地方，气候土壤刚好。而北方西安这样的地方是种不出上好的鲜花来的。鲜花是个好东西，但是销路要一下子打开却也并非易事。于是教授就带我一家家去问，并且和我分析哪些人是值得相信，哪些人是不能与其做买卖的。老教授有专车接，之后又把我安排在了招待所。这样的安排让初出茅庐的我对西安这座城市不再畏惧，多了一丝安心。第二天一早，教授又来了，带我去逛大街小巷。他是我的恩人，是我的有缘人，我很感激他。

记得回来以后，我花了7300元装了部有线电话，就开始自己做鲜花发货生意了。发货的时候都是用自行车，一箱箱从斗南村驮到巫家坝机场，再发往各地。

我人生的第一桶金是第一次发花。那是1993年，我用自行车驮着一小箱花，载去昆明老机场，再发往海南。那么一小箱的花，竟然卖出了700块，除去成本竟然挣了400多块。那个年头，400块，竟然只是一小箱花就可以挣到，那可是卖一货车大白菜才能勉强卖到的钱啊。这让我欢呼雀跃，感觉这样的生意是可以继续的，钱会越来越多，生活会越来越好。从那以后，我就开始专心发花了。那几年，是我人生中最意气风发的几年了，大笔大笔的钱进账，到1995年的时候，在斗南村也是响当当的人物了，花5万块买了双排座的轿车，日子过得风生水起。

投入全部心血却痛失爱女

钱挣得多了，心越来越大，再加上斗南土地有限，就有了外出租地种花的想法。1995年的时候，永伟，金才，我们几个年轻人一合计，就约着去租地种花了。我当时的打算是自己种自己发，不断地扩大种地面积，种花发花一条龙全由自己来做。那年，我贷款12万，去外地租了32亩地。刚租到的地是荒地，布满了大大小小的石头，费了好大的力气才把荒地凿平，成了可以种花的土地。

一开始两年是亏本的，花基本上就是一种就死。我改良了土地，耗费了大量的人力物力，12万基本也是打水漂了。但我没有放弃，继续用钱和精力去滋养这片租到的土地，希望它可以种出最好的花来。功夫不负苦心人，这片土地开出了越来越娇艳的鲜花。1998年、1999年，我几乎控制了西安的整个市场，货多的时候可以发两吨的花。1999年，我在所有花农中脱颖而出，夺得了出口花卉示范的竞标，当时我种的满天星的品质也是最好的，参加过很多届的花展，这在当时是值得骄傲的，这是对我们种花人的最高褒奖。但是总的来说，租地种花这几年是没赚多少钱的，养了很多人，花的品质一开始很不好，亏了很多钱。而且32亩地太多，很难管理过来。所以到2000年，我就放弃租地了，只专心种好自己的那一小片地。

2003年，一件令我伤心欲绝的事发生了。一次，外出游玩的时候，我那不到14岁的女儿在跑跳的过程中突然一口气上了头，回家以后发高烧，后来带到医院检查，住院，输血，在抢救的过程中突然就走了……是老天看到我的生活太顺了吗？竟如此心狠，她才13岁零5个月，多么活泼。从那时起，我就更无心去争些什么，只想埋头专心种好自己的那一小片土地了。

我只想认认真真种好花

种花让我明白，市场不是一个人能左右的，一个人认真做好一件事就好，而我只想认认真真地种好花。

种花是一件很辛苦的事，一支成花的工序太多，要把最后一道工序完成，钱都到账上或兜里，所有的工序才算完成。斗南人在土地有限的情况下被迫出去租地，很多时候花地离得远，要几十公里或几百公里，这样的奔波对花农来说更是艰辛。因为种花比不得其他东西，有车辆、闸刀、流水线、工厂化，闸刀一开哗哗哗产品就出来了。种花这件事是不可能流水线完成的，有些事情避免不了人工，甚至得亲力亲为。举个例子，打农药，虽然现在浇水都是滴灌，但是打药必须得靠人工，并且这件事你完全依靠工人是不可能的。工人会强调付出和回报，而不会实心实意地帮你。工人在花地里边，药枪可以随意开大开小，他在里边如何打药，你根本不知道。但是鲜花很娇嫩，打药不是随便的一件事，打药的方式也会严重影响成花。特别是种玫瑰遇到红蜘蛛的时候，水分不容易控制，控制不好，红蜘蛛就会泛滥。这些事情工人都不会为你考虑，他唯一思考的就是熬到月底就可以拿钱了。所以，这些事情得花很多时间和精力。

种花也需要与时俱进，需要不停地学习。人在自然面前很渺小，人的力量在自然灾害面前也很渺小。但是随着科学技术的发展，人可以靠设备，来抵御一些自然灾害。如果霜冻要来了，你可以提前做好防范措施，盖个双层膜，或者在里面弄保暖措施可以；还有下大雪，可以加固大棚。但是如何做好这些事情，都是需要学习的。同时，也需要很大的资金投入。我有一个朋友，在禄丰种玫瑰，花种得非常好。他的大棚资金投入非常大，少说都要七八万一个，他那个棚上边是高伞，下边有30公分深，用油毛毡铺起来，上面铺层塑料，然后再垫一层石头，之后再垫20公分的基质，玫瑰种在基质上边，1天施6次肥，如果植物吸收不了肥料，会有一个回收池，他的花地是有

坡度的，因此肥料会往回收池里流。他非常聪明，经常花时间研究种花，也舍得投入，所以花种得非常好，我很佩服他，也会经常和他沟通。种花这件事本身就是一个不断学习的过程，要多看书，多观察，多总结，不停地学习新技术，与时俱进。一块地和一块地之间，土质不一样，管理方式不一样，气候不一样，含水量不一样，种出来的品质也会不一样。如果你生搬硬套，按以前的管理模式来管理，效果肯定就不一样。所以要不断去摸索不同土壤间不同的管理办法。很简单的例子，氮肥超标，阻碍钾的吸收。小苗的时候必须要补高磷，因为高磷促进生根。植物靠光合作用来促进根茎的生长，磷要足够。氮如果超标了，单头、多头的康乃馨就养不活。一开始的时候很傻，贪便宜会用尿素滥竽充数。后来发现，氮肥一超标，阻碍了钾肥的吸收，花蕾就不好，花的品质就差，就卖不到钱。这些事情都是在失败后自己总结摸索出来的，比如在宜良和在呈贡，种花的方式肯定是不一样的。在石林、宜良、峨山、禄丰种花也都不一样，土壤状况不一样，花的品质也不一样。总的来说，有滇池调节着的这片土地是最好的。

种花让我变得沉稳了

做人要舍得，做花这个行业也一样，还需要诚信。做花商，先发花再打钱这是常有的事，锱铢必较是赚不了钱的，但是风险也很大，这就需要彼此间多一些诚信。我自己就有这样的经历，2000年我在发花的时候，有30万没有要回来，但是我看得开。欠我钱的是个西安人，他前年来斗南和一个台湾人谈合作的事，我请他们吃饭。他老婆爱面子，跟我老婆说："嫂子，等会儿吃饭的时候你千万不要谈钱的事。"我老婆就说：“我们再穷，也不会在这个场合提及钱的事情”。但是我把他拉到一边说：“你到死的那天，你也欠我老尹30万。”我不逼他，也不会让他没面子，但我希望他能够信守承诺，如果他真的不还钱，人生还长，没什么大不了的。

种花这些年头我也逐渐变得沉稳。1997年、1998年那会，我还年轻气盛，又赚了不少钱。经常在发完花以后就去赌博，有时候还会下大注，经常上万块地输钱，真可算得上是豪赌了，那时候丈母娘就和我说：“你也是成年人了，做事该有分寸”，她从不说重话，从那以后，我不再乱赌钱，现在也就只是闲暇时偶尔和朋友玩玩牌而已。出门也不带很多钱，带个三五百块也就足够了。年轻的时候会经常因为钱的事情和老婆吵吵架，但是后来也不再为这些事情争执，家里的一切开支都是商量着来，包括换车，买房，买大件，突然发现没什么好争执的。

滴水之恩永不会忘

这么多年过去了，我也从一个二十七八岁的小年轻，变成了一个中年父亲。这些年来，我很感激，是改革开放，给我们的生活带来这么大的改变。从我自己种花开始，社会各界带来的资金方面，技术方面的帮助一直没有断过。是国家的好政策让斗南这片土地，得以名扬海外。

首先，从我自身说起，当年，在种花之前，我们家是种蔬菜的，很辛苦，但是挣不了多少钱，现在想想，当时一拖拉机的菜能卖到的钱也才只有一把花那么多。开始种花以后，日子越来越好。两年就攒了种蔬菜好多年的钱，建了两层的房子，那时候大概是1992年。1993年我去了广州，广州回来以后做发花生意。第一桶金是发花到海南，一小箱的花就挣了400块。1995年就买了一辆双排座的小轿车。到现在，每年大概20多万的年收入，房子变成了四层，又换了两辆车。大儿子已经上了大学。我对自己的生活很满意，这么多年来，是种花给我们的生活带来如此大的改变。

其次，种花也让我的人生充满了成就感。我从1995年开始种花就一直没有间断过，是村里第一批租地种花的人。那时候，有自己车，每天大批量发花，在斗南村也算得上一号人物了。1999年，我参加了云南省优质花卉出口示范园区的竞标，那时候，除了9家公司，只有我一个人是花农。这对我来说是莫大的肯定，我感到无比的喜悦。那两年，花地全部改种非洲菊，非洲菊的品质非常好，我的花时常参加各种各样的花展。

其三，感恩所有帮助过我的人。种花的这一路上，得到了很多很多的帮助，我非常感激。感谢改革开放的春风，给斗南这片土地带来了春天，也给我们这些土生土长的农民带来了希望。从化忠义老师带来花种，我们就开始种花。1996年，我贷款12万，我记得，信用社的毕季和大哥，当年帮助我贷款，让我能租下32亩的地。然后，我还得到过各种各样的技术支持，像杨义勇老师，他是花卉界的祖师级人物，那时候他来到村上，我们什么不懂都可以问他，他总是知无不言言无不尽，都会给我们解答，我们处得像朋友一样。还有同村的李强，一开始不会种花，种的花都不长，他来看了以后，告诉我20公分太浅，必须深挖，后来挖了60公分，种出来的花就很好了。包括我新租的地，他也给了我很多帮助，虽然现在不怎么联系了，但是我很感激他。技术方面还有上面提到的以色列的希拉蒙教授，虽然语言不通，但他确实也给了我很多技术上的指导。最开始去广州的时候我最感激的就是在西安遇见的吴先齐老教授，对我来说，他是有知遇之恩的，对那时候离家在外找路的年轻人来说，他的温暖相助带给我很多慰藉。

包括西安的王一鸣，当初他们为我请了一位专车司机，把我从咸阳送回了昆明。对他们，这些年来，我一直铭记在心，并心怀感激。在这些资金帮助，技术帮助的后边，其实都是国家统筹的政策。所以，感谢国家，感谢社会以及各界朋友，这么多年来给我的帮助。

希望政府助斗南走得更远

这么多年种花的经验和自己的一些经历，我对种花的后来人有一些建议，对政府和社会也有一些期望，希望政府帮助斗南，让斗南走得更远。

首先是关于斗南鲜花小镇的建设。斗南现在是亚洲最大的花卉市场，它确实已经走向国际了。但这样一个有国际声誉的地方，它的真实情况确实不容乐观的。斗南给人的整体感觉还是比较混乱的。斗南需要文化建设，鲜花旅游小镇是为了把斗南做成一张有内涵的名片推向世界。怎么做呢？这需要政府的帮助，政府可以协调出一部分土地，租给斗南本地人来种花，做成鲜花种植示范基地。让外面的人能

看到，斗南是靠种花发展起来的，也让人们能接近一株株有根的鲜花，见证大自然孕育鲜花的这个过程。

然后是居住环境，需要统一规划重新安排。当初划分地基的时候留的街道宽度不够，巷子过于狭窄。在当时，交通工具还只是板车，4米的宽度是足够的。但是如今，时代发展了，每家都有汽车，斗南又建成了如此大的花卉交易市场，这个道路面积在今天看来就是十分狭窄了，经常堵得水泄不通。街道扩建这件事肯定是有难度的，我们老百姓靠自己的力量也无法做成这件事。所以希望政府重视这件事，帮助我们把斗南建设得更好。

其次是市场规范。有些人会半夜骑着摩托出门，到别人的花田里，东边捡一些，西边裁一些，回家以后收拾收拾就上街卖，这些东西不是他们的劳动成果，这样的行为应该算是偷盗。有时候这种行为还会有跟风，导致市场非常混乱，甚至让花农寒心。所以希望政府能加大这方面的管控力度。

还有一点是要注意保护环境。土壤，气候，水源都是大自然赋予我们的，我们也要报给大自然以友好。有一件事情让我印象非常深刻。当年我得到过一个以色列专家的技术指导，他是省花卉产业的顾问，前后30多次到我的花地里做技术指导。现在我还记得，他带着翻译来到我的地里，蹲在地上用双手刨土，查看土壤。刨完土洗手的时候，他突然问我一个问题："这个土壤会不会污染水源？"我愣住了。可见他们的环保意识是多么的强。后来我也有了一些环保意识，现在我用的肥料是羊粪，羊粪虽然臭，但是对土壤的帮助很大。它里边的氮、磷含量不如化学肥料丰富，但我不愿意过多用化学肥料，污染太大。满天星的花地里苍蝇很多，但是我选择用贴纸去防苍蝇而不是农药，农药的污染太大。希望大家能有意识地保护环境。

鲁红伟

穷人的孩子早当家

口述人：鲁红伟（斗南花卉协会会长）

采访时间：2018年6月24日下午
采访地点：鲁红伟家斗南社区
访 问 人：杨国才

我叫鲁红伟。1978年出生的。我从斗南出去卖花时才15岁，我记得很清楚，那天是1993年7月4日，是我从事花卉事业真正意义上的开端。这是我记忆犹新的一件事。那时种出来的花都是用自行车驮到昆明尚义街去卖，但那时花的产量已经过剩了，我记得最便宜的时候，2支花才卖到1分钱，基本上是亏本了。

以前种花的成本很贵，因为当时的种苗都是在外面卖，或者别家拿点过来自己扦插，死亡率相当高，又没有什么技术，加上还要大棚种植，成本自然就高了。所以当时花卉在本地已经消耗不了了，只有出去广州做鲜花批发生意。

第一批从斗南去广州卖花的只有23户人家，包括我们居委会的委员杨贵，还有几个同乡，他们就是莫柳林。我们把斗南的花带出去的同时，也是把外省的玫瑰苗、农药、技术这些引进来。

穷人的孩子早当家

我们家有三兄妹，有个姐姐和一个哥哥。家庭负担比较重，经济来源就靠父母种地。1983年包产到户，基本上到1984年才落实，总共1100多个平方的地，两亩不到，就种些蔬菜，番茄、洋葱、莲花白这些。那时我们家么家徒四壁，全家5口人就住40多个平方的土坯房，家里也没得哪样钱。出于生活的逼迫，别人说种花比较赚钱，我们也就跟种了，我们家开始种花那时是1986年，当时全村才四五家人种花。我当时只有八九岁。

那会家里穷，穷人的孩子早当家。我七八岁的时候就跟着父辈们种地了。因为我年纪小，挖地、垄土都是父辈做的，然后把买的种一个一个种下去，一垄垄的种，这个过程我是做过的。刚开始我对花也不是太懂，就是跟着父辈们的经验种，对花的寄托其实是对美好生活的向往，因为可以换来实质性的东西。

1985年以前斗南村作为昆明的一个菜篮子，都是以种植蔬菜为主，1984年以后呈贡良种场的化忠义老先生，现在已经不在了，将第一批剑兰就引进到了斗南。斗南真正意义上开始种花就是1985年，当时种的是剑兰，我记得我们家买的是300元钱1公斤，像米粒大小的花种。当时1斤菜就卖1毛几分钱，但1支花刚开始的时候可以卖到七八毛，两者之间的收益将近相差了20倍。300元在当时很值钱的。这就是为什么大家自发地愿意用300元去买1公斤种子回来种花，就是这个原因了。

后来种剑兰的人越来越多不好卖了，就改种勿忘我、满天星，跟日本的小石竹，就是我们说的小头康乃馨。以前斗南的花卉就是勿忘我、满天星、小头石竹跟剑兰这4个品种。一直到1993年，我就从广州运回了第一批玫瑰，像“马莎”“红衣主教”，都是我去广州发回来的，1.5元1棵，人家沿海地带毕竟从事这行已经有100多年历史了。之后斗南才开始种玫瑰。那会都不认识什么是玫瑰，滇池边上有块高地种的都是月季，不是玫瑰，可以食用的那种，反正也都捆着卖了。

那个时候种出来的花，就像卖菜一样在街边摆卖，以路为市，一条街上都是，一捆捆地卖。其他村子的人就来买我们的花，再拿到昆明宝善街摆卖。最开始每家种花也就是百来个平方，我记得全村最早种花的面积3亩地都不到。

我们家是在华明昇旁边，他种满天星，我种勿忘我，卖不掉的时候就拉去做干花，人家就买了这个干花去装饰相框。那会我们把康乃馨叫小石竹，1分钱2支，40支1捆，用稻草捆起来就拿到宝善街上去

鲁红伟和小伙伴一起在街边卖花

卖。我记得当时凌晨3点就要起床，骑着单车把花驮到宝善街去卖，路上要骑1个多小时。有一次驮了将近120公斤的剑兰，还把车胎给压爆了。省外当时就有鲜花的需求，有人发现了这个商机，就开始往省外发花，那会运输条件不方便，飞机运费相当贵，也是几块钱1斤。我们也就一起去了广州，做这个鲜花批发生意。

20元让我激动不已，200万让我记住乡愁

其实我是1978年出生的，但身份证上是1977年，因为当时出去卖花，要满16岁才可以办身份证，我只好改了年龄，不然没有身份证坐不了火车。1993年7月4日，我第一次去广州卖花，72块钱的火车票，坐了72个小时才到广州。到的第一天我卖花赚了20块，第一桶金，这是我印象最深的，到今天都还记得。这是我从事花卉事业真正意义上的开端。

我们刚过去广州的时候，最初基本上就是零售兼批发，在广州用0.6的那种小微型车拉的花，一天卖个十件八件的样子。1995年去上海的时候也只卖得到这些，还是拿那个小微型车拉的货。那时广州还没有花卉市场。广州岭南花卉市场是我们去了3年后，也就是1996年10月15号才建成的，市场投资了660万。是因为我们斗南人到后才建成真正意义上的花卉市场，在那之前他们跟我们一样，就是在霍城和佛山交界的地方，一条小巷子的街边摆卖。

从第一桶金20块钱，到后来两个小时赚200多万，都是我亲身经历的，但第一个20块钱我没齿难忘。

1999年我赚了很多钱，是因为那年的天气带来的。1999年，昆明经历了一场百年不遇的霜冻大雪，所有的花都冻死了。斗南所有的花几乎全军覆没，地里的花直接都被冻死了。情人草在当地卖到了700—

800元1公斤，冻剩的满天星都是300—400元1公斤。当时广州有4个国际酒店的花全部都是我供的，那会我就做着国外的贸易了，日本、马来西亚、泰国、韩国等国家都有打交道。因为当时我有渠道，了解到国外花的价格跟我们比起来有可比性，就从以色列订了一批花到广州。我是通过香港的那些人订了50万美金的进口花，68港币1把订回来卖到了600元人民币。整个香港批发的花也是我供给他们的，两小时我就赚了200多万。

我那次赚的200多万不是本地花赚的。那个情况很突然。所以我说第一次赚20块钱的那天我激动万分，而赚200多万的时候让我记住了乡愁，因为我看到的是昆明包括我们自家种的花都冻了，那会儿家里自己种的花也损失了几十万，全部都冻坏了，没得办法。

2004年从广州回来。我在广州呆了11年，对我来说，在这期间做的都是倒买倒卖的事情。那会我已经掌控了广州岭南花卉市场批发将近55%的量，珠江三角洲的量都是我批发给他们的，他们再拿到各个市场，像中山、东莞、虎门、珠海、惠州、湛江、肇庆这些地方。我最多的时候一天卖了4个货柜车的花，在当时是一个天文数字了，到后来接近20年的时间，都没有人超过我这个量了。但赚20块钱的时候是比较冲动的，太高兴了，到赚了200多万的时候我已经没有那个感受了。所以做到最后我就回来了，没有继续在广州做这个批发，回来的时候已经是有上千万的资本了，没有这些本钱就做不了什么事情。真正让我愿意回来的是我的情怀，这片土地是生我养我的土地，我的父辈在这片土地上耕耘这个事业，我不能把它丢了，我要重新回来，我现在的格局已经不是以前的那个格局了，我们一定要把斗南做到世界第一。

我是斗南第一个向国家缴纳花卉税收的人。1997年我就成立了中国斗南花卉第一厂，当时是还掏着经营税的，花卉还要税，是到后来才免了。1999年云南经济电视台就采访过我，后来珠江电视台、广州电视台也基本上都报道过我们从昆明到广州卖花的这个经历。

斗南创造了一个花卉神话

斗南原来也没得花卉市场，随着斗南花卉产业的发展，种花的人越来越多，销量越来越好，家家户户就跟种了，街边已经摆满了，拥挤的不行。1995年，我们斗南就建成了自己第一个花卉市场，最早的是8.5亩的市场，现在看到的整个斗南花卉体系的前身就是从这里开始的，原来我们卖菜的那里。从那时起卖花就从街边搬到了真正的市场里面。到后来种植面积品种不断增加，从老四样增加到了10多样，20多样，乃至50样的时候，市场就已经承载不了了。

1996年11月，斗南村还没有改叫社区，到广州岭南花卉市场考察，那会岭南花卉市场也刚刚建好，开始投资运营。考察回来后，村里商讨建设斗南花卉市场的方案，我有幸参与了那次会议，也写了第一个关于建设斗南花卉市场的建议方案，并出资300万回来建斗南花卉市场。到了1998年，我们斗南花卉市场开始建设，那会斗南花卉市场还是集体所有制，后期很多原因改制了，就从集体所有变为个人所有。

斗南花卉产业的这个发展过程，对当地老百姓来说，是一部艰辛的创业史。从最初3亩地的种花面积，发展到如今带动全省130多万亩地的种植面积，翻了35万倍，我们创造了一个花卉的神话。每次国外的人来参观，我给他们介绍到这个情况，他们都觉得是个奇迹，因为人家欧洲都是两三百年的时间积淀起来的，但是我们赶上了改革开放的好时机，用30年的时间积淀到今天这个地步。

我回到昆明后一直都是在种花，后来做到云南省产供销一条龙种地最多的，就是自己种自己销售。到2009年，我租的第一批土地到期后就没再种了，转回来做斗南花销市场。中间停歇了3年时间没有种植花卉，到2012年重操旧业开始种花。现在我种的花场自身投资的有4个，算是独资，大概是有370亩，间接投资的有23个，总共投资了27个花场，投入资金有2000多万。

我们开发了中国斗南花卉网

在区委政府的支持下，我成立了斗南花乡农业产业协会，现在入会人员2130户，还不断在扩大，种植面积现在已经超过10万亩。发展到后来，遇到了鲜花在销售和种植上面的瓶颈，就投资了1000余万元，自行开发了线上平台——中国斗南花卉网，所有线上部分都已经完成，也受邀入驻了“云上云”信息产业园，作为代表中国花卉面向世界的一个窗口，真正解决了产供销一条龙的根本问题。

所谓“产”就是指尚有农户的种植，现在我们昆明花卉的种植水平，跟南美洲的水平差不多是持平的。我每个月接待的国外的花卉公司的花卉商，或者种植商、种苗商，每个月基本上都有两拨人，现在协会跟全球38家花卉公司都有业务来往。每个月都会有国外的人员来参观，同时也指导我们的种植技术，包括一些种苗的引进、花卉保鲜、生产后处理环节的指导工作。我们自己基本上已经实现了产业规范化，就是从种植到采收，都是经过一些处理了，花价也有所提高。但按照我们现在农户的种植水平，花价只能达到国外同期同一产品的七分之一，就是说人家的可能卖7块钱，我们只是卖得着1块钱，就是这个概念。它有7倍的差价，不是说我们的种植技术不

行，主要是我们产后处理技术、保鲜技术有待提高。人家的花一般有半个月的保质期了，但是我们的拿回来可能三天四天就衰败了，所以这就是我们要提升的。也还存在种植的品种、种类过于单调的问题，虽然我们现在有300多个品种60多个大类（70多个大类，500多个品种），但基本上还是国外10多年前的品种品类了，严重滞后。因此，我们跟国外的公司合作，引进他们的技术也邀请他们来我们云南花卉产业基地种植，现在在谈的有几家。2018年7月第19届花卉博览会，有8家公司有意向来我们斗南考察，过来参观，并给我们做一些技术上的指导。

在销售方面，像全世界最大的花卉销售商荷兰优荷公司，他们每年的销售能有50亿欧元，就相当于400多亿人民币，单就他一家公司在全世界的销售，可以说抵得上我们整个产业。他们也到访过我们斗南，已经在洽谈怎么把我们云南的花卉发到全世界。我们做了一个自己的平台——中国斗南花卉网，这个平台是面向世界的，不同于以往的交易方式。传统的交易方式主要有两种：拍卖和对手交易。拍卖就像是昆明国际花卉拍卖交易中心的荷兰式拍卖，另外就像花花世界市场用的对手交易，是一种农户和花贩子、花商面对面的交易方式。15年以来，随着电商的不断发展和兴起，加上人民群众对美好生活的向往，花卉开始走进千家万户，平常老百姓也可以消费得起，不再是以前人们所谓的奢侈品。

现在我们斗南大小的电商有70多家，规模大点的有13家。他们都是以C端运花和B端运花为主。B端就是从原产地到花店，全国各地的花店在网上订了之后，我们就从斗南打包后，通过顺丰、圆通、中通这些快递公司运输出去，当日达，或者48—72小时到货的情况都有。C端就是指从原产地直接到家庭，属于月包花，就是自己在网上订购，99元1个月，然后这个月内送4次花给你。这个的一个弊端就是订花的人本来是想要百合，结果送成了康乃馨，因为这个花是由公司直接配送了嘛，所以还是不够完善，但这些都是针对斗南村的一村一品建设开展的。

我们做的中国斗南花卉网与这些平台是有区别的，是结合了线下市场与线上市场做的一个结合，面向全世界的花卉爱好者。我们不单是将斗南的花卖出去，还要把所有国外的花引回到昆明，把斗南真正建设成世界的花卉交易中心，这是我们的终极目标，以响应李克强总理来访斗南对我们的大力的支持。

我的愿景是建世界花卉工厂

我对花卉的感情比较深，因为它带给我们的改变太大了。我从一穷二白到现在，都是因为花。不光是我自己，对我们一家乃至我们全村、全呈贡都带来了很大的改变，整个产业养活了100万以上的人口，这都是花卉带给我们的，也的确是感谢党和国家的好政策。

目前我们对斗南花卉的前景和发展也做了一个长期的规划，将和中国供销共同在斗南建设世界花卉工厂。我们将带领协会的群众及花农积极配合这个项目的运作，共同建设世界花卉工厂，真正提升我们斗南花卉的品质，可能跟国际接轨。对于这个项目我们已经讨论了一年多了，也是真正地在忙这个实事，对于这个事情我们斗南每年的鲜花处置量是上百亿支，所产生的产值是300亿—500亿，对地方的财政收入是有实质性的意义的。

实际上现在很多花是没有进入市场就已经被采购了，真正到市场交易的花六成都没有，有些是农户直接跟公司送过去了，不用通过市场模式来进行交易了。这样就会导致产品的质量参差不齐，没有一个真正的标准来执行，这也是我们做世界花卉工厂的原因，就是为了做到标准化、产业化和规模化。

为什么我们要成立世界花卉工厂，而且不等10年，而是要在3—5年之内把斗南的花卉推到与世界接轨，产品和产值的衔接，就是因为我对斗南是有情怀的。我们要抓住改革开放这个好的时机，从3分地种到130万亩地是一个奇迹，我们还要创造另一个奇迹，不单是要把斗南的花做到世界，还要引进世界上的花来斗南交易，把斗南打造成世界的花卉交易中心。

最大的困难还是资金方面的了，因为从事这个行业每一部分都需要大量资金的投入，而且先期的种植主要靠自己摸索，很多农户穷其一生，有点钱就投入生活中，所以外表看起来很美丽，但种花人很苦的。2013年9月25日斗南的地就被征收了，所以现在99%的人都是外出租地了，有时候还要拖家带口到100公里、200公里以外的地方种花，不单是在昆明附近，因为这周围已可以种花的地太少了。种少了又不划算，种十多二十亩还要运输费。

目前希望通过政府对整个产业给予更大的支持，特别是技术方面，能够帮我们引进国外比较先进的技术，因为作为农民，能力、资本还是有限，很难通过自己投资去研发这些，所以还是需要依靠政府的扶持，然后结合我们自身的优势来把斗南真正打造成世界的花卉交易中心。

我们本地研发的品种不多，都是国外引进的品种，拿过来自己繁殖，慢慢品种就多了。比如说康乃馨，作为六大主花之一，最开始的品种是日本的小石竹，后来的是从哥伦比亚引入到上海，再从上海引到昆明的，后来的品种也有十几个，就是色系了嘛。它是通过从国外拿来植株进行培育，培育出的种苗分芽后再进行扦插，之后批量繁殖，要经历这么一个过程，具体说来就是买母本了。在这方面，我们协会也会积极研发及扩展花卉品种及种植产地。

目前最重要的还是解决花农种植出来的销售问题，因此我们投资做了自己的销售平台，通过平台销售了1亿多，但这个只是刚起步，我们的愿景是要达到10亿，乃至百亿，这是我们的一个展望。所以我们跟中国供销有一个战略合作，这不光是对花卉销售的一个提升，更是对产业的整体提升。就是要解决我们花农种出产品的销售问题，就像上面提到的，他们拖家带口倾其所有来种花，也不会干其他的，这么几十年都是在种花，又可能因为跟风的原因，他的销路成了问题，所以我们现在的任务就是尽快实现产业化、规模化、现代化乃至精准化，能够做到从中调解。真正的解决花农们的问题，改变整个斗南花卉的格局，把花卉打造成斗南面向世界的一个名片。反正我这辈子只可能做这一件事，不可能还选择其他事情。

大型多

2017年，斗南“花花世界”花卉交易市场，对手交易盛况空前

李永刚

种康乃馨时都没见过花

口述人：李永刚（斗南村花农）

采访时间：2018年6月30日上午
采访地点：斗南社区
访 问 人：杨国才

我叫李永刚，出生于1961年，是地地道道的斗南人。小时候，我喜欢在太阳刚刚升起的时候，一次次地爬上房前高高的柿子树，向远方眺望；傍晚，我喜欢坐在高高的谷堆旁，一边看着天上的月亮，一边听着老人讲着许多关于斗南村的传说。我将听到的故事讲给母亲听，让母亲为我解释故事中的人和事。母亲说，我也不晓得斗南村的来龙去脉，但有一点我是明白的，斗南的娃娃，就要爱斗南，等你长大了，你就会懂得很多道理，就会更加热爱自己的家乡。从那时起，我就牢牢记住了母亲的话，将整个身心倾注于斗南这片富饶而又美丽的土地。

斗南人都有种植的经验

中华人民共和国的成立，斗南村迎来了新生。在这片多情的土地上，斗南人经历了土地改革、合作化运动和人民公社。斗南人以前所未有的意志力和进取精神，使斗南村发生了翻天覆地的变化。从我记事起，就晓得斗南人不仅勤劳、朴实，而且还很有眼光。我们的父辈辛勤的耕耘，使得家乡的原野人欢马叫、鸡鸣狗吠，炊烟袅袅。很多人都是种田种地的行家里手，经过他们精细地耕作，使得春天麦苗青青，秋天稻谷金黄，斗南村成了远近闻名的粮食高产区。然而，好景不长，“文化大革命”期间，由于极“左”思潮的影响和干扰，斗南村的河水干涸、良田荒芜。斗南人经历着辛酸和苦难。1978年，改革开放的春风吹遍大江南北，也吹进了斗南人的心中。斗南人焕发了巨大的热情，重新数点着、盘算着如何在醒来土地上耕耘播种。

斗南地处昆明近郊，人多地少是劣势，但斗南土地肥沃，交通方便是优势，加之斗南人的勤劳和智慧是取之不尽、用之不竭的精神财富。也就是说，没有翻不过的山，没有越不过的坎。通过广大村民的集思广益，决定弃粮种菜。因为我们斗南人，不仅有这种庄稼的丰富经验，也曾有着种菜的传统。说干就干，村民们在各自承包的土地上改田造地，精耕细作，除了种植一些诸如青白苦菜、瓜果豆类的传统蔬菜外，还引进一些如冬瓜、丝瓜、洋葱、菜豌豆等外来品种，同时依顺季节时令的变化，选种一些反季菜，加上施农家肥，浇天然水等，使蔬菜回归到真正的原生态中。一时间，斗南蔬菜走红市场，远近闻名。随着城市人口的不断增加，政府提倡的菜篮子工程开始形成，昆明所辖的官渡、西山、呈贡、晋宁、富民、嵩明、宜良等县（区）的蔬菜种植面积的不断扩大，斗南蔬菜种植逐渐下滑，斗南人再度陷入困惑之中。如何越过这道坎，搬开绊脚石，斩掉贫困路上的拦路虎，重新提到了如何解决的桌面上来。

种花先种康乃馨

1993年，我32岁。我和父亲商定后，决定和同村的毕培勇一起种花。

说到种花，可不是件容易的事，以前在自己家的房前屋后种花，那是种了自己看，也就是种点灯笼花、太阳花、绣球花。但现在种花，是种给别人看的，说白了就是将花卖给别人观赏，自己得到经济回报。开始，自己心里没底，也惴摸不透城里人喜欢什么花，思来想去，就像木桶往井里打水，心里是七上八下的。我曾经想过种报春花，但这是木本植物，生长期长，开花慢，也想过种山茶花，还是木本植物，生长期更长，开花更慢，想种菊花，可以在清明节前后卖，左想右想，举棋不定。

我媳妇似乎看透了我的心思，她说："永刚啊，你的父母为你取名永刚，就是希望你永远刚强，做一个响当当的男子汉。"做一个响

斗南村早期的花卉大棚

当当的男子汉，那就是敢想、敢干、敢作为。想到这里，我再次找毕培勇商量，共同决定先种康乃馨。因为康乃馨名气大，在市场上深受广大买花者喜欢。

康乃馨被称为“洋花”，原产于希腊，先后在欧美、日本等国家栽种。这种花杆直叶厚，青翠欲滴，且花朵大、颜色多样，红的、紫的、黄的、白的，深受广大爱花者喜欢。特别是康乃馨含义深，是永不凋谢的母亲花。不管你是达官贵人，还是普通百姓，都会想起母亲的养育之恩，都会在母亲的生日时，或者与母亲重逢时，为母亲献上一束康乃馨，以表达对母亲的无限深情。

说了就干，我和毕培勇决定种植康乃馨，首先去拜访昆明植物研究所的科研人员。包士其老师是专门从事花卉研究和种植的专家。从包老师那里我们初步了解了康乃馨的生长情况以及栽种过程中应该注意的问题，比如土质、水分、施肥、防害除虫等基本常识。

对于康乃馨，当时村里已经有三户人家种，但我们只见过种苗，未见过开花。只是听说广州等地花农种康乃馨有经验。虽然当时心中无数，但是我们还是从包老师那里购买了一些种苗。在种康乃馨的日子里，为了使花苗长势好，我们精心施肥，认真浇水，不间断喷洒农药。经过反复试种，第一批康乃馨终于开花了。

清晨到地里一看，那些红的、紫的、黄的、白的花朵，正迎风开放，那些晶莹的露珠挂花瓣上，着实让人喜爱。花开的喜悦乐在心里，笑在脸上。我们一支一支地采下。用塑膜纸一扎一扎的包好装进纸箱，用单车托着到昆明卖。记得当时在小西门、南屏街、东风广场卖的时候。一些人看我的花新鲜，就很快买下。两三箱花也就半天就卖完了。后来我们得知尚义街最热闹，因为这条花街不仅有昆明人买花，还有外地人，乃至外国人来买花。

花农篇

我和毕培勇决定用自行车驮着鲜花到尚义街去卖。可是到了尚义街，我们的康乃馨很少有人问津。后来才知道，尚义街有专门卖康乃馨的摊位，而他们出售的康乃馨不仅杆粗、叶厚，而且花大，加之颜色纯，十分艳丽。一打听，才知道他们的康乃馨是从广州、福州那边航运过来的。我们的康乃馨与他们的康乃馨相比，不比不知道，一比吓一跳。

尚义街走一走，我们找到了自己的不足之处，那就是在种苗初期，长苗中期、花开后期，没有把握好康乃馨的生长规律和习性。比如说，初期施磷肥，中期施碳肥，后期施钾肥，再比如，初期浇瓢水，中期浇瓶水，后期浇滴水，加之天然雨水，这样苗就长得壮，杆就伸得直，叶就能增厚，花朵就开得大。还有除草、防虫也有大学问。杂草会影响花苗的根须扩伸，害虫会危害茎干和叶片的正常生长，只有掌握了锄草的方法和灭害虫的药物，花苗才能茁壮生长，花朵才能正常开放。这些说起来容易，但做起来难。难就难在我们种植花卉的经验太少，加之很少看科技图书、特别是根本没有接触到有关花卉种植的专业图书。于是我就到南屏街的新华书店买书，专门挑选一些花卉栽培书回来看。看书对我的提高比较大，因为这些书上的知识都是经过专家们从实践中总结出来的。

我利用书里的知识结合种花的实践，找到了更好的种花方法。同时我也经常去请教村里的种花能手，从他们身上学到很多有用的知识。加之毕培勇是一个爱动脑筋的人，他的见识多，获得的信息多，所以经常在一起切磋种花的技艺。相互间取长补短。功夫不负有心人，经过我们的共同努力，我和他的康乃馨都种得好。当我们再次用单车托着康乃馨去尚义街时，那些花店老板纷纷投来赞许的目光，一些喜欢康乃馨的人，抢着买我们的花。从此，我和毕培勇的康乃馨在尚义街一炮打响，很多花店老板向我们下了订单。随着我们的康乃馨在昆明花市走红，一些外省的花商直接来到村子里，找上门来，专门订我们的花。

除了种康乃馨，我又种了满天星、玫瑰等，由于承包的土地少，我就租了洛龙的12亩地。在12亩土地上种花，虽然辛苦，但收益好得多了。随着鲜花市场的火爆，我种的康乃馨和玫瑰供不应求。于是又到宜良的草甸租地。为什么要到草甸租地，因为洛龙要修建公园。草甸的土地肥，水也好，只是那边冬天雾气大，不像我们呈贡阳光明媚，日照时间长。尽管草甸的自然条件不如呈贡，但毕竟在那里我租

的地多，加之那些土地原先种农作物，土壤结构好。所以，头5年，我在草甸种的花长势十分好，好地种好花。但是随着土地的退化，花的长势就会受到影响，前5年与后5年，在同一块土地上种花，花的品质显然会受到影响。特别是对康乃馨这类“洋花”来说，对土地的依赖性强，其娇气与深山老林中的野花相比显得更加脆弱。

种康乃馨怎样才能改变土壤的结构，我们始终没有找到更好的办法。无奈之下，我们只能选择种植玫瑰。玫瑰属于木本植物，其抗酸，抗碱的能力强。不仅适应于亚热带生长，也适应于温带区域种植。昆明连同周围地区四季温差不大，且降雨均匀。冬末春初，玫瑰迎风怒放。红色的、紫色的、黄色的，黑色的、白色的，争奇斗艳，特别是红玫瑰象征爱情，受男女青年喜爱。从当时的情况看，康乃馨与玫瑰相比，无论是市场占有率还是价格，都处于下风。加之种康乃馨的花农较多，供大于求，所以我们决定，以玫瑰为主打花卉，康乃馨、满天星等品种适当减少。这样一来，土地盘活了，收入也增加了。

通过种植康乃馨和玫瑰我明白了一个道理，那就是要扬长避短。在扬长避短中寻找经济平衡，经济平衡就是投入和产出的加减法，充分利用好数学中的加减法，从中获得更好的经济效益。在种花的过程中学会真诚地与人相处也是这些年来我取得成功的经验。比如与毕培勇的相处，从中自己受益不少；再如与自己的儿子相处，也让我感到真情永存。

原先和儿子一起种花，但他觉得种花收益少，就去开餐馆，几年过后，餐馆效益不好，我也没有给他太多的压力，就与他商量再来种花。儿子同意了我的想法，就干起了种花的老本行。儿子年轻，虽然种花的经验不足，但接受新鲜事物快，信息来源多，加上他有走南闯北的经历，所以见识比我多。儿子与我共同种花，对于我来说真有点如虎添翼的感觉。我们父子相互理解、相互配合。比如原先浇花用水比较传统，儿子就引进新的浇灌技术，滴灌、喷灌的效果就比较好。再如锄草剂、灭虫剂以及预防病虫害剂的使用，他能在比较中选择既适用又能起到作用的，又如根据季节时令选择花的品种栽种。再就是根据各个年龄段的买花人对于花的需求，来调配种花的品种。应该说，我从儿子身上也学到了许多种花的知识。

多情的土地，盛开着我们用心血和汗水浇灌的鲜花，也生长我们对未来美好生活的向往。

农民的儿子心系土地

种花经历以及其中的酸甜苦辣，历练了我的人生。在铺满鲜花的路上，我有过徘徊，但最终我还是坚持下来了。之前，我曾经收过花，批过花。为了解决花的运输问题，我在较早的时候，就购买了汽车，除了运自己的花，也帮乡亲们运花、送花，常年往返于机场、火车站之间，成天忙个不停。时间长了，一盘算，觉得只做鲜花运输，收入与种花相比，明显有着大的差距。于是我又回心转意，把整个身心投入到种花的土地上。我是农民的儿子，只有心系土地，才能闯出自己的天地。通过种花、卖花，我家的日子好过多了，在斗南新盖了房屋，还为儿子在呈贡城区购买了新房。

经济宽裕了，生活改善了，全凭党的惠民政策，在举国纪念改革开放40周年的大喜日子里，我要牢记党的恩情，不忘初心，将鲜花一种到底，让斗南的鲜花永不凋零，使斗南“花都”的美名扬天下。

莫柳林

广州有条斗南鲜花街

口述人：莫柳林（斗南村花农）

采访时间：2018年6月24日上午
采访地点：斗南社区
访 问 人：杨国才

我叫莫柳林，今年54岁，家住呈贡斗南，我是1993年开始做种花卖花生意的。我家只有我媳妇和我女儿。我女儿在昆明，我爸和我妈还健在，他们和我弟弟一起过。

从菜农到军人，从花农到花商

我于20世纪60年代出生在斗南一户普通的农民家庭，我们世世代代生活在这里，父亲和母亲一直以种粮种菜到种花为生活。我从小除了上学外，帮助家里做一些力所能及的事。初中毕业后，在家和父母一起种粮种菜。这样过了几年，我就到部队当兵。从农村到部队，让我开了眼界。部队转业回到斗南，我又开启了种菜种花的生活.

斗南的发展历程是花卉产业的一个缩影，我们村有300多年种植蔬菜的历史。以前常常听父辈叔叔阿姨说："斗南人种菜，官渡人卖菜，昆明人吃菜。”中华人民共和国成立后的五六十年代，我们斗南村还是以种粮为主；1972年斗南人成为昆明市里的蔬菜专业队，走过了蔬菜生产从计划经济向市场经济转变的艰难历程。我们这代人正是这个时期的参与者，实践者。

我是1993年开始去广州，从那时开始卖花在。我去之前，我们村里就有人在广州卖花，我表姐就是其中之一。我第一次去广州是坐着飞机去，当时就是自己发货自己跟着接货。就这一次赚了500块钱，我感到这个生意还是可以做，还是好做呢！就在那里开始做。一做就七八年，然后就回来自己转成发花。

记得当时我们住在广州芳村合成旅舍，条件比较艰苦，好像是一天20块钱左右。旅社里边是高低床，几个人住一间。这个旅舍里边都是我们村子里边的人，我们村来做生意的，基本上全部住在里面了。

那时斗南卖花还是以路为市，可以在街上买了花回来自己发货。当时我家的人买好花就送到机场，再运到广州，然后我从广州机场上提回旅馆，全部打散重新慢慢整理。当时我们住在合成旅舍，我每天要去机场把花提回来，又把花打散重新整理，整理好一份，再打好包，放在高低床底下，床底下比较窄比较小，只能塞进去。第二天早上6点多，我们就把花拿到市场上卖。因为有些花广州人买了还要发货到全国各地。所以我们刚开始到广州时晚上基本上都不能睡觉，晚上八九点钟花到了广州，我们就得开始打理。就这样，广州就慢慢地形成了斗南卖花市场。

广州有条斗南花街

20世纪90年代初，我们刚刚到广州时，我们在那里人生地不熟。

当时在广州做花生意的人不多，我们村有20多个人在广州卖花。刚开始那条街只有一半的街是专门给昆明斗南人卖花。我们就把花在街上摆着卖，就像初期在昆明一样以路为市摆着卖。

这样在广州很艰难地做了几年，慢慢地才越来越好起来。刚开始广州花的销量不大，每天家人从斗南发过来的花，基本上就是20到30公斤，一般都还卖不完。但是后来，一天就是几千公斤花也能卖完。

斗南夜市交易场景

那哈差不多是每天10多、20多件地从斗南发过来。每件差不多有50公斤左右。就这样，广州的斗南花街就逐渐形成。

花的运输，开始我们主要是靠飞机从昆明运过去，过了一两个月，花的需求量增加了，生意好了，我们就试着用铁路运输，过了一段时间，用汽车运输才能满足市场的需求。

不过，花的市场价有点说不准，市场价高的时候就涨一点，低的时候就低一点，1件花多少钱也不好说。有时候一件高档花可以卖到两三千块，一般点的花1件货1000块、几百块也可以卖。

总之，一年四季的花价格都不同，一天不同一天的价格。价钱好的时候就是四五千块1件，不好的时候几百块一千块就可以卖。通常是4块钱1公斤。1件可以到200多块钱。遇到过年过节，这个鲜花生意就好做了，1件花可以赚到一两百、两三百。有时候1件可赚到几千块，有时候又只能赚一两百、两三百块。过年过节的时候赚得多一点。比如，我们在广州卖满天星，在斗南买10多块钱1公斤。我们买回来的都是一些散花，买回来自己要修理一下。1公斤可以扎成4把。在广州可以卖到五六块1把，有时候可以卖到10块，好的时候可以卖到二三十块钱1把。1把可能相差10块到20多块的价格。就是说10块钱的本钱，最好的时候可以卖到60块。

当时卖花还要有点技巧的，如果扎了1把大花就卖不起价格。但是，如果把一把大花扎几小把，就可以卖到更多的钱。同样是两个人做生意，有时候到价只要6块，有时候要七八块。如果是6块我就赚到钱，如果是七八块我就贴了钱。你看，卖花还是要有一定经验的。

由于广州斗南花街发展很快，市场需要的鲜花越来越多。为了方便与家里的联系，1993年开始，我就安了个座机电话，将近8000块钱。那哈斗南村只有七八家人安了电话，大家觉得太贵。但我们在广州如果没有电话，要跟家里联系发多少花、发什么花就很不方便。所以，安电话就是为了两边互相沟通信息。这边的花价钱，那边的花价钱，有些哪样花，我在广州哪些花好卖，在斗南这边收哪些花，两边沟通起来方便多了，这样可以多挣点钱了。

花好才能卖出好信誉

我在广州花街卖花的时候，主要是家里人在斗南这边村里收花，如果这边花好又便宜嘛，我在广州也好出手。然后那些经常跟我来往的广州花商，觉得我的花质量好，就会经常来找我拿花，这样我的生意就越做越好。如果说是我的花质量不稳定，今天好明天不好，人家来一次拿到好花，第二次就拿着质量差的，以后都不会来找我拿花了。如果说我这个卖花的质量基本保持一致，买花的人基本上都会来跟我们做生意。当时我们做生意做来做去，互相之间做出了信任。

刚开始到广州，我也不认识广州的花老板，后来他们经常来跟我们买，他觉得我的花便宜质量又好，我们在互相信任的基础，建立供需关系，这些老板在广州也是做鲜花生意，他们的发展也比较早，形成规模比起我们这边早。后来我回斗南后，就直接把花发到广州。

我做鲜花生意已经有二三十年了，在广州做了七八年，回到斗南又做了将近20年。由于昆明的天时地利气候比较好，有些花比较适合在我们这里种，拿到广州这个花的质量各方面都比他们那边好。所以他们把斗南花从广州又发到全国各地，或者从广州转到国外去卖，有的卖到日本、新加坡、马来西亚。

在广州卖花的日子很艰辛

广州原来没有鲜花市场，形成斗南花街后，我们在街上卖花，不仅受到广州本地人的欺负，而且也受全国各地人的冷眼。他们欺负我们是乡下人，土包子。有些时候还会有人用假钱来买花，用假钱欺骗我们。当时我们才去广州，也不懂辨别真假钱，就被蒙蔽了。那时我们非常痛恨那些用假钱的人，发现假钱就打他们。

其实我们在广州街上卖花很不容易，因为我们只有二三十个人。在广州是外地人。那些四川去的、湖南去的，还有本地人都会欺负我们云南人。在忍无可忍的情况下，我们还曾发生打架斗殴事件。有时我们被打伤，有时也把人打伤住院被罚款。不管罚多少钱，我几个都是一起分摊，大家分摊下来，每个人就少一些嘛。我们自己内部很团结，只要哪个受欺负，大家一起去吵去打。有一次，我们为了吃盒饭还跟湖南人吵了一架。

那时生活环境比较艰苦，吃的穿的都很简单，每顿吃快餐，通常要10多块钱一盒饭，我们只吃5块钱的，就被别人瞧不起，还被别人欺负。于是我们的人全部一起去打架。记得有一次打架，被武警、公安把我们全部抓去，当时还惊动了昆明市驻广州办事处。最后由办事处来出面，才解决这件事情，那次，我们从早上9点多钟被抓进去，十一二点钟就放我们出来了，而对方那5个带头闹事的人就被拘留了。

当时斗南村在广州卖花的有30人左右，有时是20多个人。做了几年，来来去去，最多的时候达到60个。不管人多人少，我们都很团结，一起卖花挣钱，一起去打架，一起把挣的钱带回家。

我们当年在广州花街卖花，一般两三个月才回家一次。不管哪个回家，就要把全村在广州卖花得的钱带回去。我帮其他人带过，别人也帮我带过。一般就是说我们做个两三个月回去一次分一次钱，就是两三万块、三四万块。

当时所有人挣到的钱都是存在银行里。如果有人回家，我们所有人就把现金取出来，让回家的人带回去。每个人都拿一个包包装上钱，把钱带回家。一般一两百万，多的时候也有两三百万。最先我们每个人是用报纸或者其他的纸把钱包好,又用胶带封起来，写上自己的名字。钱带到斗南后，各家的人来取回自己的钱。后来我们都是用皮

凌晨的斗南花市

箱装钱，或者有点大的包包塞得满满一包，各人有一包。

那时候我们用纸把钱封起来，反正我把你这包钱到家，我绝对是不会去动的。不管你带多少，我都是一定要送到你家里去的。这是一种信用与诚信。曾经在机场，安检问我们,你们带这么多现金搞哪样?我们就给他们做解释，这些不是一个人的钱，是我们昆明斗南村里二三十个人挣的钱，我们在广州卖花，几个月才能回去一次,每次回去一个人是两万、几万块，大家一起带回来。在那时，好多人都认为是不可思议。特别一开始我们用麻袋装钱，把麻袋放在行李架上, 后来飞机上的管理人员告诉我们，可以放在座位下面。再到后来我们就开始用包包或者行李箱了。

回想当时这些钱全部装在身上，每个人都还是很害怕把钱弄丢掉的。于是每次有人回家，我们三四个人、四五个人一起，打车把带钱回家的人送到机场，看着他过了安检后才离开，这样子也比较安全。然后,他坐着飞机回到昆明，这边也会有自家人开车来接，也是比较安全的。到家以后，就给各家打电话，让他们过来领钱。刚开始时, 在飞机上常常会被问，久而久之,飞机上的工作人员也就习以为常，对此也不觉得奇怪了。

我在广州斗南花街卖花时，基本是一年到头不亏本的。不过有时候行情不好，斗南的花发到广州时那边要不了这么多的花，就会做亏本生意。但是总体地说，在广州的这个鲜花生意，有时候可以多赚一点，有时候可以少赚一点。

那时卖花一年能赚多少钱我记不清楚了。不过我记得做生意的第二年，我家就盖房子了。当时盖一栋房子要六七万块钱，我还没得多少钱，借了1万块钱就去盖房子了。房子盖起来以后，家具也没有，我只得去继续苦钱。后来我和我岳父两个人两三个月就能挣着两三万、三四万了。90年代一年挣得着10万块钱，好的时候也挣到15万块钱左右。10多万块钱啊，在当时是相当多了。我做鲜花生意大约有二三十年。我在广州做了七八年，回到斗南又做了将近20年。

广州人的观念值得我们学习

我在广州斗南花街卖花这些年，从广州人身上学到的东西太多了。广州人比我们能忍，他们那边比我们这边开放得早，他们的思想也比我们要成熟。比如说，广州人跟你打完架后还会买你的东西，就是我们之间发生了口角，只要我们的花便宜，他们还会返回来跟我们做这单生意。不像我们云南人，如果我跟某一个人发生了口角，就是哪怕挣大钱，我们也不会去理他。广州人真的是聪明得很呢。

另外，卖花就是一定要讲诚信包质量，就是花的质量在斗南的人一定要把握好质量，你不要今天好明天不好，你如果天天保持好质量，那些顾客会天天跑过来跟你买花的。做到后面，我们基本不卖花了，也根本不需要我们卖了，因为哪些客人要哪些花，可以直接拉过去，减少了摆卖的辛苦。我认识一些老板，他们都是10把、20把地直接过来拿。这样我们就从零售转到了批发。

广州人的观念对我自己以后的发展有很大的帮助和启发。他们的一些想法很好，我记得我们住在旅馆里有一个老大妈，她家有几百万的家产，有一次，我们旁边旅馆老板的臭水沟需要疏通，老大妈答应只要给钱就帮他把水沟疏通。当时我们都想不通，认为你的钱比他多，为什么还要做这件事情呢？而这位大妈认为，如果我做这个事情让我能赚到钱，我为什么不做？但是我们云南人肯定就不做这个事情了，因为这个活比较脏，可是那位老人家不在乎。这一点我们是做不到的。因此，在广州斗南花街卖花，不仅开阔了我的眼界，而且了更新了我的观念。

总之，花卉产业改变了我的人生,以前我只有一间土基房，如今自建了一栋六层半的楼房，二楼到五楼全部租给人家了。我还在昆明城里买了一套房。一年全部房子的租金有七八万。现在我在斗南星斗贸易有限公司上班，每月拿着两千块钱。可以说，现在是有房有车的人了，知足了。

我希望斗南花卉产业越来越好，特别是花卉小镇的建设，要好好规划，政府也要加大支持的力度。同时，希望政府充分调动花农的积极性，为花农的后代着想，让斗南鲜花永远盛开。

张耀春

挑着扁担在南宁卖花

口述人：张耀春（斗南村花农）

采访时间：2018年6年30日下午
采访地点：斗南生态园
访 问 人：杨国才

我叫张耀春，是斗南村人。我1970年出生，刚好赶上“文革”，家里缺吃少穿，日子过得紧巴巴的。父亲是城里工厂的工人，母亲是村里的社员。

1978年，我刚满8岁，从生产队的大喇叭里，我第一次听到了“改革开放”4个字，那时我上小学三年级，还不明白什么是改革开放。一直到我长大成人以后，才真正明白了改革开放的意义。

改革开放以后，斗南村发生了巨变。斗南村处于昆明近郊，人多地少，种庄稼当然不是上策，于是全村开始种植蔬菜，莲花白、大白菜、四季豆、南瓜、冬瓜、胡萝卜、番茄、西红柿、大蒜、辣椒、大葱，可以说，家家户户都是种菜专业户，人人都是种菜能手。一时斗南菜由于品质好，在昆明市场卖得很好。

斗南人依靠种菜致富，日子一天比一天好，周边很多农户常到斗南取经，学习种菜经验，晋宁、宜良、嵩明的农户都慕名而来。随着昆明周边各个区、县蔬菜面积的扩大，斗南村的蔬菜种植有了下滑的趋势。很多村民开始思考，如何保护利用好仅有的土地，盘活好土地，使土地得到充分合理的利用，解决好人多地少的矛盾。人和土地的相依相存，生生相息，代代相传。一些有识之士逐步从人多地少的困惑中走了出来，那就是放弃种菜，选择种花。

1990年腊月，家家户户准备过大年，同时也盘算来年春天开始在蔬菜地上种花。1991年的春天，刚满21岁的我和母亲一起，在自家的菜地上开始种花。我们选择剑兰作为试种的品种。开始不敢种多，因为考虑种花的经验不足，只种了3分地，剑兰的种子价高，加之生长周期长，7个月左右的时间才能开花。所以感到种剑兰的效果不佳。我和母亲及时总结了经验，调整了思路。1992年开始种康乃馨和满天星。

从单一种剑兰到种康乃馨、满天星、勿忘我，对于我自己来说，算是一次小小的跨越。刚开始种花，由于对这些花的生长规律不熟悉，加之管养技术不到位，所以茎干、叶片、花形的长势不是太好。后来我专门购买一些有关花卉栽培的书籍看，从中学到了很多专业知识，加上登门拜访一些种花能手，请教一些专门从事种花的专业技术人士，学到了很多书本上学不到的知识。通过不断地摸索，反复试种、研究，加上我勤学苦练，我家种的康乃馨、满天星和勿忘我长势良好。这些花艳丽多彩，格外引人注目。从母亲和父亲的笑脸上，我看到他们内心的喜悦和骄傲。我暗暗地下定决心，一定要将自己的两亩地利用好，让这些花在自家的土地上茁壮地生长。1992年，我们村大概有30%的人家从事种花，斗南花卉初具规模。

卖花丰富了我的人生

我家种的花由于品质好，很多城里人骑着单车来我家买花。这些买花人，有的是买了到城里卖，从中赚点钱。我记得有一对年轻的夫妻，开始是一起来买花，三天两头就来一次，后来只是男的来，当我问他，你媳妇咋没有来？他说，现在由我负责来买花，她负责卖花。从这对夫妻身上，我悟到了花的价值。于是我与父母商量，与妻子约定，他们主要负责种花，我主要外出卖花。

刚开始，我是将自家种的花拉到斗南街上卖，主要是卖给一些小贩或买花的过路人。后来觉得销路有限，我就试着到昆明城里去卖。每天一大早，我把鲜花用单车驮着赶往昆明的小西门、小花园、东风广场……那些热闹的地方，都是我每天要去卖花的地方。

有一天我在东风广场卖花时遇到一位年轻的女子，她一口气就买了80支康乃馨。她告诉我，80支康乃馨是为了献给80岁的母亲，因为母亲将她们兄妹四人，含辛茹苦地抚养成人。我望着她的背景，激动万分。我张耀春之所以成了种花、卖花的有心人，也是由于父母的呵护和教育。我暗自下定决心，我一定要种好花，卖好花，挣到钱，让父母有个幸福的晚年，以报答儿子对他们的养育之恩。所以不管是寒冬腊月还是烈日盛夏，我总是起早贪黑，走街串巷，叫卖鲜花。

那些日子，尽管自己不断往返于斗南和昆明之间，万般辛苦，但我始终有个梦想，要做一个有诚信、有品位的种花人、卖花人。通过种花卖花，丰富我的人生。

随着斗南村民种花的热情和积极性不断地高涨，1993年，全村大概已经有50%的人家种花了，斗南村也开始形成了一条花街。除另担散卖外，有人还开起了花店。昆明、玉溪、曲靖的一些花贩远道而来，专门批一些鲜花运走。这段时间，要数尚义街的花贩们最有眼光。他们从斗南批发的鲜花不仅卖给本地人，还卖来自全国的游客和来云南旅游的外国人。尚义街的鲜花一条街大名远扬，不能不说是我们斗南人成

20世纪90年代，花农挑着鲜切花来到斗南花市交易

就了它。当然通过尚义街等鲜花市场的繁荣，也就成了我们斗南村，带动了我们种花的积极性。

斗南村从蔬菜之乡成为鲜花之都，一靠党的富民政策，二靠各级政府的扶持帮助，三靠众多鲜花的经营者，四靠广大的爱花者。我家种花卖花，也摆脱了过去的贫困生活。

“种瓜得瓜，种豆得豆，种花得钱”。这句话在我们斗南村最流行，种瓜种豆自己食用，种花卖给他人观赏，得钱改善生活，这是个最简单的道理。然而种花比种瓜种豆要难得多，因为种瓜种豆在斗南村自古有之，但种花却是新鲜事，虽然老辈子有一些种荷花、菊花、梅花的经验，但种康乃馨、满天星、郁金香这些“洋花”却是头一回。“洋花”首先是要服水土，再有就是要科学种植。

由于我们早期引进的品种单一，尽管精心栽培，但种的人家多了，仅靠在昆明、玉溪、曲靖销售，市场有些饱和，价格就上不去。经过再三考虑，我决定到外省闯一闯。于是1993年秋天，我约了两个小伙伴，装了6箱花，30块钱买了一张火车票，第一次坐火车去南宁。火车坐了48小时才到了南宁。第二天一大早，我们3个分别用扁担挑着两箱花，走街串巷沿街叫卖。

当时的南宁是老城，我们3个人，每人挑着两箱花，走街串巷叫卖。我们是徒步挑着两担花，也不会想着雇个三轮车拉。我记得当时的南宁有27个花店，但都是小店，花的品种也很少，像康乃馨、满天星、勿忘我这些“洋花”，那些小店几乎没有。

南宁人喜欢花的程度绝不亚于昆明人，甚至还超过昆明人。虽然我们带去的花品种不多，但我们的花品质好，很受一些青年男女喜欢。由于南宁气温高，我们的花如果不在两天内卖完，一些就会烂掉。

刚到南宁，我们的花也会有少量烂掉，但后来我们改善了包装，烂的花就很少了。我们在南宁要卖两天才能把花卖得完，又坐着火车回来拿花，来去基本上是一个星期。那个时候南宁人的市场意识也不够，也不会想着发货，没运作过这些。我们每次去南宁，3个人大概能赚到1000多元钱。当时赚1000多块钱算是比较多了，我们每家可以分300多块钱。所以就想着继续再去，后来我们又连着去了几趟。

在南宁卖花的这个过程，我积累了一些卖花的经验。我们挑着鲜花在南宁走街串巷，汗流浃背的经历，到今天都难忘记，这些经历也为我后来到广州卖花打下了基础。

1994年，斗南村已经有七八户人家去广州卖花了，而且收益很好。由于那时我的孩子刚出生不久，父母和媳妇都劝我暂时不要去，等孩子两岁时再去也不迟。后来到了1996年秋天，我再次跟父母和媳妇商量，一定要去广州闯一闯，把我们斗南村的鲜花卖给广州人。父母和媳妇也从闯荡广州卖花人那里得到一些信息，在广州卖花，不仅销路广，而且收入也不错。能吃苦、动脑子的人，一年下来能挣上十万、八万。最后，我得到家人的支持，便马上开始做出门准备。

1996年10月上旬，我动身去广州了。我把事先准备好的花交给航空公司托运，主要有传统的菊花、水仙、月季等，也有康乃馨、满天星、勿忘我、玫瑰等。到了广州后，很多广州人一听说我是来自昆明斗南村的花农，就争先恐后地买我的花。由于我们村到广州做花生意的人较多，加上斗南鲜花的品种多，品质优，所以很多广州人特别喜欢我们斗南的鲜花。从1996年到2002年，将近6年的时间，我走遍了广州的大街小巷，同时还去了广州周边的佛山、汕头、中山等城市。遍访这些城市的花店和专事鲜花生意的老板。

由于我的花品质好、品种多，所以许多花店老板主动上门找我订

货。再加上我的诚信和花价合理，所以批得快，卖得快。这期间，我还结识了许多省市的鲜花经营者，在和他们的交往中，相互尊重，相互信任，成了生意场上、生活中的好朋友。我的客户遍及全国各地，如武汉、北京、青岛、襄樊、湛江、郑州好多地方。从1996年到1999年，我赚到了20多万元钱，回家盖了新房。新房建好后，我又赶往广州接着卖花。后来听朋友说，湛江的花生意好做，我就赶往湛江考查，经过再三考虑，我决定把花卉批发点移到湛江。

刚到湛江那哈，我媳妇在家发货，我在湛江卖。才去的时候相当难，因为你去到一个新的城市，别人不认可你。有时候一天连一件花都卖不出去，咋个办呢？我就把所有花拉上车一个店一个店地去问。我想是自己决定要想开发一个新的市场，咋个难都要做下去。那哈我路也不熟悉路，就到处问人家哪里有花店，有时候就叫一张摩托车在前面带路，就这样持续了差不多一个多月，当时湛江总共5个区域64家花店，我几乎每家都跑到了，基本上湛江的花店都开始认识我了。那哈当地有7个做批发的，他们的花也是从昆明发过去呢，他们的价格肯定就比我的高，我自己家人在昆明发货，价格我可以灵活掌握，10块到的花我可以10块批，也可以8块批。而且我对花也比较熟悉，比如它的花期有多长，可以插几天。

我在湛江卖了差不多两个月，就有人开始陆陆续续地来找我拿货了，我就叫摩托车把花送过去，宁愿自己贴着运费和人工费把花送到人家店里去。就这样半年下来，64个店已经有40个在我手里了，他们要什么花都来我那里拿，平均每天都不低于七八件，情人节的时候100件货3天就卖完了。当年一个月的销售额大约有40万元，到过年过节达到80到90万。平均一年下来，我们的销售额已经在400多万，利润一年有40多万到50万了。

2010年，湛江又来了七八家搞鲜花批发的，市场竞争激烈了，所以我把批发点转给了别人，回到昆明了。因为我是独子，父母年纪也大了，云南人是家乡宝，落叶归根嘛。再一个想着我年纪大了，不想在外面奔波了。现在湛江花店那边是我呢一个合伙人一起在做，回我在这边给他发花，他在那边搞批发，现在每年的收入就不怎么样了，一年十二三万左右，一天只发两件货。主要是现在做的人多了，我们买不到花农的第一手花了。现在一车花几百扎，我们就要个二三十扎，都是电话订货，现在各方面都方便了，打好包，一个电话做货运就过来拉。

说到最困难或者比较激动的事情，我想起1997年一个郑州客户来广州进货，让我帮他去进干花。那天我把2.5万块钱揣兜里就去坐公交，后来我在车上站着站着就睡着了，一不小心就把口袋里的钱蹭掉了，幸好旁边有一个妇女提醒我，我真的非常感谢。还有一次，1999年2月，一个合作了三四年的郑州客户欠了我将近20万块钱，听别人说，那个人可能做完这个情人节就不做了。他欠着我钱，如果他不干了，店转了，我去哪里找他？我急了，马上买了一张将近2000块一张的高价机票飞郑州。一下飞机，郑州只有零下六度，我从广州去只穿着一条单裤，骨头都被疼了。第二天是情人节，我到那个客户的店里，我批给他的花十分好卖。他马上付给我15万左右，还欠5万多，打了个欠条，后来到了年底，他把欠我的钱全部还给我了。我觉得其实大部分人还是很讲信用的，正是这个诚信维系着我们永久的友谊。卖花到今天，我发货的款都基本到位了，只有两三万元钱没有收回，是我主动提出不要了。

我的未来不是梦

在斗南做花卉的前景是很好的，可以说花卉给斗南花农带来了很大收益不仅是种植，与花卉有关的，包括做肥料、包装材料等等都带动起来了。现在盆景走势要好一些。如今全国各地都在种花，但品质比不上我们云南的花。以前我们种花只有一亩地，现在大都有三五十亩地，多的有100到200亩地，种植面积比以前扩大很多倍。

斗南这些年发生了翻天覆地的改变，斗南花卉的知名度越来越高了，很多外国人不知道昆明，但都知道斗南。在这个过程中，我转了好几个行业，换了好多思路，还开过两年多酒店，亏了70万。但是一直没放弃花，现在又转回来做花。我现在是花卉公司的副总经理，对于花卉，我是内行，一批花能不能赚钱，我一看就知道。不管是盆景还是鲜花，我个人就是守住自己的老本行，做自己熟悉的行业。希望政府大力支持我们。

王秀华

花卖不完又不能当饭吃

口述人：王秀华（斗南村花农）

采访时间：2018年7月1日上午
采访地点：斗南生态园
访 问 人：杨国才

我叫王秀华，是斗南人。斗南村分成7个队，我是3队的人，嫁到1队这边，以前在家没出嫁前，都是父母管事，我不种花也不整别样，到1986年我结婚以后，才开始种花。

最初种花被邻居质疑

1986年，有一些花农也还种菜，只是菜卖得不好。当时化大爹（化忠义）他们已经开始种剑兰了，看他们卖的花比卖菜挣钱，我就找他们买了点种就开始种花。一开始种子不敢买多，也不敢种多。就买个四五斤小种，撒到田里面。250平方米的田，撒了一半不到。头一年长起来的花很小，短支短支的，花小点嘛就卖得便宜，七八分钱 1 支也很好卖。

我家开始种的时候，隔壁两家邻居就说："你种这个花，种下去了，你咯卖得掉？如果是菜么，卖不掉还可以自己炒炒吃，花卖不完又不能当饭吃，你咋个整？你送给哪个去？”我就说：“管他啦，试试瞧嘛。”

过了半年，我家250平方米的田全部都种成大种球的剑兰。当时也还种着白菜，但是一箱白菜，1角5分1斤，才卖了500多块钱。这已经算是好的了。但是我那箱剑兰，就卖了3800元。我就觉得太好了！一回到家里，我赶紧拿个笔记本记着账。我家老公公是教书的，还是个校长，他一年的工资还拿不到这些花钱。他回来我就跟他说，我们今年的这些花真的卖得好呵。他说他还生怕我们卖不出去呢。

后来，化大爹又告诉我，可以买哪样花种，我听了他的话就去买。第一次是去省农科院，买了200多颗满天星的种苗，刚好种满一块地。后来我们又种了石竹，石竹就是小的那种康乃馨，桃红色的。等花开了，我就用桶装着驮到昆明去卖，那哈卖花的还不多，我凌晨3点多钟就骑着单车驮着花去昆明卖花了。那段时间天天都是如此。骑到昆明的白塔路天都还没亮，很辛苦呢。辛苦我倒是不怕，家里有老有小，就想花能卖

个好价钱，日子能好过点。

最开始我是去白塔路卖花，那哈我主要卖康乃馨、大剑兰，还加上菊花，后来认识了震庄宾馆的一个采购员，他问我可不可以一个星期给他们送一次花。我当时就答应了。后来我每到星期一的早上，就骑着单车去给震庄送花。我只要就把花挑到震庄宾馆的大门口，前台就会跟他打电话，他就下来接花。他们那会也不是自己插花，整理整理就发出去了。一开始一个星期送去一小箱，后来越送越多，我们家的条件也就越来越好。

村子里种花卖花的人慢慢就多起来，记不清楚是1991年，还是1992年，我们斗南村子里的一条小街上开始有卖花的了。主要就是卖个那些来做花生意的。后来村子里的花卉交易市场建起来了，大家都到市场里卖花了。

1998年，我老公回来跟我说，村里有人去广州卖花了，我们怕也是去广州卖卖花。但那哈我们没下决心去，就仍然在家种种花、卖卖花。我们家的花卖完了，就到花卉市场买点来再卖。

2005年，我老公去广州卖花，我负责给他发花，我自己在家也还种着花，有时也卖卖花。卖了大半年下来，收益还是好呢。2006年，老公从广州回来了，专门在家里发花给汕头、青岛。一直发到2013年。这期间我们一直做着花的生意，地种得少，虽然租了一大块地，但是没得人手来种，我们每天要发花，就把租的那块地又倒给人家。

现在我们的生活越来越好过了，花市也越搞越大越好了。我发花的时候还没有多少人靠发花赚钱，那些年还没有微信这些，都是把花发过去，他们汇钱过来，自己要去银行里面取。当时发一件花有个100多公斤的样子，大概有500多块的收入。

我现在是在花卉货运公司搞货运，也就没有发花了。我们一天有10

多吨的花要运送。逢年过节，像过年和情人节什么的，要运20吨以上的花发往全国各地。我要从晚上11点开始上班，到第二天早上7点多点才下班，有时候到中午还要收货发货。

我们的花发货都是靠航空，还有些是靠铁路运出去。无论航空运输还是铁路运输，对斗南花卉的发展都好，对呈贡也好。还有我们一起做花生意的，才来的时候还两手空空，做了几年花生意，如今家里盖了房子、买了汽车，什么都有了。

1990年代，昆明街头随处可见斗南卖花人

斗南的发展，还带动周边。之前我代表公司去了一起工作过的一个墨江的同事家，他家种的就是从斗南买去的食用玫瑰，现在他家盖了楼房，买了轿车。

花农挣的都是血汗钱

我女儿上学的时候我们还很苦呢，每天忙得抽不出时间来管她。那会她上学回来，还要跟我去地里收满天星，或者买花回来，修整好、包好，再给她爸爸发过去，那会她爸爸在广州嘛。卖了几年花，我们家的日子就越过越好了。

还是有难过的时候呢。那一次大约是在1995年前后，我们家还没挣到钱。有一次我发货到郑州，对方客户不讲信用，也不讲道理。给他连发了4个星期的花，差着我近3万块钱，他就是不汇来给我，我打电话给他也不回，还干脆给我拉黑了。我有个朋友也是在郑州，陪我去找他也找不到，那时候我就觉得我们家要破产啦，我气得几天没吃饭。我老公就说不怕，悠悠地来。后来这3万块钱硬是没有拿着，人也消失掉了。还有1998年，我种了一大片白玫瑰，开得很好，突然老天下了大雪，算是遇到天灾了嘛，那年就一分钱都没卖着。也不光是我们的，那年的霜也太大了，全部花都被冻死了，没得办法，只有把花重新架起来，第二年又发出来了，也还算卖着钱了。

鲜花能换好“饭”吃

做花生意以来，我最高兴的两件事：一个是第一次卖花卖了3800块钱；第二个就是老公去广州卖花，半年多点我们就苦了10多万。

我家种花以后，全家的生活就越来越好过了。卖花之前，我们住的是那种一般的平房，卖了几年花赚了点钱，1995年就改成了那种两层的砖房。他们就说你这个房子盖的漂亮啦，别人家都是一层，两层，也没有那个天井。我家盖的是有天井的那种，一大间全部装修好，样样家具都有。看见我们盖新楼房，村里其他人就找我们要种球，跟着我们种花了，不过他们种的少。那个时候我们家的地已经不种菜全部都种花了。2005年，我们以前二层楼的砖房又拆了，2006年底就全部盖成6层楼的大房子了。盖房子花的50多万，都是我们一家种花的钱。

2005年年底，我老公就去广州卖花去了，去了半年多，那期间我在家里给他发货。他在广州卖花挣的钱都是同乡，用纸把钱裹着带回来交给我的。我就在这边一笔一笔地记着。当时盖房子还差七八万块，卖了半年花赚的钱，把债全部还清还剩8万块。

看着我们家的日子越来越好过，村里的老人说："哎嘛，先听了你的么早一点种花么就好了。"我想起他们那哈还问我，这个花还可以当饭吃？给吃得饱？他们还说："这个花插着么倒是好看了，就是不可以吃。"（笑）现在有好多花都可以吃了，比如做鲜花饼就是用食用玫瑰嘛，还可以做成玫瑰糖，都可以吃。

日子越来越好过了

我还没结婚的时候在斗南村文艺组。后来斗南人的生活越来越好，村里就有人提议再办个文艺组起来。2000年，我们就开始办文艺组了，叫姊妹花灯队，专门宣传斗南的花卉。过年的时候，我记得我们的第一个节目叫《迎新春》，第二个节目叫《一朵花》，就是讲我们斗南的花种得好。我们的表演还拿了个三等奖呢。大家夸我们把斗南村的花宣传得真好。

斗南村通过卖花，日子过得越来越好，以前村子里几乎全是土坯房，后来家家都开始盖新楼房了，生活越来越好。村民的文化生活也丰富了，唱歌、跳舞这些也都有。

去年十九大召开，我们花灯队成员全部都是党员，我们就想代表围绕斗南花卉编了一个《十九大政策》的花灯剧。来帮我们编节目的老师问我们这个花灯剧的主题是什么，我们就说就是想宣传一下斗南的花，把斗南花卉发展的故事宣传出去嘛。

斗南花卉小镇要好好建

我女儿跟着我们受了多少苦。她上小学的时候，我们根本忙不出时间来管她。她放学回来还要跟着我一起去地里收花，打整花枝。她长大以后，我经常给她回忆起这些辛苦，她就说：妈妈，我晓得你不容易，以后我会讲给你外孙女听呢。

当年我们的这种吃苦耐劳的精神，的确应该发扬下去，说明我们妇女也能顶半边天嘛。当然，现在我们赶上了改革开放的好时机，我们的日子才会越来越好。我们经历过的苦，后辈是不会再经历一次了，但还是要告诉他们，让他们知道生活的不易。

对于今后，我想着说的是，斗南花卉产业还是要继续做大做强，因为这个品牌毕竟是我们斗南人打出去的，既然打出去了，就应该把它做起来。另外我希望，呈贡斗南花卉小镇要好好地建，让它名扬世界，让我们的子孙看看，斗南村从种花发展到现在，与老一辈的付出和努力是离不开的，让年轻人能够感受到老一辈创业的艰辛。

宋　彪

我们花农离不开土地

口述人：宋彪（斗南村花农）

采访时间：2018年7月1日下午
采访地点：斗南生态园
访 问 人：杨国才

我是斗南社区居民宋彪，今年46岁了，家就在斗南社区居委会第6小组北区335号，家里一共5口人。

我本人是1992年开始种植鲜花的，最早种植的鲜花是康乃馨。当时我们土地面积少，人均面积只有300平方米左右，所以我们只能种点高品质的鲜花，不然，就卖不着多少钱。

当时花倒是种出来了，但鲜花的销量不是那么好，我们还曾经用花箱拉着花去大理、楚雄的娱乐场所零卖，当时是非常艰难呢！不过，我记得1993年还是1994年的时候，我们村子里基本上还都是以种蔬菜为主，当时1亩蔬菜1年的产值基本上在500块钱左右，但是我家种了1亩康乃馨，1年的收入接近两万。特别是春节前后，康乃馨1支能卖到1块多，虽然淡季的时候几分钱1支也卖过。但总的来说种花的受益要比种菜还是好得多。所以，我就一直坚持种花。鲜花总是给人一种说不出来的喜悦，光看着就很舒服，想到种出来是供人欣赏的，心情是非常高兴的!

当时刚刚改革开放，我父亲思想还是比较老套，开始还不太赞成我们种花，但是后来看到了成果，也就不管我们了。后来，由于鲜花销售业务不断扩展，我们也就走向了省外。我们最先去的是广州的那个岭南花市路口，我们把这点称为“广福路口”。我们在那边的一条巷子里批发鲜花卖。在广州，花的销量要好一点，我们村子里面大概有个六七十户人家都在广州做过鲜花生意的。我是在1996年左右过去的，也在那里卖过鲜花。

当时在广州，巷子里面环境不是很好，本来就很吵，我们去的人又多，住宿就非常拥挤。我们一般都是4个人住 1 间30平方米左右的小房子，又要堆花箱，还要在里面打整花，感觉非常拥挤。我们在广州的生活很简单，四五个人租 1 间房子，大家都起得早，要吃什么，就去菜市场买点大家喜欢吃的菜，一起做点吃吃。睡也是大家睡在一起，闲的时候可以吹吹牛啊，好玩嘛。有时间我们还会去转转广州城，生活辛苦，但还是非常开心的。

在广州卖的鲜花都是从我们斗南村空运过去的，鲜花到了机场，我们找张车提货，提货到住的地方就开始打整，每样花都要打整一下。打整以后，到时间就拉出去卖。因为我们卖花的地方是在一个路口，两三个小时就必须把花卖完，卖不完也必须得走，不然就有人来把你轰走，或者把你的花收了。刚开始那个卖花环境很不行，后来政府重视了，建起了岭南花市，卖花的环境就好一点，不会发生那些事了。

那个时候卖花呢，最开心的事就是发两件货过去，就能挣上几千元钱。不开心的事，就是发了一箱货也卖不掉，甚至把它随便放在街上的一个角落晒成干花。干花那个时候是没人买的，卖不着钱。反正就是有好卖的时候，也有难卖的时候。好卖呢就赚着钱，不好卖呢就相当于保个本，基本也不折本。

在广州经营了两年，赚了一点钱。我觉得赶上了好时候，我们村改革开放后就开始慢慢地发展鲜花产业了，就是这个鲜花产业让我们走出斗南，走出昆明，到省外去了。在外面经历的东西都对我后来的人生有很大的帮助。我看到发展中斗南有了一些变化，也在那里寻找一些机遇。

种好花要靠自己不断摸索

到1998年左右，我就从广州回来了。按农村习惯来说，就是该找个媳妇稳定下来了，所以就回来了。回到斗南之后，我就一直以种植

鲜花为主，发花的事就没有做了。

我记得我种花种得最多的时候是种了3亩多地，1亩康乃馨，1亩勿忘我，1亩满天星。这3个品种产值很高呢，一季康乃馨接近四五万支，满天星大概都是在1吨左右，勿忘我在3吨左右。那个时候花的价钱是有高有低的，市场效益好就卖得高点，一般情况下就差一点。像康乃馨，按枝卖的时候，1分钱1支，5分钱1支，1角钱1支，都有。满天星的价格在冬季会比较高一些，卖到50块钱1斤。价格这个东西不好说，反正好的时候一亩地可以卖到五六万，但是遇到自然灾害什么的，颗粒无收的时候，血本无归也有过。我们基本上都是像这种走过来的，斗南人不容易呢！

我们以前种花的时候，土地是很分散的，我种得最多的就是3个品种。不过我后来种过大概五六种花，玫瑰、月季什么的，基本上都种过，这里种一点，那里种一点。有好卖的新品种出来，我和我的朋友们就都会试着种。那些品种我们都是去花街找农科院订购的。差不多每年6月份左右下花种了。我们当时还寻着个规律，看见春节、情人节的花要好卖一点，我们就算着下种的时间，希望采花的时候能正好赶上过节，这样花就能卖个好价钱。但是，有些花必须在六七月下种，自然规律嘛，没办法。我们一般4月份左右就订种，两个月以后就会出苗，出苗后农科院的人就把苗拉到我们村，我们就拿三轮车拉了去地里就直接种。

我们种花都用大棚覆盖，没有大棚不覆盖是种不出来的，因为有时候雨水太多，花会死掉。我们当时都是用简易大棚，80%—90%都是用竹子做的，竹子买来把它窝成一个棚，然后买塑料覆盖到上面。有时候种枝小一点的花，像百合啊，得做两个棚，防止10月份下霜冻的时候把花冻着。

花农篇

说到大棚，我们斗南1985年就有大棚了，是周围最早有大棚的村子，其他村一个都没得，因为原来只有我们村是昆明市的蔬菜基地，有些蔬菜也需要大棚。种花的人越来越多之后，我们村白茫茫地全部都是大棚。后来改革开放了，各人想种什么都随他们自己。我们周边的村也建起了些大棚，原来是种菜，看见我们的花种起来了，他们也是跟着我们改种花了。现在我们村的土地都被收储了，没有大棚了，但是周边村子还有。像官渡区那边，他们现在都还在用大棚，都还种玫瑰、月季。种花必须要大棚，像这片土地没得大棚，种不出有质量的花来。这些种花的经验，都是我们自己互相交流、慢慢摸索出来的，然后大家相互学习，相互借鉴。

20世纪90年代末斗南花卉已成规模

种花的时候我就觉得和种菜其实是一样的，就是像种品种不一样的“菜”。所以我种花都没有学习过，也没有培训过，就是靠朋友和朋友之间探讨咋个才能把地种好。比如说像康乃馨，在种苗进站的时候，我们自己会去人家地里修一点叉，修来后搞一点沙来自己扦插繁殖康乃馨的种苗。所以我们自己也曾繁殖过种苗，虽然说效果不是那样理想，但毕竟自己摸索着繁殖出来种苗了。然后还跟一些种花的朋友学习了一点种植的经验。比如说康乃馨种植，首先必须要包着的，质量好的康乃馨就是长得很直，长直了才好看，而且把这个空间让出来，产量也就出来了，不然长弯了就一棵绕着一棵就不行了，会不好看，产量也会变低。还有种花的农药啊、施肥啊，都是根据我们以前种植蔬菜积累出来的一定经验。比如某些病，蔬菜是施哪种肥料，花卉也就施那样肥料，都差不多。有些不懂的就到卖化肥农药的店里讨教，自己再回去摸索，最终种出的鲜花质量还是好的。

上面是种花的时候自己摸索出来的一些经验，虽然说着好像很轻松，但是花种出来后也还有很多麻烦的事情要做。种出来之后，最怕的就是遇上霜冻，这是最痛苦的，还有一个是雨季雨水太多，花会被淹死，这也是最痛苦的。最好就是花种得好，价钱也好，有个高收入。这种时候也有，种花有一年，满天星卖到了100多块钱1公斤，那个时候心情倒是相当愉快。不过那时候村子里面治安不太好，有些时候有点小偷小盗，花价钱好，他们就来偷花。我们就天天晚上睡在地里面，搭个棚子守着看着，有些喊年轻人去守，有些喊老人去守，都还是不容易呢！

进入花卉产业以来，对我最大的影响就是让我能多出去看看外面世界，认识一些以前不会知道的东西，增长了见识。还有就是在经济上和生活上带来一些好的方面的变化，从艰难的一面走向宽裕的一面了嘛！比起以前种菜啊、种稻谷要好得多。平时一些吃不着的也会买些吃吃，没穿过的也买来穿穿，还会去哪里玩玩，反正物质上就是说有很大的改变。

我们家庭也因为鲜花产业物质上有了很大的改变。最早我们种菜是用人力板车；后来种起花来了，带来的收益就可以买三轮摩托车了，取代了人力板车；再后来就可以买汽车了，家庭用车、货车都得了。房子也盖了新的，有105平方米，4层半，更大更高了，住得更舒服了。

说到对斗南今后的希望，我现在不种花了，改行做市场管理了，但是我还是觉得土地对斗南人是很重要的。我希望政府多关心一下斗南，因为斗南它是一个鲜花蔬菜发源地，它带动这个企业链起了很大的作用，现在斗南因为没有土地走向也不好。

没有土地，靠什么收获呢？很多人都在探索。我们斗南人50%以上都出去打工去了，但是打工毕竟也不怎么好过，它不可能苦到多少钱；20%左右的人要么出去租地种，要么做了生意这些；还有20%左右的人就整天游手好闲，或者靠出租自己家的房子过日子，但是出租一两层房子是不够维持基本生活的；像我这样的管理人员也有，但不到10%，毕竟太少。现在我们的土地被收储5年了，到处长满了草，弄得是地也荒、人也闲，所以会有些个小偷小盗了嘛，特别是花价钱好的时候，小偷小盗会更多，这些都是不好的。

所以我就觉得有些土地，政府可以搞个能让村民也能参与的项目，能给我们带来一定的经济收益。像是政府在我们斗南村环湖路以东旁边建的一个盆景市场，仅仅这个盆景市场对6000人还是有一定帮助的，它每年收益接近2000多万，2000多万都分发给村民，每个人一年能拿到接近3000块钱，也是件很好的事情。听说是要开发斗南花卉旅游小镇，我们都希望政府加快步伐，动作大一点，这是我们这代人看得到的。

我作为老百姓来说，也没有多大能耐，只是想看着斗南一天天变好。最重要的还是大家团结一点，领导有一定的眼光，看得远一点，斗南定会大放一次光芒的！

李红波

在广州手被蚊子叮成大肿包

口述人：李红波（斗南村花农）

采访时间：2018年7月1日下午
采访地点：斗南生态园
访 问 人： 杨国才

我叫李红波，生于1977年4月18日，是斗南社区居委会的一员。我家就在斗南社区居委会2组西区378号，现在家里面有4口人，媳妇、儿子、母亲，还有我。

再也不想去广州了

我们村以前一直都是种蔬菜，改革开放以后，就有人开始种花了。我们家里人看到别人家种花收入不错，也就不种菜改种花了。到了我们这一代人，种花的人家已经很多了，要扩大市场才能让花卖得更好，所以村里我们这代人基本都去过广州、北京、上海这些地方开拓鲜花市场。

我是1996年去的广州，在广州卖自己家种的花。为了去广州，家里的老人拿出多年的积蓄。可能是因为我第一次离开斗南，所以当年我闯广州，总觉得自己是个农村人，做事说话很朴实，不像城里人那么精明，而且我当时年纪也太小，玩性很大，结果钱没赚着，反倒亏了家里的一些钱。在广州不但亏了钱，还吃了很多苦，那种苦让我刻骨铭心。

我记得那时广州的气候让我们很不适应，加上我们住的旅馆环境很差，广州的蚊子又特别多，就像只盯住我咬一样。我每天都被蚊子叮得受不了，胳膊上、腿上大块大块地肿起来，到处都是大包，痒得我手脚发麻。因为当时斗南村里的花是每天早上发出，我们晚上才能收到，收到花之后都要自己动手连夜整理。整理还要抓紧，第二天上午就要拿去卖。感受最深的就是在广州热得受不了，那个时候没有空调，只有电扇，但空气是热的，吹出来的风也是热的。我身上只穿件背心、T恤、短裤什么的，被蚊子叮得没有办法，我们就直接把套康乃馨的塑料袋套在了脚上，又热又痒。

我们那时住的环境很差，根本不是像现在电视里看到的那样。我们就在郊外一个垃圾厂旁边菜市场的一条路上摆着卖花。现在回想起这些，你就是一天给我几百块钱我也不会再去那种地方了，条件实在太差了。

我们这一代人，也是在爸妈的照料下长大的，受不了这些苦。要是我的儿子女儿受那些个苦，我也真的是忍受不了。不过现在去广州卖花，各方面的条件都好多了。有空调蚊子也会少了，不会再吃我们当年那些苦了。

在广州卖花的时候，条件差是一方面，还有就是广州对花的要求很高，整理起来很累。每一扎花在家里本来已经包装得很好了，发过去之后，像满天星会有干掉、死掉的，我们就得把这些干的死的花理掉。而康乃馨每一把20支，要打开根部，一把一把地竖起把根剪齐，又一把一把地包装好。在广州卖花要求高，生活又很艰苦，再加上亏了家里几万块钱，1998年我就从广州回到了斗南。

逃离广州到上海

回到斗南，先是跟爹妈在家种了一年的地。种了一年地，我才认识到生活的艰辛，人就成熟多了，不像以前那么玩性大了。后来受人点拨，自己也觉得种地不会像经商做生意来钱快，所以还是想去外面再闯一闯。

当时，我们村已经有十来个人在上海卖花了，我就问他们在上海卖花的情况怎么样。他们介绍说在上海那边花卖得还不错，我就想快点去，所以就详细地向他们打听上海怎么去？去了怎么办？我问清的情况做好了准备，就拿着家里剩下的一点积蓄，买了一张火车坐票，坐了两天火车，去到了上海。那年好像是1999年。去了上海之后，我的这个花生意才算做成功了。

刚开始去到上海的时候还是很艰苦的。大多数斗南人就住在上海永嘉路经文花市旁边的防空洞里。防空洞环境不好，空气不流通。在防空洞住了半年以后，我赚到一小点钱，就和村里的一些人出来租房子住了。

总的来说，在上海的条件要比广州好很多，最起码能过正常人的生活了。在上海，每天下午两三点钟才外出卖花，到晚上七点钟就收摊了。吃饭也正常了，每天还能有时间逛逛街，晚上还能跟同村的人聊聊天，聊完天之后洗洗就休息。第二天早上睡到个十一二点钟，起来吃点饭，才到花市提自己的货，然后边整理边开始卖花。最好的一点就是，上海虽然是个大城市，但它对花的要求比广州低，花到了上海也不用我们怎么整理，打开花箱把鲜花摆放整齐就行了，不用怎么精细打理。对我来说，这就轻松了很多。

我在上海卖花卖了几个月之后，发现自己家种的花质量好，在上海市场上卖得就很好，所以我就主要卖自己家里的花，也有了些固定的客户。有时候我的花少部分在市场上卖，大部分直接给客户送送货上门，然后就可以直接回来休息了。送花上门给客户，这些客户有的会直接给现金，有的也会在十天半个月给我钱。总之在上海卖花还是比较轻松的。

在上海卖花，生意最成功的时候，平时每天基本上可以赚个几百千把块钱，到了年节时候，特别像情人节那几天，就有时候一天就能赚一两万块钱。那是在1999年左右那几年。

我是一个农村人，从来没有想到能赚那些钱。当时人就很兴奋、很高兴。看着这个鲜花生意做得越来越好，卖把花，能赚个十块、八块的，一天发个千朵把花，能赚个一两万块钱哪！那会儿年纪还很小，从没见过那么多的钱，真的是非常兴奋。在上海也没有经历什么太多的痛苦，比起在广州那几年，总的感觉好多了。

就这样，在上海卖了一年多的花，就是我有时候回家，我的那些固定客户也会要求我从家里给他们发花。我就发现其实在家也能做鲜花生意，所以我就回来了。回到斗南之后，我就待在家发货，每天大约发个六七件、七八件鲜花去上海。在家那几年还能抽空帮爹娘在地里干点活。后来大概一直又做了两三年，一年能挣个10万块钱的，还是很不错哦。

改行合伙开公司

在家发花去上海，一直做了几年后，我发现鲜花生意的风险有点大。一件货虽然能赚个百八十块钱，但是以前很早认识的那些客户开始欠账了。

有一次，两个客户欠了我差不多有20万块钱，我马上坐着飞机去到上海，见了他们费了一番嘴皮功夫，最后才算把钱要到手了，但还有几千块钱还没给我。那个时候，我感觉这个鲜花生意已经不对劲了。回到斗南后，客户又要求我给他们发货，我就跟客户说，我可以向你承诺，我不会做调高花价这些事情，只要你觉得我还能和你合作，如果你还有心做这个生意，你要先把钱全部打来，我才会把货发给你。经过这些事情，客户也有一定的顾虑，生怕我把钱全部收下，就约束不了我了。最后这个生意也就做不下去了。到2002年，我就选择了放弃，就不再从事花卉这个行业了。

放弃做鲜花生意之后我就出了一台车祸，虽然身体基本恢复了。但我觉得自己年纪大了，也不想奔波、折腾了。2008年，我就跟一些

凌晨的斗南花市

从小一起长大的、一起经历过许多艰辛的朋友开了一个公司，这个公司叫作斗南花香经贸公司。鲁红伟是这个公司的法人，我算是协助，公司里的什么事都在管。

我们公司一开始是开停车场，为来斗南从事花卉经营的车辆做停车服务，方便了来斗南的经营者。卖花的人都愿意到我们停车场来停车。去年底我们公司新开了一个纸箱加工厂，专门制作鲜花的包装箱。现在我就是主要管这一块。我们现在生产纸箱，一天得卖个3000来个，我们想着在3000来个纸箱的前提下，马上推进一个做包装的行当，不管是什么，只要是包装花需要的东西，一系列都要给它做起来。

能否可以办几个社区集体产业

作为一个斗南人，我当然是希望我们斗南花卉产业越来越好。斗南有好的地理位置条件，斗南的土地是可以养活两三万人，现在有大量的外来人口，我们应该利用这些好的条件来壮大村里的集体经济，不管是在鲜花这一块上，还是在包装方面，如果做成集体制，村民也许会生活得更好。

像现在的斗南，看着是挺好的，实际上我们每家每户都是在超前享用10年后的东西。我们这一代都是靠种花卖花和物流，从一无所有到现在车子房子都有了，有些在昆明、有些在外面买了房子，有些还自己当了老板。不过，我们现在倒是可以享用花卉产业带来的这些实惠，但是以后子孙后代咋个存活？我个人认为，斗南社区居委会应该要办些集体企业，才能更多地为村民谋福利。比如说像小板桥一带艺龙江之城啊，现在都是集体所有制，他们每年能分一两万块钱，这样大家才有保障。现在看起来斗南花卉产业的发展是好的，但是我觉得还是要考虑子孙后代的生活。我认为我们斗南社区最优厚的条件就是造两个生产鲜花包装厂，生产的利益可以给斗南的村民，每年的收益应该很好。

李亭仁

我陪省长逛花市

口述人：李亭仁（斗南街道办事处斗南村原主任）

采访时间：2018年7月20日上午
采访地点：斗南社区村委会
访 问 人： 王晓洁

我叫李亭仁，呈贡斗南村人。原来担任斗南村委会主任。2018年78岁。

我就是斗南人，从小到现在一直在斗南，中间离开过几年外出参加工作，60年代下放回来，就一直没离开过。斗南自古以来经济比较发达，新中国成立前地主比较多。你们现在看到的这个院子就是原来斗南地主老财的洋楼，解放初期做过县政府，后来一直当村委会了。

斗南人靠种花卖花富起来

斗南最早是种粮食，粮食收入很低。改革开放之前，村民一年苦到头，刨掉自己家吃的，分得两柜子谷子就算不错了。20世纪七八十年代，斗南成立了蔬菜专业队，就一直以种菜为主，不再种粮食了。种蔬菜比种粮食经济效益要翻个三四倍，一年到头，农民的经济收入相当好。刚刚改革开放那几年，先富起来的斗南村民大都是种蔬菜起家，后来其他村都开始种蔬菜来了，卖蔬菜赚不到钱了，斗南村民就改种花卉，种花比种菜收入更高，你想那两年，满天星卖到120块1公斤。斗南人就是靠种花卖花富起来了。

从花街子到花卉市场

1983年斗南人开始种花，而种花是个新鲜事物，我当时是斗南村委会主任，也想要给大家找条发家致富的出路，既然有人敢想敢闯在责任田里种花，我当然要支持喽。虽然化忠义、华明昇他们几个最早把花种出来了，但对种苗培育技术还很生疏，后来他们就“走出去，请进来”，在省农科院“花卉工厂”魏老师的帮助下，把新的花种培养出来了。

斗南是种剑兰起家的，单靠剑兰肯定不行，后来村子里的花农种出了满天星、勿忘我、玫瑰3个品种。我当村主任的时候，我家也种了非洲菊、满天星和百合。种出的花老伴拿去市场上卖。

不过花种出来了，却没有场地去卖，靠老百姓自己肯定不可能建起花卉市场，必须靠集体、靠政府，提供技术，提供场地。斗南村最早是形成了一条以路为市的花街子。1993年，当时的省长和志强来斗南考察，我陪他看了斗南的花街子，他说，按照斗南花卉现在的发展趋势，斗南这个市场太小了，满足不了老百姓种花卖花的要求，市场应该扩大。后来县政府把斗南原来的蔬菜交易市场改造成花市。这是斗南最早的花卉市场。1995年，县乡政府投资381万，在斗南建成了12亩地的花卉市场。但是这个市场很快就不够了，1999年，省市政府下决心建成了74亩的斗南花卉交易市场，就是原先那个大棚里的花卉交易市场。2002年，又在斗南建起了昆明国际花卉拍卖交易市场。现在斗南最大的花卉交易市场，就是2015年建起了的那个“花花世界”。

斗南有今天不容易

当年斗南征地建花卉交易市场，建市场要土地，村民的工作不好做，大家都不愿意拿出土地，当然这个不怪村民，只怪我们村委会的

1995年由省市政府资金扶持建成的斗南花卉交易市场

工作没做到位。后来我们村干部硬是一家一家地做工作，最终把大家的思想做通，建成了第二个花卉交易市场。第三个市场是国际花卉拍卖市场，土地是由政府统征。政府下红头文件，村委会跟镇政府出面做工作，不过村里还是有人说三道四，我都顶住了。我自己反正身正不怕影子歪。就这样，排除了重重阻力，才把这个市场建起来。后来斗南国际花卉拍卖市场建起来，斗南花卉越来越出名，2007年8月20日，斗南花卉被国家工商总局认定为中国驰名商标，并成为中国首个花卉类驰名商标。这个品牌一出来，很多人都认得昆明有个斗南。我作为斗南人，也感觉很有脸面。

改革开放40年，斗南花卉成为全国知名品牌了，我特别想强调，斗南村和斗南人民为斗南花卉做出了重大贡献，这个历史不可磨灭，不要把斗南人民忘记掉。

现在斗南村的外地人越来越多了，很多斗南花农都到外地租地种花去了，我家小儿子在嵩明租了33亩地。还有人去富民、安宁、弥勒指导人家种花。为了保护滇池，斗南的地也都不种花了。现在斗南的年轻人都出去了，村里只剩下我们这些老人在家闲着，不消做活了，有的打打麻将，有的领领孙子。老人的收入主要靠租房子，每个月还有养老保险，也有少部分还在卖花。我家的房子现在也租出去了。斗南老人现在的日子真的是舒服多了，过去要儿子养，现在租房子一年有几万块钱，足够养活自己了。所以我跟村里其他人说，如果没有花，没有花卉市场，你的房子租给哪个？只能闲置着。

总的说来，斗南从种粮食到种菜，从种菜到种花，从种花到卖花，经过这几个发展阶段。花卉让斗南农民走向了富裕的道路。斗南村的老百姓自己编了顺口溜说生活的变化：60年代住的是茅草房，70年代住的砖木房，80年代住的砖瓦房，90年代是住洋房。过去斗南人家里苦得张小板车就算是大户了，后来小板车变成拖拉机，拖拉机变成微型车，现在微型车变小轿车了。要说斗南花卉给斗南人带来的变化，就是这么一个过程。这30多年，斗南人一步一个脚印，把花产业发展起来了，也把新房子建立起来。以后斗南特色小镇建起来后，人流、物流、车流都带来了，我可以这样说，以后的斗南已经不是“小康”了，可以说是“中康”，要奔“大康”了。

斗南村第一批卖花姑娘现在都老了

李雯碧

人民大会堂的花是我家送

口述人：李雯碧（斗南村个体花商）

采访时间：2018年7月21日上午
采访地点：昆明国际花卉拍卖交易中心总经理办公室
访 问 人：徐启亚　王晓洁

我叫李雯碧，是彝族。我最早到斗南是来这里买花，然后直接拿了到昆明尚义街去卖。那个时候我才18岁。后来生意慢慢做大了，我就买花批发给昆明开花店的那些人，还有周边州县上的花店。从1989年开始卖花到现在，都快30年了。现在我的工作就是在拍卖市场买花，然后发货给我儿子。我儿子在网上卖花。我在拍卖市场拍花，我拍的花主要就是老三样——卡罗拉、黑魔术和影星。

我进拍卖市场是2002年。我算是花拍中心的第一批购买商，原先在自由市场买花，不仅耽误时间，而且花的质量参差不齐。有些花农在长花里面掺些短的，我自己拿回来还要分拣一道，很麻烦。花拍市场刚建成时，部门经理到每家每户游说，说他们要拍的花是有质量保证的。当时我们还说你们莫来耽误时间了，觉得他们烦我呢。但是后来一想，我们主要就是发京津冀，那些地方就是要好品质的花嘛。在拍卖市场你拍A级就是A级，拍B级就是B级，C、D级就是短的，可以拿到婚庆上用的。总的来说，花拍市场你要什么品种的都有，什么规格，都可以自己选，而且还快，不怕买不够。所以，我就从对手市场到花拍市场来了。对手市场就只能买点那个低端的，进花店的花必须要A、B级。

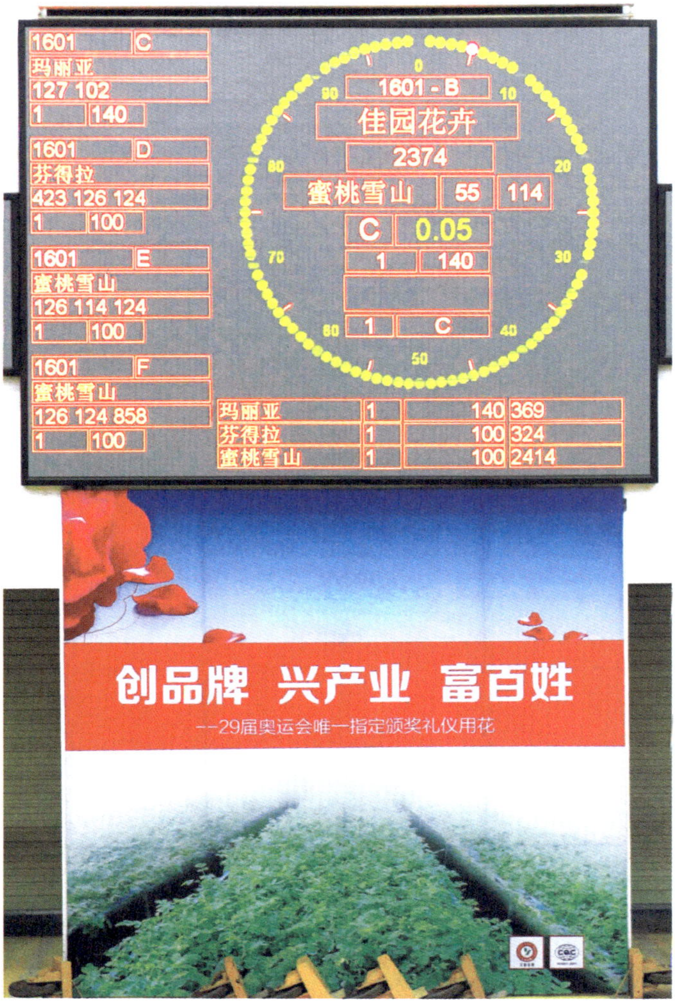

昆明斗南花卉拍卖市场交易大钟

花农篇

2002年花拍市场刚建起来的时候，鲜切花交易量很小，我老觉得花供应不够。我最早进来交易的时候，一天总的可以买到600把，20支1把。到了今天光一家花店就要两三百扎花。我每天要存保证金才能参加拍卖，像这几天花价贵，要预存3万块钱。我们跟下家的付款方式，有时候是下家先把钱打过来，大一点的下家是3个月结一次账。

花卉拍卖市场带给我们花商的好处，第一是质量、品种靠得住。第二是效率高，几个小时交易很快就完成了，交易过程效率快。有了拍卖市场，下雨天我们不消打着伞跑市场，大冷天也不消在外面跟卖家讨价还价。拿我们的土话说，现在硬是享福了。效益提升了，质量也提升了，最主要的是客户群越来越大。我现在对那些还需要中转的地方，都没敢怎么接，怕服务不过来。

客户群越来越大的原因就是质量好嘛。目前我供的花店客户就有个六七家，然后有3个批发市场，都在北京。人民大会堂的花曾经是我们家送，不过现在要得少了。

如今要成为一个花拍市场的买家，需要办的手续，第一是要办加入会员的手续，一年交500块钱的会员费。第二嘛，如果是新手，拍卖市场还给你培训，就是提供模拟拍卖。我当时进花拍市场时也培训了好像是一个月呢。就是教你怎么拍嘛。

刚开始进拍卖市场的时候，大家都是新手，所以一天可以给你三次反悔资格。因为有的花出来了，你没按按钮，就被别人按掉了。那时品种很少的，你只好在那里后悔。我刚开始参加拍卖一紧张就按按钮，经常会按贵了，1支贵5毛钱，1扎花就是10块钱。那个时候钱也挣不到，心里就打鼓。还好花拍市场的规则是允许新手反悔3次。

以前在老厅有3口钟，遇到我挑钟的时候，我的眼睛看着一号钟，结果我要的花在三号钟出来了，根本顾不过来，那时还没换钟。

那个价格贵得很多呢，比如说人家才拍的1块5毛1支的花，我按下去就是2块3或者2块8，那太离谱了。我的会员卡号是1999，拍卖师在落锤前会问："1999你确定要这批花吗？你能听到吗？"我赶快说"不要不要，是误拍的，请你帮我取消了。"因为我经常在拍市里面拍花，那个拍卖师知道我不会拍那么离谱的价格。

买一批花的整个过程是这样的，比如说下午3点钟开始拍花，我就拿着个手电筒提前去看货，然后用小本子记着。为什么要用电筒看呢？因为像现在这个季节，花头花瓣上会有那个小点点，要用电筒照着清清楚楚地看。其实验货是最关键的，验好了，然后记好台车号，至少要提前一个半小时来验货，要看货量的多少。不过有的时候不一定说我今天拍10件货，就只验那一点。我就是只拍5件货，同样全部都是要看一遍的。因为我不知道哪一批货价格适合自己。接下去就去

拍市开拍前，买家在候选区选择高品质的鲜花

把钱存在卡上。有时候忘了存钱，在席位上按几次都显示我的钱不到位，我就得赶忙跑去存钱，但那个批次的花就已经不见了。

拍花的时候经常是心都要跳出来了，特别有好品种出来的时候，你不能耽误，一耽误几秒钟就不见了。比如说婚庆指明要那个品种，像粉红雪山，那种玫瑰种的人少，所以进入拍市的量很少。

拍卖成交以后，我们席位上有个显示屏，后台服务就通知半个小时以内去提货。然后家里就安排提货人员，把货给提到我们的仓库，开始分类。我还得坐在拍卖席继续拍，一直拍到家里的人把货拿回去。鲜花就是要赶时间嘛。

我一般就在仓库里面开始分配，这是发大同的，那是发邯郸的，我要把每家每户每个花店的位置摆好，完成这些工作后，就直发货了。

物流方面，夏天就只能走空运，冬季还可以走冷藏车。这两种物流形式当然是空运的成本高。

从我们家的经营来讲，目前鲜花的量还比较恒定，不过现在被电商冲击了，所以我准备改变模式了。我们的传统经营模式不行了，该让我儿子来接班了。他可以在网络上接单，直接把客户对品种和数量的要求发在我的手机上。我要提前看看当天的这个品种的数量。我说的就是我们的拍卖诀窍了，多就可以悠着点价格。如果看越来越少了，就赶忙要提起五分钱拍了。你如果自己不提起价来，没有谁来定价，价格在自己心里，在自己的订单。

我现在的经营，是传统接单和儿子的电商单子都在做，在花拍市场拍了花来给儿子供货。就像你开饭馆，客人来之前就要把肉和菜买好。现在不能这样了，因为你买多了万一卖不掉，少了万一不够卖，现在接单最重要。单子就在手机微信里面，要什么东西只消听见那个提示，有的时候我要700扎卡罗拉，一下子那个单子来了，700扎不够用，还要加400扎，将近加了一半的数量。那个时候我就赶忙在电子钟上就看那个还有多少支花，赶忙提价，开始是1块8毛5，订单量加了，1块9就就按了。2017年，经过我的手拍卖的采购的流水大约有400万人民币。这400万里面，儿子的电商订单占三分之二。

以前拍卖中心300个席位的时候，我是在前10名的采购量，现在变成30名了。

我认为，花卉拍卖中心5年以后肯定比现在更先进。以后随着技术的先进验货时间肯定会缩短，再加上鲜花质量不断提升，肯定还会出来一些有品牌有信誉的花卉供应商，交易就更加放心了。

买家精心选花

张忠席

40户花农都在用我的品牌

口述人：张忠席（梓恒花卉花农合作社领头人）

采访时间：2018年7月21日上午
采访地点：昆明国际花卉拍卖交易中心
访 问 人：徐启亚　王晓洁

我是斗南村的张忠席，1983年出生的。我最早是做花生意，现在主要是种植鲜花，还组织了一个花农合作社。

我14岁就出门讨生活了，15岁认识花，一直做花做到现在。我曾经在上海卖过一年花，后来还去越南、泰国，俄罗斯卖过花。现在非常了解客户喜欢些什么样花。

我第一个把斗南花卖到俄罗斯

2000年，我就在做俄罗斯的花卉市场了。那时我们是从斗南花市采购鲜花，然后运去俄罗斯卖。那个时候还没有拍卖市场，花卉的质量还不稳定，不稳定就做不大，做不强，特别出口要的质量非常高。后来成立了拍卖市场以后，它的级别分得比较细，花的品质已经提升。我们 1 天最多可以采购1万支左右，就是跟着预订单采购。

当时我们做俄罗斯花卉市场的路线，是把花从昆明空运到乌鲁木齐，再从乌鲁木齐用汽车运到霍尔果斯，然后从霍尔果斯运去换火车拉到哈萨克斯坦、吉尔吉斯斯坦那些小国家。当时这一路上都没有冷链物流，损耗很高，但是因为花在俄罗斯那边价格高，我们总的费用低，比如1件花装58支去到俄罗斯，只要有38支或28支是好的，都能赚钱。当时从斗南进到俄罗斯市场，单是运输就要3天半，后期冷链运输要7天，现在我已经不再做俄罗斯的批发业了，是因为中俄边界的植物检疫越来越严格。

我第一批进拍卖市场采购花

2002年我是第一批进拍卖市场采购的花商。因为我们都是要看花，根据订单来采购嘛，因为这里的花品质高、有级别，所以我就以拍卖市场为主来采购了。当时我们在拍卖市场最多的一天，达到采购100万支的量。

我是做了鲜花生意后才认识我媳妇的，她家是斗南人。我们两个处了5年我们才结婚呢，算是鲜花结下的情缘。

2008年我才开始做中国市场，上海、北京都做。但做到后面，花的货款很难收回来。现在发花给客户，都存在差钱问题。你今天发一批鲜花他不给你钱，你明天再发一批花，他才付你今天的钱，像这样一天一天压下来，这两三年我就有20多万货款没有收回来。国内拖欠款现象太严重，很影响我做批发商的心情。所以，我退出了鲜花交易，选择去种花。当然我退出的原因还有一个是原因是俄罗斯这个市场慢慢不好做了。

在本地种花优势比较大，因为有了这个花卉拍卖市场以后，只要你种的花质量好，它的等级就高，价格就会体现出来。你看人家种得好的，1把花可以卖30多到40多块钱，种的不好呢，就是几块钱一把，差距很大。

我建了斗南第一个花农合作社

现在我自己租了20多亩地种花，创了一个花卉品牌叫梓恒花卉，然后我还成立了一个花农合作社，现在有40多家人用我这个花卉品牌上。现在合作社一共有1000多亩地了。我主要是指导合作社的花农种花，从品种、种植、采购、分拣，到进入拍市，我都一条龙地为大家服务。大家都很信任我，市场有什么反馈全部信息都在我这里汇集，包括哪家发生了哪样问题，都由我来解决。

我们这个合作社的组成，是因为我有梓恒花卉的品牌，合作社很不容易做，我们的花在拍卖市场要体现一定的品牌和规模优势，花农在你的花卉品牌上卖出好价来，才体现你的价值，花农信任你以后，才会来跟着你走。我既然做了品牌和合作社这件事，就必须样样教给其他花农，从种植、采购、包装、运输到卖完。比如他的花昨晚卖40块1把，为什么今晚只卖20块呢？花农不会去想原因。这个时候他就让为帮他找原因，那我就会告诉他，一是你可能分拣分级有问题，二是可能你的包装有问题，肯定好花永远是好价，下次改正过来嘛。

现在购买商也认定我这个牌子了，因为购买商买到梓恒花卉的花，发到对面花店，花店生意也好啦，对面花店就会告诉购买商，我只要梓恒的花，我只认定这家。所以实际上我已经做成一个品牌啦，1000多亩的这个合作社产业，都是以梓恒花卉来面对市场的。

现在我没收合作社成员的任何费用。他们种出来花，就统一按这个品牌的要求进拍市。因为我当时成立这个合作社呢是觉得农民挣钱不容易。很多人稀里糊涂地种了多少年花依然贫穷，但是他们认识了我，跟着我走，我不收他们任何费用，从种植开始教他们。合作社最初只有两家人，现在有了40家人了，还有许多家想要进我的合作社，我暂时不给他们进，因为我现在管理不过来了。

至于花农合作社我是否应该收取一定的服务费？我也考虑过啦，因为我做这个合作社的时候不是为了挣到大家的钱，再过一两年，大家觉得我这个领头人应该有点辛苦费，到时候我还是会提出费用问题的。以后我会领着大家出去参观学习，像拍市每年都会组织会员去外国参观，我们合作社也可以组织去看嘛。我2018年35岁，既然我选择种植，我就要做到最好。

目前我在昆阳二街租了20亩地地，种粉红西山、糖果、素心3个品种。现在买我花的全国各地的花商多数都是做出口。我的花全部是AB级的高端产品。固定的客商主要出口香港地区及新加坡、泰国，也发深圳、北京。

我最关注的是每天晚上我们合作社送进到花拍市场多少花，关心花的价格。每天晚上我都要到拍卖市场，看到我们合作社的品种在拍卖市场价格第一名，是我最开心的时候。

跟其他花农不一样，我是先市场后生产

现在我这20亩地1年种5发，估计1年卖大约4万支花，去年的毛收入差不多70万元左右吧，除去成本每年剩三四十万。不过现在地价涨了，昆阳那边租地要2600块1亩，最早才500元，地租10年涨了将近5倍。有些地方不止5倍，平时4个劳动力也就够了。

在我们那边的男工工资每天100元，女工80元。一般的中老年妇女都可以来做这个。现在农民种花已经意识高啦，因为好花与差花的相

差价太大了。种花者和消费者都升级了。我从一开始买花去卖，现在再来种花，太知道市场对品质的需要了。我很清楚哪个市场需要什么质量的花，哪个地方需要什么样的花。

我跟其他花农不一样，我是先做市场，后做生产。所以现在合作社的花农，每天晚上送花来集货的时候，我就可以告诉他你这个花今晚送到拍卖市场你只能卖这个价。看到他的花我就可以定价。因为我做销售差不多20年了。

至于今后的打算，我想合作社可能会达到2000亩，3000亩，5000亩。我想越做越大。我要让合作社的花农真正知道花应该咋个种，什么样的花能卖钱、咋个卖钱。不能像他们那种花越种越落后，种着种着不想种了，全家打架。我就是要把梓恒花卉这个品牌做大，用技术和市场指导我们的合作社。合作社都是通过领头人来做大的。现在合作社的花农进拍卖市场，全部要经过我，不管哪家的花你送过来，有些人不懂分拣、包装，都得我去教。

我经常对花农说，只要把花卉质量做上去，我们梓恒花卉在拍市一定会有品牌实力的。现在我们这种类型的花农合作社已经越来越多，这是个方向。

听花蕾绽放的声音

让云花风姿更盛
（手机扫码看视频）

公司篇

拾翠东郊风袅袅　能不忆滇春

花好
月圓之康乃馨

曹荣根

我们是世界首个对标荷兰花卉的企业

口述人：曹荣根（云南锦苑花卉产业股份有限公司总经理、云南省花卉产业联合会会长）

采访时间：2018年7月4日下午
采访地点：斗南昆明国际花卉国家拍卖交易中心办公室
访 问 人：余卫东　杨亚伦

我是云南锦苑花卉产业股份有限公司总经理曹荣根，同时也是云南省花卉产业联合会的会长。从我个人来说，花卉产业发展，我们做了20多年，做到现在。原来想法很简单，就是觉得云南这种自然资源，这种得天独厚的气候非常好，花卉本身是极度依赖于环境，全球适宜种花的三个地点，南美、东非和中国云南，都是高海拔、低纬度的，依托于这种自然资源，一个很简单的想法就开始做花了。

遭遇大雪灾，损失惨重

我们觉得农民能做好的事情，我们应该做得更好。但实际做下来，农业生产和规模化生产是不一样的。在发展过程当中，还是经历了不少的酸甜苦辣。

我们公司是1995年正式成立的，1995年之前我们在做花卉贸易，最先叫昆明锦苑花卉产业有限责任公司，公司名称中有两个字是“产业”，从那个时候，我们定位就开始以“花卉产业”这种角度来发展。最早我们在云南财贸学院后面、龙头街，做了两个基地，财院后面接近100亩，龙头街有300亩。引进了一些品种，引进了花卉种植方面的一些技术，开始花卉种植。

这个过程经历了3个阶段，第一阶段是生产技术的问题，原来的种植是初级种植，连最起码的技术含量都没有，这是对花卉的适应性，包括它的肥水、配方等种植技术的摸索过程。第二个阶段是市场，那么多花种出来销往哪里？这是一个市场问题。第三个阶段是从2002年开始，应该说真正花卉产业发展是从那时开始的，国家从那时起对花卉产业给予了更大的支持。

食用玫瑰成为昆明的新宠

我们的种植技术，摸索了大概5年左右，鲜花开始大量的产出，在这个过程当中，经历了很多的波折，也是遇到了很多的困难，比如说最早的康乃馨种植，种苗从国外的以色列引进，到了云南的适应过程当中是很艰难的，就是一个品种到了一个地方之后，有它的适应期，再加上我们对花卉种植不是很了解，小苗中插期很好，长了两个月以后，就开始发黄，找了很多的专家来解决，都没有能解决，最后才发现是很简单的一个问题，就是底肥施多了，这个摸索过程损失确实很大。

公司在1999年底遭遇过一次雪灾，应该是云南百年一遇的雪灾，3个小时的持续降雪，大棚全部压塌了，接近400亩地的康乃馨，仅设施损失了五六百万，如果按市场价算，连上种苗的损失达3000万。在那个节点以后，我们到欧洲荷兰、法国去考察，国外产业的发展、未来前景、产业空间、种植技术、设施水平，才知道我们的差距非常大，他们从品种的研发、种苗的生产再到产业的设施，一应俱全。

那次雪灾之后，公司虽然损失很大，但坚定了我们对产业的一种信心。因为有了这次灾难和损失，我们重新审视了原来的定位和发展方向，国外考察以后，我们坚定了花卉产业未来的价值，坚定了我们对产业发展的信心。那个时候，我们提出的一个理念就是，坚持、坚守。坚持是表明我们初心不改，发展花卉产业，以产业化的角度，以全产业链的模式来发展锦苑花卉；坚守要说明我们面对诱惑守住了信念，锦苑公司从来没有去做房地产、小贷，一直在坚持、坚守地做农业产业。人家说我们有点傻，傻傻地守在这个产业，这样一直坚持做下来了。

2002年以后，政府开始扶持花卉产业，国家发改委给了云南一个项目，叫作“国家高技术产业化”，由国家和地方联动，支持云南花卉产业发展。当时就给了云南2亿元，扶持了20多家花卉企业。从设施、从品种、从市场交易，从各个环节都给予了扶持。这给了我们极大的信心来做大花卉产业。

花卉产业发展起来后，大约有两三年时间，我们的问题出在市场。云南本身的花卉消费很少，国内主要以北上广深市场为主，所以我们下大力气开拓国际市场，以东南亚市场为突破口，重点开发了香港地区、新加坡、马来西亚、泰国市场，之前，这些市场90%以上是欧洲的花。从那个时候开始，我们逐步地加快这些市场开拓，到现在为止，这些市场80%是我们云南的花，锦苑公司的市场占有率也非常高。

从2000年起，我们解决了种植技术和品种问题以后，就开始开发国外市场。种植技术方面，我们请了印度、韩国、日本的技术专家来负责技术，同时我们请了香港、新加坡的专家来帮我们开发市场。在那个时点上，锦苑公司的花卉销售特别是出口是做得最好的。最高的时候，记得2003年、2004年的时候，年销售额到一两个亿。中央电视台还采访过我。春节那几天，我们根本不可能睡觉。国外市场开拓壮大了以后，给我们带来产业的一个问题是什么，就是国内的“物流”。

那时的物流主要是航空，花卉要靠空运出去。但空运成本高，舱位难要，损耗也比较大。那时的空运是支持了云南花卉的发展，今天来看，是花卉支持了整个空运业务的壮大。云南航空货运的发展，现在50%的量要靠鲜花。但那时只靠空运还是不够的，因为公司的花卉产量扩大了。产品质量得到了国内市场和国际市场的认可。由于成本比较低，市场竞争力强。使得以生产康乃馨为主的马来西亚逐步退出了种植，后来马来西亚康乃馨基本都是我们云南花卉公司在做。

昆明到曼谷，我们有冷链物流

在那个时点上，公司就考虑整个产业走出去要怎么办？销售市场好了，产品也有了，必须解决物流的问题，我们就提出了“陆路冷链物流”的概念。云南到泰国、马来西亚，再从这些国家转运出去。陆路冷链到泰国，这条线路最理想。那个时候就从西双版纳，经磨憨出境，最早是从关累出境，公司第一批花卉是经关累用小船运输，小船旱季不受影响，但一次只能运一两吨。后来有了冷柜车，就开通了这条陆路冷链物流线。

这条冷链物流线开通以后，运输成本大大降低了。陆路成本大概是每公斤3块钱，而当时昆明到曼谷空运是5—8块钱1公斤鲜切花。同时，基本上损耗为零。实现了“干线门到门运输”的模式，从生产基地，销售公司装车以后就可直接到达磨憨口岸，在磨憨口岸，我们采取的是“吊柜”互换的方式，把货柜直接吊到泰国过来的车上，就直接拉到泰国境内。当时货柜大约40尺，大的45尺，1个货柜可以拉20吨花。所以物流问题在那个时点上，我们就解决了。

冷链物流离不开政府的支持。当时昆明市政府给了我们100万，我们买了4台冷链车，然后买了冷柜，开通了昆明到磨憨的物流线。后又和泰国公司合作，在口岸调柜换柜，开通了昆明到曼谷跨境冷链物流线。这条物流线成功以后，公司又开通了昆明到北京、到上海、到深圳的物流线路。最后公司的干线冷链物流形成了覆盖北上广深、东南亚的干线物流。发展到今天，有30%左右的花是通过公路、陆路运出去的。

对于花卉产业的发展，我的总结是，产业的初期是自发的，一步一步靠花农，靠花企，以及靠国外市场，如新加坡、泰国、马来西亚等国和香港地区市场发展起来的。这样发展起来的产业，才能做到真正的规模化、产业化发展，而规模化、产业化的发展，又离不开国家和政府的支持。

花卉的全产业链发展

从2014年开始，锦苑公司变成了一个建平台、搞运作服务的农业产业化的服务商，建成了一个国家级的花卉工程研究中心，这是国家发改委批给我们的，主要承担的是花卉品种研发、成果转换、种苗生产、技术服务等工作。

到现在为止，这个工程中心通过这十几年的发展，积淀了很多种质资源。通过杂交育种、通过诱变，选育新品种，这是我们未来产业的核心竞争力。每年大概推出5到10个市场需求的新品种。

后来，我们提出了花卉产业的全产业链发展，有规模、有品牌的企业就做平台，我们变成了园区的平台。我们把土地，把基础配套、把水电路全部建好以后，让老百姓、让合作社进入到园区从事花卉生产，同时公司把品种、技术、采后处理、物流、交易和金融服务导入到园区，先后在安宁、石林建了两个产业园区，接下来公司还有保山、楚雄两个园区在建。这个阶段我们叫产业升级，以生产种植环节为例，我们提出，设施不能只是遮风避雨，还要有一定的技术含量，才能实现现代农业。

目前，云南花卉产业要升级，首先就是园区化。园区化的这种做法应该是未来的一个方向，但园区化的现代农业产业升级的这个标准不能过高。一是解决成本问题，再一个解决标准化生产的问题，还有一个就是调控我们现在冬季低温霜冻的问题，这样我们才会有竞争力。如果我们把欧洲那套全自动的设备全部搬过来，只能做展示，而生产成本会特别高。

锦苑公司现在的定位就是园区模式，做全产业链，做产业平台，做产业的服务支撑体系。我们现在从技术、种苗、育种、园区平台、物流、采后处理、交易、金融等方面提供服务。服务方面我们做了产业的公共服务平台，交易方面就是我们现在的昆明国际花卉拍卖交易中心。昆明国际花卉拍卖交易中心是2000年省政府支持建立的。当时在云南省政府副省长黄炳生的推动下，把欧洲荷兰的花卉交易模式引进来，把国外的专家引进来，确定由政府支持来做这个交易平台。交易平台当时建的时候很困难，大家不理解，但是今天的交易平台，鲜切花交易量已经超过日本的大田花卉拍卖市场，从鲜花交易数量上已经是亚洲第一。

世界第一对标荷兰花荷集团

2017年春节前，李克强总理来斗南看花农时，给我们提出了要求，就是把云南花卉产业做到世界第一。我们怎么理解做到世界第一？总理提出这个要求以后，我们第一是很高兴，第二是非常有信心。要做到世界第一，我们首先要确定对标对谁？就是对标荷兰的花荷集团，荷兰现在是世界第一。

我们现在提出建“云花”集团，以云花集团整合现有的市场资源变为核心，然后“一核两翼”，就是市场交易为核心，两翼中的一翼是产业服务支撑体系，就是物流、电商、信息、技术、金融服务这个体系；另外一翼就是核心竞争力的部分，产业制高点，技术、品种、研发、种苗这个部分。同时又是个包容的平台，引进国外的育种，进入到云南发展，形成“一核两翼”。

现在分散的资源，形成一个由云花集团来主导的产业。以“一核两翼”的战略和模式来做到世界第一，来对标荷兰花荷集团。这个目标我认为3到5年就可以实现了。因为云南花卉30来年的发展，产业基础是好的，现在研发主要是以研究机构、大专院校为主体，我们的成果是很多的，但成果转换率不高，因为大专院校研究机构，它在这个节点上就是论文，论文发表后就结束了。只要把产业这块的成果转换整合起来，把自有的核心技术通过另一翼能够转换到产业上来，发展

干花在斗南花市同样受消费者青睐

就会很快。

另外，整合现在的交易平台，就是斗南现存的两个交易市场，实际上斗南市场现在对全国的影响力是非常大的，尤其是玫瑰，百分之七八十都是在斗南拍卖交易的。也就是说，你今天拍完以后，明天所有全国的市场才会定价。斗南的另一个市场就是对手交易市场，即花卉批发市场，面对面交易。

电商带来了花卉产业的增量

好多年前，云南农大搞了一个“荷兰班”，这个荷兰班就是对标到荷兰的大学，在昆明上三年，再到国外上两年就能够毕业。这些“花二代”很多都是老花卉人的子女，出去以后再回来。现在“花二代”学出来后，他们的经营理念和经营模式跟原来的不一样了。我们讲的新模式，就是电商，通过线上线下这种模式来经营鲜花，这一部分的年轻人会对推动云南的花卉产业有一个很大的升级。

未来会有新模式出现，因此拍卖市场也在变，也在升级，它也开始线上线下撮合交易，如拍市现在做的“花拍在线”，也在不断地提升，通过产业的这一公共服务平台，服务上下游客户来提升。新模式的出现，实际上更多地推动了花卉产业的发展。花卉产业现在发展的增量，很大部分是从2013年开始，电商出现带来的。

电商出现以后，家庭消费、白领消费、婚礼消费兴起了，这些消费的增量非常大，使得花卉产业的消费，进入了老百姓的千家万户。新模式进入的都是增量，就是我们的家庭消费。通过电商推广，大家对花的需求、对花的要求，有了品种、品质的要求。可以从进口的数据来看，从2014年开始到现在，整个鲜花进口的增量非常大，是很多倍的增量。为什么会增量？实际上是因为国外有一些品种好、品质好的鲜花，都进到了中国市场。中国的花卉消费吸引了世界的眼球。

未来花卉市场的空间巨大

未来花卉消费的空间非常巨大。相比而言，南美、东非和中国云南这三个地方，自然环境条件差不多，都是高海拔、低纬度。但是云南有两个优势，一个是中国自身市场的需求，是非常巨大的，电商出现后，国内的花卉消费市场规模在不断地扩大；还有一个是区位优势，就是通过“一带一路”，开发东南亚市场，特别是通过昆曼陆路线。会晒大桥原来没有建起来时，是要靠摆渡，现在可以直接通关了。如今从昆明到曼谷，正常情况下，不堵车，28个小时就到达曼谷，非常方便。然后再把从泰国运回昆明的热带花卉和热带水果转运全国，不超出30个小时就能抵达北上广深等大城市，是最快捷的一条冷链陆路物流线。

未来云南的花卉产业，以及云南高原特色农产品和国外的产业结合度非常高，区位优势非常明显，所以我们又多了两个优势。现在提出要做到世界第一，通过3—5年的发展和努力，交易量可以实现世界第一。这个发展和努力单靠企业也不行，还是要靠国家、靠政府支持。首先就是产业的资源整合，从研发、金融、产业发展规划等，现在云南省做了3年花卉产业发展规划和3年行动计划，都是奔着世界第一这个目标去的。有这样的政策支持，再加上我们作为花卉产业的“云花集团”和“锦苑花卉”主导的这个产业，形成产业集团。通过“一核两翼”的战略思路，努力3—5年做到世界第一。

实际上锦苑公司也得益于资本的发展。如果没有资本进入锦苑，没有今天的这种规范、这么大。锦苑到今天，原来那拨资本出去以后，我们又引进了昆明市产业开发投资有限责任公司（简称：昆产投）。目前锦苑花卉集团是国有民营混合制企业。锦苑公司是按照规范的现代企业制度发展的，昆产投能进来是得益于资本从历史沿革，按照现代企业制度，从内控、从法人治理结构规范了锦苑，才会有今天这么一个发展。

从省花产联的角度来看，省委、省政府确定了八大产业，当中就有花卉产业。省委、省政府做了花卉产业发展3年规划，也做了3年的行动计划。我想这是对全省花卉企业，特别是做得好的企业，是一个很大的支持。今后会有几个层面，研发的、物流的、市场销售、种植的，还有新模式的，在未来3年左右会出现几家上市公司。这个政策出来以后，按照现在上市的这个要求，它会进入资本市场。虽然我们现在的花卉产业，从产业链角度来看，企业上亿的投资不多，但是未来3年会很多。一个就是新的销售模式属于流通、供应链环节的；一个就是产业园区内，按照现代农业种植的规模企业会涌现出来，包括交易平台、现在与国外合作的、育种商合作的，均会在品种上有更大的发展。研发、物流、生产种植、市场销售这几个环节会有代表性的企业出来，进入资本市场，包括我们下步的昆明国际花卉拍卖交易中心也会从资本市场来走。

我们提出来的就是一个核心，以交易为核心。首先交易环节，因为你是公共平台，交易环节一定要形成一个主体，最终两个市场的整合，形成一个交易核心的一个平台。因为这个交易平台不会跟产业上下游去争利润，交易平台的理念和模式是收服务费，是收取佣金。那你凭什么要收服务费，是你要服务好，你要把他的产品的附加值增加，这是没有任何冲突的。两个市场整合以后，从规模、产业带动率、产业公共平台，我们定位是经营性的公共服务平台。

产业的发展会迅速提升，就是从交易市场这个环节。另外就是我们的服务体系，产业成熟度、产业发展的好坏是看你服务体系完不完善。公司接下来就是在斗南做一个处理1000吨的物流集散中心，这个1000吨的物流中心还要有两个功能，一个是机场安检迁移到这里来，另外是海关要进入。检验检疫也要进来。这些配套要完善。同时我们要建一个电商服务中心，希望把全国的电商引入到在斗南来。

另外就是金融服务，我们原来的政策是财政给项目资金，这个效果不好，那么多年，一些企业为什么会消亡掉，你再看消亡掉的企业是跟政府要项目最多的企业，他的心思放在了要项目去了，没有放在做产业上。我们建了一个10亿—20亿的产业基金，政府作为基金投入

者，这个钱还是政府的，但是支持了产业发展，用基金、用股权这种形式注入企业当中，让它做强做大自身的企业，最后，从股份、股东这个层面再退出，那么这个基金也增值了。我们希望从政策层面出更多的金融政策，通过产业基金这种形式来介入，减少财政直接给项目的这种方式来支持企业，未来产业的发展会更健康、更良性。

现在我们云花集团已经成立，公司已经注册。云花集团现在是由昆产投投资10亿建立起来的，昆产投的副总作为董事长，他们邀请我做云花集团的总经理。

云花集团今后会干几件事。第一，就是"一核两翼"这件事。第二，就是"花卉小镇"，斗南花卉小镇我们是要以产业为主体的，不能以房地产，再往前延伸，就是花卉旅游项目可以介入，花文化可以介入。就是以产业为核心，以交易为核心两翼服务体系，建立花卉小镇。花卉小镇是由云花集团来做，接下来还要做一个斗南的花卉结算中心。花卉交易、物流、种苗、农资耗材都会通过这个中心归集现金。一旦这个中心建成，它的现金流会到100亿这个水平。这个"一核两翼""花卉小镇""结算中心"，然后完善物流、育种体系，来实现、提升云南花卉的产业竞争力，并结合这次省委、省政府的三年规划、行动计划来发展这个产业。

突破点是食用花卉香妆花卉

云南花卉产业的真正突破点是食用花卉、香妆花卉，香妆花卉就是香料、精油等深加工产品，这一块现在已经有些基础，特别是食用花卉，一旦技术有突破，做千亿产业是很容易的事。我们一年四季都有加工的产品，优势就会更明显。但是产业一定要升级，一定要突破到食用和香料、香妆花卉的二产、三产这个环节。

现在整个冷链运输业，北上广深，每天发车接近20台，20台车大概300吨一个量。泰国大概每天3个车左右，差不多60吨左右。每天通过陆路运输的量应该在300吨那么一个水平。整个斗南现在每天出去的花大概在1600—2000吨之间，2000吨是节日，比如说是情人节这些时候量会很大。

目前鲜花出去的量没有过来得多，我们的物流中心建成后，未来覆盖东南亚"一带一路"的这条线会成为非常好的陆路线。今后冷链物流的趋势，会逐步转到公路冷链来。我们现在是要提倡门到门、无缝冷链，从生产基地的冷库就要到终端集货站的冷库。而今，从切花打包，短途到机场，上飞机，飞机卸货下来。为什么损耗率这么高，就是因为不可控的环节太多，使得空运的品质保障不了。

随着国家的发展，公路干线是非常好了，现在昆明到北上广深的高速公路干线全通了，一天左右的时间就可到达。接下来还会发展高铁快运物流，电商将成为最大受益者。

花卉物流未来两年会有很大的升级，1000吨处理能力的配送中心建成后，会从包装、规范、环境和品质得到非常大的提升，那才是真正国际化的，要做的世界第一。所以物流这个环节就分成了三个层面，一个就是空运还是主体，接下来公路冷链物流也会成为主体，然后就是高铁物流。现在包括很多资本看准了花卉产业，包括顺丰现在也在和我们谈，他们要进入到我们云花集团，进入到我们锦苑公司来。

公司接下来的服务支持体系要建立大数据中心，现在只有拍市的数据，拍市这10来年的积淀是有了数据，但支撑到现在只是用了2018年的什么东西量大了，明年农夫的品种要调，然后你应该怎么调，然后每天的哪个品种的量是多少，我们有一个信息服务。但是真正的大数据，是要把结算中心和大数据信息中心结合起来，从物流、种苗、种植、农资耗材、交易这几个环节的数据进入以后进行大数据的分析。一核两翼当中的信息中心，就是我们今后的大数据中心。

花卉产业的制高点就是要搞研发，像我们是受制于育种公司的，那些育种公司一开始连品种都不给我们，好品种都不卖给我们，这是我们产业的一个痛点。为什么锦苑公司坚持十几年研发，就是我们的锦科公司，尽管目前暂时没有收入，但是锦科20多个人，200多亩地，一年将近400万的投入，这10年下来，四五千万的投入，都是投入在花卉研发上的，我相信我们的核心竞争力未来会爆发。

另外我们通过交易平台，跟国外公司合作，全球首创了一个新的模式，通过交易平台来帮育种公司收知识产权费。原来国外的育种商卖一棵苗给你，需要连着知识产权卖给你，那颗苗卖到8块、10块，一次收掉。这样花农不买，他就不按规则来，他就自繁。现在我们这个模式出来以后，育种商的品种，通过交易平台，你种了，你就支付材料费，可能那颗苗5毛、6毛钱，他接受了。种出来的花以后，卖掉一支，公司扣百分之几的专利费，这个专利费扣了给谁呢，给国外的育种商，现在国外公司非常愿意拿好的品种跟我们合作。

知识产权在品种研发这个方面，我们会创造更好的条件，把国外育种商引进来，有这个知识产权的保护，把他的技术和资源也带进来，一起来共赢、发展。国外的育种商对我们的这种模式非常放心，也非常满意。

广告招租 | 虚位以待
KIFA

2014年，斗南昆明国际花卉拍卖交易中心的交易大钟由3个增至6个

张　力

亚洲花卉定价权是最大一笔资产

口述人：张力昆明国际花卉拍卖交易中心总经理

采访时间：2018年7月26日上午
采访地点：昆明国际花卉拍卖交易中心总经理办公室
访 问 人：徐启亚　王晓洁

我是1988年从云南农大园艺系毕业的，到2018年已经有30年工龄了。大学毕业后我先在中科院下面的一个生态研究所，在西双版纳生态植物园工作了一年。

我的专业学的是园艺中的茶学，花卉在大学里只作为一个选修课，看得出我国花卉业起步很晚学。

1990年，我从生态所辞职出来下海了。辞职以后我做过花卉种植，做过花卉贸易，还在昆明开过花店，主要原因是喜欢花，认定未来云南花卉有一个非常大的发展前景。到2001年，我已经把花卉的整个生产环节、从品种到批发，再到花店销售，都尝试过。当时引领花卉产业的不是云南，而是在北上广。那时候云南市场需要的花，要从广州发过来。我就做过这么一个工作，就把广州的花运来昆明，然后卖给花店。

花卉工厂点燃斗南花卉的火

虽然说20世纪80年代斗南已经有了第一支花，但是要说到品种，还是比不过广州上海。当时上海是中国康乃馨的生产中心，广州是中国玫瑰、菊花和剑兰的生产中心，云花起步晚，品种也非常少。所以斗南第一个种花的人，其实种的是从广州引过来的剑兰。后来云南花卉有了强大的发展势头，得益于得天独厚的气候。虽然我们起步晚，但到了90年代中期，云南已经取代了上海和广州了。

斗南花卉一出来，就是一个非常市场化的产物。当时就是一帮花农、一帮花店业主、一帮科研工作者，尤其像这个昆明植物所的花卉工厂的魏兆祥和夏德云两位老师，是他们把斗南花卉这把火点起来。

我1994年参加过云南省科技厅组织的第一个云南省花卉产业规划。那时候全昆明的花卉种植面积加起来，只有1000多亩。1994年出台的第一个花卉产业规划，非常科学地把云南花卉产业，做了一个顶层的设计。我参加了这个规划写作，负责写市场部分，我提出一个叫作“云南花卉的未来市场发育”，明确提到了市场发育的三阶段构想，就是经过集贸市场上升到专业批发市场阶段，最终走向国际的这个拍卖市场。那时候的着力点还是如何把这个产业规模做起来。

斗南花卉市场最初是在农贸市场里面，后来才搬到一个70多亩的花卉对手交易市场。1999年昆明世界园艺博览会期间，时任国务院副总理李岚清在抓这个事。我们在荷兰学习的时候，还看到李岚清在荷兰花卉拍卖市场签订合作协议。当时省委、省政府向他汇报云南省花卉产业的发展情况，说要做一个出口导向型的花卉产业。当时香港是我们的主要市场，香港的很多花店都被云花所占领，很多香港的花店老板把云南的花买了以后，卖到香港和澳门地区及新加坡。云花当时定位是出口导向型的发展战略，但是我们的生产主体又是农户，怎么出口导向？所以李岚清副总理当时就说云南一定要有一个国际通行的交易模式。你们知不知道国际上有一种拍卖交易？

建立一个与国际接轨的花卉拍卖市场的想法就这样提出来了。云南省专门组织了专家论证。当时的龙永图是外经贸部副部长，李岚清副总理就委托龙永图来牵头来做这么一件事儿，了解全球花卉交易的模式。这个工作做了3年，当时组织了国内的专家，去全球主要的花卉产区和花卉贸易区考察。最后得出一个结论，就是云南要解决花卉出口导向型发展战略，必须市场先行，打造一个与国际接轨的拍卖市场平台，引领和影响云南的花卉产业。

从1999年开始，经过3年工作，云南省政府与荷兰的阿斯米尔这个欧洲最大的鲜花拍卖市场签订一个合作协议，由他们提供昆明斗南建设花卉拍卖交易平台的技术支持。2001年7月，从荷兰引进花卉拍卖制度这件事就定下来了。由上市公司——云大科技来持有花卉拍卖中心51%的股权，剩下的49%，由云南省花卉投资公司、昆明市产业投资公司和呈贡区国有资产管理有限公司3家国有企业来持有。

到现在很多人都很奇怪，云南居然能把全世界最先进的鲜花交易模式做得那么好。的的确确，昆明国际花卉拍卖交易市场，在交易模式、交易机制、现代交易等方面，走在了全国前列，而且做得很成功，与省委、省政府的这个决策分不开。这样一个国有和民营混合的股份制企业，51%是个民营股份，就是要体现它的市场性和机制的灵活性。昆明国际花卉拍卖交易中心的定位是个第三方服务平台，政府要在里边要起 “定海神针”的作用。所以49%的股权是政府的，而我认为这个决策是非常科学的。如果全是民营股份，拍卖市场走不到今天；如果全是国有，拍卖市场也不可能发展那么快。

这个公司筹建的时候，当时的总经理就来邀我。因为我在花卉行业里边那个时候已经有名气了，他们认为我参加过北京那个早期拍卖市场的建立，我比较了解拍卖，而且我在上海、北京的花卉市场都开过批发部，我在元谋还有300多亩基地，花卉产业的全链条我都做过。于是我把自己原来的那摊都卖掉，就来到这个公司。这是2001年的7月份。到2018年刚刚17年。

昆明国际花卉拍卖中心刚成立时，我在业务中心，负责组织农户来市场拍卖、将鲜花按国际标准分级。因为中国人几千年只习惯于对手交易，鲜切花的市场主体又是农户，拍卖平台是第三方平台，可以想象开始是非常困难的。2001年公司开始筹建时，我们到荷兰去学习拍卖，制定拍卖的一些规则和流程，甚至拍卖大厅怎么设计、怎么建

2002年12月20日，斗南昆明国际花卉拍卖交易中心拍下第一锤

设，使用几个交易钟等等，都是我们要学习的。更主要的我们要学习制定标准。

2002年的12月，所有工作都准备好了。12月20日，市场正式开始拍卖。我那个时候是公司的首席拍卖师，第一场拍卖是我主持的。但是第一次拍卖的结果非常令人不堪。因为拍卖中心建立之前，鲜切花都在斗南市场对手交易。我们拍卖的花卉需要标准，而大家习惯的对手交易市场是不需要定标准的。花的好坏只是感觉，比如我说好这个花好，是因为叶片没有问题，叶片非常清洁，没有病害，花色还不错，开放度也很好。这叫作描述法。好比说一个美女漂亮，她没有漂亮的标准，是我看到的漂亮，也许你看了，你觉得她不漂亮，这个就叫作描述法，但是我们拍卖市场的标准叫作挑错法。我们定很多条缺陷，一个花里边，花头上，花叶上，花枝上，我们制定了很多缺陷作为花卉定级的标准。

我们整个拍卖模式都从荷兰学过来，这个挑错定级也是荷兰的标准。我们认为这个标准非常科学，当时影响花的等级的有100多条缺陷，如果这个花没有缺陷，它肯定就是最高等级。相反这个花有缺陷，这个缺陷有多少种，缺陷程度大小，这就是等级。但是这么简单的一个问题，要让花农接受是很困难的。所以我们当时大量地做宣传工作。

拍卖市场刚起步时并不顺利

当时拍卖市场生意并不好，对标准的要求与传统卖花模式的冲突是一个原因，更关键是价格。花农付出了劳动，把花送到拍卖市场来，你卖的价格能不能和旁边那个对手市场的价格高一点？原来花农的毛花就可以卖掉，现在进你这个市场有标准，要划分A、B、C、D

各种级别，你们说拍卖有很多好处，但是农户最关心的是价格嘛。所以第一天的拍卖就发生这个情况，因为我们是降价式拍卖，市场没有足够的一批买家，没有形成一个这个良好的买的一个氛围，价格肯定是一路回落。隔壁对手市场一支玫瑰当天卖4毛钱，我这里只拍得出3毛钱，这就是第一天的拍卖结果。

后来拍卖结束以后，两个花农一个是送拍市卖的，一个是在老市场卖的。两个人互相问：你在老市场卖的是4毛钱，你在花拍是卖多少？3毛钱，哎呀，一下就差了1毛钱。所以这下就传开了。你看我还

2013年，斗南花卉拍卖中心还只有3个拍卖大钟

付出那么多，花还要标准化，结果连毛花的价格都卖不出来，我怎么干呢？第一天有60多万支花参加拍卖，我们毕竟做了一年多工作，你不看僧面看佛面，大家都成朋友了，大家都看在你面子上给予支持，人家把花拿来了，甚至有的从玉溪合作社把花拉来，有人还租车敲锣打鼓插着彩旗送花来了。那个场面让人很感动，大家都觉得终于有盼头了。因为在传统交易里边，花农的地位是非常低的，他没办法来说了算。很多花农充满了希望进拍卖市场，但是第一天拍卖的结果，60多万支花，一下子低价拍出……

卖是卖完了，但是价格低。于是拍卖市场名声不好。那天有些买家拍了花后，马上拿到对手市场去卖，人家还赚了1000多块钱。花农一看傻眼了，第二天的供货就回落了一半，从60万支变成了30万支。后来最少的时候，一天只有几万支了。买家们后来一看我去拍卖就笑了，然后就说不要拍了，直接给个价卖给他们得了……

坚持走了5年终于有了转机

就这样，我们坚持了5年一直亏损，一直到2006年才开始出现转机。我们坚持标准，标准上一点都不退。你要进来卖，就必须按我们标准来。坚持拍卖。在这几年当中，最少的一天只有三四万支花的交易量。更大的问题是一直在价格倒挂。因为没有足够的买家，没有持续稳定的供应，所以我们拍卖市场的价格一直比对手市场的低。场上的这些买家，都把你这里当成一个补货的地方。因为交易量小，不能支持公司运营成本，亏损从2001年一直持续到了2006年。

2006年是转机。那年情人节的鲜花价格很好，到那个时候，我们的价格已经高于对手交易市场了。这种正向的市场有扩散作用。2006

年我负责专门抓拍卖业务。我把所有的业务经理派出去做玫瑰供应商的工作。为什么呢？因为玫瑰在云南是一个非常有竞争力地面对全国的产品。全国很多地方都没有玫瑰生产，只有广东。但是云南的玫瑰，因品种、气候等等的品质都非常好。而国际市场的玫瑰，占了整个市场45%的交易量。所以当时我们定下来的策略就是，所有人力资源都去做玫瑰供货商的工作，主打玫瑰。从2006年开始，拍卖业务就一下子就增长了。我们的资料上可以看到，从2006年花拍市场的业绩曲线就在一直上升。除了玫瑰因素外，还有消费者群体的变化，那个时候消费群体是以70后、80后为主了，他们对品质的追求更高，对价格的敏感度降低了。从这里开始，我们拍卖中心的春天来临了。

其实从全球来看，统一面对买家，从高到低降价拍卖。拍卖并不是很新的东西，100年前荷兰人就发明了花卉拍卖。其实拍卖就是生产者联合形成的一种市场。 由最掌握市场的人来出价，谁出的价钱最高卖给谁。所以后来拍卖的发展就是沿用这个模式，100年都没变。现在随着技术的进步，原来是人工唱价，人在喊价，现在发展到用电子拍卖钟竞价，看谁的手快。现在可以区分出两个买家之间的0.001秒的差异。

现在我们的交易功能非常丰富，在每天大电子盘上买家就可以看到，今天这个品种，这个等级还有多少花。拍的过程里面，每拍一笔都会少，他们都会看得到。因为充分的竞争。就可以让他们所有人都可以看得到这些信息。我们的内部的管理依靠这种系统也可以非常精确。你看我们现在每天拍卖300多万支花，2万多个批次是吧。2万多个批次要分给那么多买家，我们的出错率很低的，我们叫3‰的控制率，就1000批里边，我们允许有3批出错， 1 桶花就是 1 批。

从2006年开始，市场的成熟度到了这一步，我们的整个交易就开始兴旺发达。市场交易机制的问题解决了，交易价格的问题解决了，

昆明斗南花卉拍卖市场后台，每天都数300万支鲜花等候拍卖

那么就是业务要怎么拓展，怎么样给它迅速地做大做强，这个就是我们从2006年以后的主要工作。所以就可以看得到我们花卉拍卖中心所做的工作，它实际上就是一个用市场的力量来解决前端后端的标准化问题，我们坚持了十多年，现在实现了。

而且还不是只在拍卖市场才实行这个标准，传统对手市场里面也按照这个A、B、C、D等级来划分了。他们学习了我们的分级。不单是在玫瑰上，我们其他品种上也在划分，这种方式现在已经走向全国了。

知识产权保护对花卉产业很重要

昆明花拍交易中心做的一个对花卉产业有影响的事，就是对品种的知识产权保护。我们从2006年开始就做了这件事，因为我们国家的这个花卉新品种很少，大量都靠国外引进的品种。通常一个玫瑰新品种要8年的时间才培育得出来。但是从前花农对别人的品种缺乏知识产权意识。传统的做法就是剪别人的，一段一段剪，剪了以后插在土里面就生根。育种家对此会说，我这个品种也是专利，你要用我的品种，要交一定的专利费给我。否则，我就没办法存活下去了，也没有育种的积极性。

1999年昆明世博会之前，在国际花卉展上，很多育种家看好云南市场，就带来很多品种，但没得几年，他的品种就被扩繁了，结果他一分钱专利费没收到，都被山寨掉了。后来国外就对中国进行封杀，荷兰人，特别是非洲菊、玫瑰，不进入中国市场，因为我们保护知识产权不力。

我们用的都是十几年甚至二十几年前被别人淘汰的品种，你怎么进入国际市场，你怎么实现你的出口导向型战略呢？但是不解决这个品种专利费的问题，人家是不会拿品种进来的，所以拍卖市场后来就想到一个办法。我们去找育种家和育种商，你把这个品种引进来，我保证通过拍卖交易，来帮你代扣专利费。所以后来育种商答应可以试一下。我们又去找农户，你来生产这个品种，先不交专利费，但是产品出来在拍市交易以后，根据这个交易，我们定一个比例10%，这个10%要扣下来。作为育种家的专利费。我们叫作生产者、市场、育种家和育种商三方合作，这样就一直推了10年。刚开始推得很难，但是这几年越来越多的花农参加进来了，我们去年一年就代收了800多万专利费。

目前已经有十几家国内外的育种商加入这个合作体系。我们每年可以组织60多个新品种进入市场。我们一下子跟国际上的这个品种上的距离拉近了，甚至有的育种商把国际上还没有发布的新品种，首先来中国发布。因为中国市场大。2018年估计我们中心代收的专利费可以达到1500万以上，这机制就活了嘛。这样一来也激励了国内的育种专家，一年可以收几百万的专利费，我也拼命地想搞新品种，这个机制就活了。今天的《人民日报》还登了一篇关于我们收专利费的这个报道。我们把市场对产业的作用不断地发挥出来了。

交易机制促我们为花农多做事

传统的买卖双方利益是对立的，一个想高卖，一个想低买。两者之间的矛盾是永远的。但是拍卖就解决了这个问题，在标准化的基础上，你要买好的，你就要出好价钱。所以我们不提倡那种物美价廉，在这里只能是好花好价。但是作为我们经营平台来说，我要收佣金，5%是收供应商的、花农的，5%收买家的，加起来是10%。那么你看我刚才说的所有这些工作，都是为了什么，都是为了价格形成很好。我引进玫瑰新品种来，我们平均新品种的交易价格是1块2毛7，传统玫瑰品种的价格是9毛2。你想我为什么不引新品进来呢？

我们现在跟银行合作，利用大数据解决花农的贷款难问题。银行贷款要抵押，一个普通花农有什么资产可以抵押呢？土地是租的，大棚又不算，那么怎么办呢？贷款难就一直突破不了。我们就把花农5年在我们拍卖中心的交易数据给银行，我们从他的生产能力、品种能力、市场能力、管理能力、技术能力等等这些，通过大数据给他评分，评分到四星就可以给银行，评到五星，银行说他要多少钱我都贷给他。贷款怎么保证还呢？你必须进入拍卖市场交易，30%我们帮你代扣下来，解决银行的风险问题。所以有的农户扣他贷款一年，扣到8个月，就已经把贷款扣完了，花农也发展了。因为我们往往有些农

买家在拍卖前先选择自己心仪的鲜花

户需要的就是短期的。比如说新的品种出来，他要买种苗，一下拿不出钱来怎么办？盖个大棚，短期内也就是差个几万块钱。所以这个机制又灵活了。对于买家来说也是这样的，他临时需要钱怎么办？我就把他的信息给银行。他在拍市多少年？每年买多少？他的业务是不是稳定？银行一看数据放心了。这叫作供应链金融。所有这些作用都在不断地发挥，所以我们看起来是在做一个花卉交易中心，其实我们已经不再仅仅是交易，我们是在做产业的运营者、市场的引领者和服务者。

新的交易机制导致了我愿意做这些事，我必须去做这些事，对不对？现在我们拍卖中心发展到今天，已经运行16年了。现在我们在亚洲是处于什么地位呢？拍卖交易量我们是第一，我们去年11亿支，均价是9毛2一支花。你们看，我们超过了这个东京大田，超过了日本。

日本人30年代就开始引进拍卖了。东京大田是日本最大的一个花卉拍卖市场。前两个月大田的人来，很谦虚地说我们是来学习的。他们一看我们拍卖的场面心里就明白哪个是第一了。他们只是问我一个问题：你的整个出错率是多少？我告诉他们说我们的标准是控制在

2017年，在斗南花卉拍卖中心6个拍卖钟上的价格不断跳动，考验着竞买者的快速反应能力

3‰。他听完说，你们在以人工为主的这种配货、分货体系上，是非常高的，说明你们的管理水平非常高。

荷兰人也来过。我们最早的那个指导专家，是一个70多岁的老人，他在拍卖市场干了一辈子，被派到昆明做我们的技术支持顾问。2005年的时候他最后一次来指导，当时拍卖中心一天的交易量维持在10来万支花，看到公司找不到发展方向，他拉着我的手说：张，拍卖市场关门的时候，你别忘了给我一个e-mail。我回了他一句：亨克，这个e-mail，我永远不会发给你的。2013年，我们拍卖市场建第二个交易厅的时候，我专门请亨克来斗南。他很惊奇地说，你为什么要建第二个交易厅？我告诉他说不够用了。原来你们设计的那个300个席位的交易厅，现在满足不了了。我看到老头子的眼睛都湿了。

第二个拍卖交易大厅我们定的是6个交易钟，有600个交易席，2014年就开始运营了，我们现在又不够了。目前咱们花拍中心就有25000个会员供货的，有3000个登记的买家。但是会员不是每天都来交易，平均下来，有活跃的卖家有1万多花农，包括一些花企。买家主要是些企业，主要是些批发商。卖家主要是花农，花企也有。花企的整个这个供货占比，可能就是8%。这个现象是因为大型花企有自己的销售渠道。所以我们拍卖市场对花农和合作社特别重要。

作为一个花农的卖家，他怎么样把他的产品在我们花拍中心，完成这个交易的？这个很简单，花农自己执行标准，把花的等级A、B、C、D分出来，按标准包装好。执行完标准了以后，我们每天早上都有车去各个产区帮他们把花运上来。花农不需要来这里了，因为标准化程度那么高，又公开公平，他可以马上查得到他的价格。他填好单据，我们的冷藏车运上来，运上来了以后，质检又对他的结果进行检验，检验合格了以后，A、B、C、D就放到车上。然后把所有信息就输到电脑里面，输到系统里边。凌晨3点钟就等买家们来交易，在这个之前买家可以去看货，看中了，他们记下来在哪一张车上，然后就去交易。交易完了以后，我们把花分好，他就提完货，第二天花农就可以在他的卡上收到钱了。交易的价格，他可以在他手机上看见，交易明细，扣了多少钱，佣金占了多少，运费占了多少，专利费占了多少，都很清楚。这是某一个花农的明细表。他人不用到现场来，他的花也会被公开公平公正定一个级别和价格，然后他的卡会收到他的花款。所以这个交易就跟传统市场完全不一样了。

云南出好花，斗南聚好花

我们的花拍市场去年11亿支鲜花的交易量，差不多90%左右是花农的产品，从分布来讲，是以斗南为交易中心，因为斗南没有种花的了，现在的花区已经分布在楚雄、玉溪、宜良，石林、泸西是一条线，再往北走，嵩明、曲靖，又是一条线。这样的扩散。有一个说法叫作“三小时交通圈”，这也是花拍市场覆盖的花农所在的地方。

随着冷链运输的普及，花田种植范围可以是距斗南5小时交通圈了。所以云南的花的产区就越来越大了。这就叫作云南出好花，斗南聚好花。花拍中心卖好花。

从2006年以来，我们的拍卖量持续增长， 2018年5月一个月的交易量就超过了拍卖市场刚开业的3年的交易量！一个月就突破一个亿了，达到1.3亿支花。七夕节马上又来了，交易量又要有所突破。进入我们这个拍卖体系的人越来越多。从供货商来统计从最早的只有1000多个花农来卖花，到现在平均每天有7000人在里边供花来卖。我们这个行业前途一片光明。

钱崇竣

晋　波

钱崇竣／晋　波　总理在我们市场买了两把花

口述人：钱崇竣（云南斗南花卉产业集团执行总裁）
　　　　晋　波（云南斗南花卉产业集团分管交易副总裁）

采访时间：2018年9月18日上午

采访地点：昆明斗南花花世界三楼办公室

访 问 人：余卫东　杨亚伦

我叫钱崇峻，是云南斗南花卉产业集团执行总裁。1961年出生，2018年57岁，云南农业大学植物保护专业毕业。毕业以后，在呈贡工作了3年，开始在呈贡县洛羊人民公社，做了一年多团委书记。1984年11月，我到呈贡县七甸乡当了两年乡长。1986年，到昆明市委组织部工作，1993年下海。1993年开始接触花卉。最早在嵩明，跟美国人合资成立了一个阳光超级玫瑰花卉公司，主要生产的现在市场上叫“卡罗拉”的玫瑰花。

斗南人提供了最好的服务

斗南花卉产业集团成立于1998年，到现在已经20年了。“斗南花卉”作为云南省花卉的一个交易市场，在充分的市场竞争当中，形成了一枝独秀。

当时，花卉市场除了斗南之外，还有官渡区的子君村，市区的拓东路岔街，都是花卉的批发交易市场。这么多年，正因为斗南人提供了最好的服务，最经济最高效的方式，斗南市场现在是中国最大，乃至亚洲最大的一个花卉交易市场。在中国，100支花当中有70支来自云南，云南当中100支花有70支花出自斗南，所以斗南的花大概占全国市场的50%的份额。

斗南花卉市场现在主要有三种交易模式，第一个是对手交易，第二个是拍卖交易，第三种就是电商交易。从目前来看，对手交易仍然是最经济最高效最快捷的交易方式。主要原因有三个，一是我们现在每一户花农平均种植面积只有5亩地，小批量生产跟大市场的结合，对手交易是最快捷最经济的方式。二是我们的交易采购商，人数非常多，每天有上万人在斗南采购，但是平均每一个人采购的量很小，大概就200公斤，价值也不高，可能也就800—1000块钱。从这两个数据上来看，要想采用比如说拍卖一类的交易模式，目前支撑不了。三是品种。斗南每天上市的花卉大概100多个大类，1000多个品种，批量太小，种类太多，目前直接的对手交易，是最快捷的方法。

斗南花卉的发展壮大是根植于云南花卉产业发展壮大的。云南花卉产业能够迅速发展壮大根本的原因就是地理气候条件，云南滇中地区，低纬度、高海拔、强日照、昼夜温差大、紫外线强，这样一些因素，使云南成了全世界最适合种植鲜切花的三个地区之一。每年我们鲜切花的产量、产值、种植规模，递增幅度都在15%—20%。种出那么多花来，要卖得掉。

斗南市场在整个花卉产业链当中，处在一个中间环节。整个花卉产业链，一般来讲分为7个环节，第一个环节是新品种的研发。一方面是采用了很多国外的新品种；另外一方面国内的科研院所，一些公司、爱好者也在研发自己的新品种。国内的新品种研发，呈加速度趋势，大量地在生产中采用。为了保护他们的知识产权，我们斗南花市就是在销售环节收取知识产权费，把这个费付给知识产权拥有者，大概2018年这笔钱可以收到四五百万。第二个环节是新品种的扩繁。新品种的扩繁，现在主要的、成产业的，一个是康乃馨种苗，一个是百合种球。第三个环节就是大田生产。应该说现在主要的生产者还是花农，虽然咱们有两千多家花卉公司，但是从真正大产量上来讲，还是花农。花农的生产技术在逐步地提高，生产规模在稳步地扩大，产品的质量，也在稳步提高。我觉得，若干年以后，我们的花农能够做到像荷兰花卉农场，每一户人家生产规模有个一两百亩，用很好的设施来生产花卉。第四个环节就是交易。现在整个滇中地区生产的花，云南生产的花，乃至于周边省份，包括海南、广西、广东的配花配叶，都在斗南进行交易了。第五个环节是物流。因为云南相对来讲地处偏远，除了广州、深圳等，可以采用冷藏车。再远，过长江、过黄河，都是飞机在运输。第六个环节是消费地的批发市场，在目前情况下来讲，是有存在必要的。城市的花店，是到它的批发市场去进货的。因为每一个花店来讲，它需要的花种类比较多，但是从做生意的角度来讲，品种比较单一，它需要有消费地的一个批发市场来周转。还有是对品质有不同的要求，花店靠零售很难支撑，主要还是靠做一些项目，婚礼、庆典等等。当它接到一单活的时候，它要的花量就会突然增加。没接到的时候，它的花量就比较少。如果是给办公室、给一些机构去插花，它要的是花骨朵、花蕾。如果接到一个项目，它要的是盛开的鲜花。必须有一个市场，它才能够解决这些问题。第七个环节是花店到消费者。

在整个花卉产业链的7个环节当中，销售处在中间环节，承上启下。几万户农户的花向斗南汇集，上万的采购人向斗南汇集。斗南的使命就是要把云南省能够生产出来的花，全部把它卖掉。你要能够卖掉，花卉产业才能够发展，才会有继续地扩大种植面积、增加产量。

斗南花卉小镇应该是产业小镇

我们要形成一个“好花好价”的机制，才能够促使生产方愿意投入更多资金，建设更好设施，采用更新技术，采用更新品种，生产更好的花。

2017年，云南全省鲜切花总量110亿支，其中在斗南交易76亿多支，交易额63亿元

公司篇

现在云南省的花卉，从产量上来讲，已经很接近荷兰全国的产量了，他们的年产量是120亿支，我们是110亿支，就很接近了。但是我们的交易额，跟人家相比大概只有三分之一，很大程度上就是咱们的单价太低，这单价低，其中就有品质比较差的问题。这个单价翻一倍，比荷兰花仍然便宜，我们就可以更多地参与世界竞争。

云南现在的这个花，自用的只有5%。95%是出省的，其中80%是在国内的，15%是在国外。到国外的花，能不能做到30%，甚至40%、50%？这个取决于我们花的品质，能够增长到什么程度。

这几年中国花卉正处于强劲增长的过程。八项规定出来以后，因为政府的用花突然没有了，大概在2014、2015年有过一个比较短暂的停滞时期，从2016、2017年又恢复了强劲地增长，也就是老百姓的消费已取代了政府消费，并且现在增长非常强劲。我们现在人均收入接近1万美元了，在这个情况下，按照世界各国平均鲜花消费量来讲，我们的量还很低，很低，我觉得花卉产业发展前景非常广阔。

在对手交易基础上，我们第二步，从现金之间的结算，在做电子统一结算。电子统一结算以后，我们就可以对品质进行把控，通过对品质的把控，让购买者买到他想要的花。我这个花比如说分A、B、C、D四级，你想买A级花，你多出点钱你买A级花，你想买B级花，便宜的，也可以买到，但是你不能以次充好。我们现在主要是管控这个。对于购买商而言，有的人想买最好的花，有的人想买最次的花，都是有市场的，有需求的，很正常。

第二种交易模式就是拍卖。在拍卖市场现在有三种模式，现场拍卖、远程拍卖和拍前预售。

第三种交易模式刚刚出现，就是电商。已经有很多电商公司在斗南采购花卖到千家万户了。我们要做的是有别于这种传统电商的，要做的是斗南批发的电商交易平台。其他电商完全可以把采购放到斗南统一的批发平台上来，他们的优势是把花卖到C端、卖到千家万户。没有必要每一家公司在斗南建一个采购中心，租地盖房子、建冷库、设人，做一大堆。我们统一地做一个采购平台，你在这里进行采购，我按照你的采购量把花发到你的目标城市，你从目标城市把这个大包装的花拿出来，改成小包装送到千家万户，我觉得是最经济的方式。

以上三种交易模式并存，在今后相当长的一段时间以内，应该是并存的。

最近云南省政府决定，在斗南建国家级的鲜花小镇。这个国家级的鲜花小镇，我理解是有别于其他的小镇。斗南花卉小镇应该是产业小镇的性质。从旅游小镇的性质来看，现在斗南的设施是要做加法，要考虑更多的旅游属性，住宿，餐饮，文化，创意的属性等等。

从产业小镇的角度来讲，我们是做减法。我们要集中，把我们的交易场地适度扩大，把交易模式尽快升级，把我们的交易配套，起码要提高好几个档次。比如冷链物流，现在相对而言就比较薄弱，比如我们的包装，包装跟冷链，跟物流，跟成本，跟方方面面是结合的，我们现在这个包装模式，到了目标城市，损耗在20%—30%之间，相当惊人！怎么把这个损耗降下来，就需要相对统一的市场，就需要相对有一个可以扶持的政策，都需要有一帮子有情怀的人，有实力的公司，大家共同来介入，形成一个共识，按照一个标准，从纸箱到运输标准等等一系列的改革，才能让我们的物流在目前基础上提高几个台阶，达到荷兰的水平，使我们的花农生产得出好花来，能够到了消费者手里仍然是好花，可能需要相当长一段时间的努力。这个过程，我觉得跟斗南花卉小镇的建设是同步进行的，冷链物流中心需要土地，如果政府支持的话，实际上现在政府已经决定把海关，包含原来的动植检疫都放进来，把机场的安检提前放到这儿来，到机场就不再安检，直接上飞机等等。

政府一系列的举措，都是为了发展花卉产业给的优惠政策，给的巨大支持。但斗南花卉小镇的建设，是以现在斗南交易场所为核心，在4年前，斗南花卉产业集团做了一个规划，1020亩地的斗南国际花卉产业园区。昆明市规划委员会就已经批准了。1020亩只相当于0.68平方公里，我们现在整个斗南花卉小镇的规划面积是3.64平方公里，差不多外面还有3平方公里，可以做很多文章，但是要尽快把1020亩地的斗南花卉产业园区核心区的产业搞好，后边的开发才有一个中心。

斗南花卉小镇不是一个简单把游人引进来的过程，我觉得斗南花卉小镇的核心，是能够在整个花卉产业链的7个环节当中，也就是我刚才说的第四个环节，它处在承上启下的一个中心地位，把这个作用发挥好，那么整个全省的花卉产业就能发挥好。如果我们这里的销售渠道变成了“肠梗阻”，你卖不出去了，当然你产业不会发展了，没有人愿意再种了。你不能形成一个好花好价，产业升级那就变成无米之炊。斗南花卉小镇的建设定位，我们的理解应该是以产业小镇的角度来定位。

大数据是政府制定花卉产业政策的依据

花卉消费的引导，一个是人民对美好生活的向往，更多的是整个社会的一个文化引导。当我们的收入水平提高到一个程度之后，对文化生活的需求自然就上来了。花卉文化，就更加复杂，你比如说玫瑰花代表爱情，谁赋予它代表爱情的？好像无从考证，但是整个的诗词歌赋都认为它代表爱情，但是你很难追溯说是300年前！1000年前！康乃馨代表亲情，母亲节教师节送康乃馨，玫瑰花说是百年好合。我觉得需要文化人来歌颂它，来让社会慢慢地形成一种认同，这个代表什么。你比如说在中国文化当中菊花，基本上是怀念已故的人才用的，它不太会专门插到家里面去，但是在别的国家，比如说在日本，在其他国家不见得是这种含义，它的含义是不同的，所以我们国家菊花产量非常低，非洲菊因为没有祭祀的这个含义在里面，反而非洲菊还发展得比较快。

花卉的价格波动，最大的波动是自然灾害。比如2017年我们所有的花，花价暴涨，大概有20%的花损失了，刚好又碰上这个春节和情人节重叠，所以导致了花价的暴涨。像这种问题，大数据很难解决，因为你不能预测2018年会有天灾。

花卉大数据可以解决的是过去，过去所有的数据都可以总结到。但是，比如说我们有1万户农户种百合花，天天都有人种，天天都有人收，所以天天都有花卖。每一个农户在种的时候都认为我种的时间点，在3个月收花的时候，花价一定是最好的，他都这么想，每一个人都是根据自己的经验来的，但是实际上大数据没有办法提供他我今天要种的时候别人种了没有。你拿的大数据都是之后的数据，我今天要种的时候我没有办法看到别人种了没有，我即使看到别人种了没有我也没有办法解决这个问题，预不了警。现在所有种的很多的，比如像百合花，因为它是统一播种统一收，那么在种的时间点上，是预不了警的，等他种下去了这个数据才上去，你已经种下去了，是不是这个道理？其实这个道理就跟那个炒股票一样，只是对过去的一个总结，对将来的指导作用不能说完全没有，微乎其微。你再比如说，我现在即使知道我九、十月份应该要种百合花，我是要种什么花？我是要种春节的花，那么我现在正常情况算，因为他是冬季，我可能认为我大概110天可以出花，但是碰上2018年是暖冬，天天出大太阳，结果花不要110天，也许90多天、100天它就成熟了，没办法，那时量又最大，而大家都认为春节花量大花价低，有少数几个花农会想我的花放在春节以后才卖，结果稀里糊涂地就变成了春节前的花，大多数人没花了只有少数人有花，他几个人的花价就暴涨。反过来也同样，如果遇到冷冬， 110天、120天可以成熟的花没成熟，你卖不了，你的花莫名其妙就被压到了春节以后，需求量下来了，结果你的供花量上来了，需求量下来了，价格就下来了。

要想靠花卉大数据可以指导到花农挣钱，我认为是做不到的。我们大数据可以作为政府的引导方式，比如现在玫瑰花有多少了，百合花有多少了，现在缺什么等等。通过政策可以引导什么，大数据更多的是从宏观上来做指导，那是必须的。但微观指导，我认为做不到。

农民是最现实的，如果说你跟我约定了玫瑰花，1.2元1支，那如果市场上卖5块，我干吗要给你1块，我一定告诉你我花没有采到那么多，我也不会1朵不给你，给你一点点，大部分我就卖掉了。如果市场上价钱8毛，我愿意把别人的花收过来1块2卖给你，我收1支花赚4毛。对手交易市场和拍卖交易这两种方式，它就是根据当时那一瞬间、那一天的市场供求关系来决定你的价格。还是市场的力量，要用市场来决定。很多提前想好的定价，提前想好的订单，基本上就是在很小范围内试验，好像是成功的，但是他没有办法扩大，一扩大就失败了。因为很小范围内我只对一两户，是靠感情，靠其他东西来约束的，但是一两户支撑不了你的商业模式。

斗南花卉实际上不只是鲜切花，从大的花卉产业的概念来讲，是鲜切花、盆花、绿化苗木、行道树、工业用花、药用花、食用花等等。作为产业的交易升级，鲜切花、包括永生花、干花、仿真花、艺术花、花石，都可以升级上去，也不排除今后在这个过程当中把行道树，把绿化苗木，把盆花都给它放上去，我认为是一个趋势。

我认为花卉升级了之后，最大的作用就是解决了信息不对称的问题。有的人说要些什么花，整个市场找不着，也有人说我就有这个花，整个市场都卖不掉。为什么卖不掉，因为没有人知道你有。我们通过网络解决信息不对称的问题，你可以在网络上找，你需要的东西都有。在这个市场上如果说这个东西有，但是少了，价格比较高了，就有人来算这个账，那我也来生产，中间有没有利润，这样对于指导生产，对于带动生产我觉得作用非常大。

总理自己掏钱买了我们的两把花

我是云南斗南花卉产业集团的副总裁晋波，2018年42岁，1998年就开始参与昆明斗南花卉市场的建设，一直至今。斗南花卉市场从建设初期到现在，已经接待了100多位党和国家领导人，包括胡锦涛、吴邦国、贾庆林等。

对我记忆犹新的，就是2017年1月24日，大年三十头两天的这次接待，这场接待很特殊，头两天接到当地政府通知，说是可能会有一个接待，也没有说明是什么人是什么级别，因为斗南花卉市场一年的接待任务接近500起，当时也没注意是谁。

到了1月24日下午，确定了今天晚上会有一个重要的接待。那天傍晚，我就在花卉市场大门口候着等待贵宾。20点45分，一排车开到了斗南花卉市场，第一个下车的，是国务院总理李克强。我很激动，马上跑上去跟总理做自我介绍，并问候总理。我跟总理报告，今晚我们的市场有很多花农花商在里面做夜间交易。

李克强总理进入花卉市场后，第一眼看到了成千上万的花农与花商，还有成千上万个品种的切花，他脸上一下子有了灿烂的笑容。总理主动上去跟花农们握手、问候，了解每个花农、每个花卉品种的种植、收入情况。他走到了紫罗兰交易区，向卖紫罗兰的花农了解紫罗兰种植收入情况，又到了洋桔梗交易区，说了一句，说：“感谢斗南花卉市场，感谢所有的花农，为全国人民带去了灿烂、浪漫、美丽的

每天有2万多个批次的300多万支鲜花在斗南花卉拍卖市场落定买家手中

春节。”当他走到了非洲菊交易区，突然走上来一个小女孩，她主动向总理献上两把非洲菊。总理很高兴，亲切地说：“你的心意我收下了。”他让随从给了小女孩20元钱，当时这个花的市场价格也就是8-10元钱1把，所以总理的随从给了她20元钱。

总理又走到了相思梅交易区，了解相关的花卉情况。他问：“斗南花卉市场现在是个什么地位？”所有的花农花商异口同声自豪地说：“我们现在是全国第一，是亚洲第一。”总理听了很高兴，嘱托说：“我们要向世界第一迈进，我们要做到真正的世界第一。”所有的花农花商一起鼓掌。

出市场前，总理回过头来，问了我一句话说：“斗南现在的花出口有没有出口到日本？”我赶快向总理报告说：“我们出口的这些鲜花，出口了全世界56个国家和地区。”总理听完高兴地离开了斗南。这是我们斗南花卉人过的一个最特殊、最难忘的一个春节。

郑继兰

斗南花卉的“老干妈”

口述人：郑继兰（昆明郑继兰花卉有限公司董事长）

采访时间：2018年7月5日下午
采访地点：宜良县汤池镇郑继兰花卉基地
访 问 人：杨亚伦 余卫东

我的基地已建了20年了。当年我创业相当辛苦，那时尚义街还没形成，我就挑着花到处去卖。最早去到南宁还被小偷将卖花的钱偷了，差点急死。回来后坚持种花。

为了种这个花，我的家庭发生了很大变化。当时花卖不掉，老公就和我吵架，我还挨过他的打。我说管他的，咋个难都要坚持。当年天都还没亮，才夜里3点钟我就起来，骑单车驮着我几岁的儿子去卖花。有时候卖不掉就用花换碗米线吃。那几年的米线才1角5分钱1碗。老公受不了就跟我离了婚。我经过了多少坎坎坷坷了。我没有文化还坚持着，是因为我只会种花，只会卖花，一定给它走到底。

后来我带着几个人在汤池包了100亩地，成立了我现在的这个花卉公司。有一年花田被大水淹了一样都没有，一无所有，被大水淹了几次，还遇到过雪灾，花也是冻的一样都没有了。有时候想想我真的是没有活路了。我一直坚持是因为我老父亲天天都在鼓励我说：“不怕，有人在就会有一切。”我过了一关又一关坚持到现在。

我最感谢的就是我的那些工人，一路尾着我走来，不离不弃。还有几个高管是大学生，我到哪点，他们都跟着我。能有今天这样的好日子，全靠我这个团队，靠我身边的人，一直都在默默地支持着我，特别是我儿子、媳妇，都坚持在花卉事业上。

我一直在寻找去外省卖花。后来慢慢地日本商人来找我供花，供了10多年，还要我做那个保鲜花。我说：“哪样喊保鲜花嘛。”他们就拿来给我瞧。我说：“日本人做得到的，中国人也做得到。”我就天天学，夜夜学。有一年我卖花损失了100多万元。我儿子劝我不要搞了，他说：“你看看你又不识字，做什么保鲜花，家里的钱都被你贴光了。”我说：“已经贴也贴了，一定要给它做成功。”是的，我一个字都不识，但我睡睡又爬起来做实验，睡睡又爬起来做实验，用3年时间我一定能做成功。后来我们的技术超越日本人。

为了让永生花走到国外，我就开始做出口生意。先后出口到俄罗斯、美国、日本、澳大利亚等10多个国家。国外很喜欢这个永生花，日本还报道说我是中国永生花创始人，登了我的名字和照片。我们的永生花质量比较好，得到了日本、俄罗斯、美国、澳大利亚很多国家客户的认可。

我所以能走到今天，感谢党，感谢政府给我们那么大的支持。我们的心酸苦累真的是一般人都做不到的。我一直都在坚持，一生心思都在这个花上面。2018年61岁了，都舍不得放弃我的这个产业，舍不得放弃跟我创业的这些员工。如果说我停下来，他们去哪里吃饭？去哪里上班？现在我在云南差不多有员工几百号人，我不能停下来给他们没有饭吃，给他们没有创业的地点。现在我就是想着创办一个大学生创业园，在黑龙潭我们还准备办一个花卉学校，培训大学生创业，为国家做点贡献。

去年，贵州几个县请我去，要我到贵州发展。一个是到盘县，一个玉屏县，我去了4个县，现在贵州那边已经在做2000亩的食用玫瑰，1000亩的绣球花。我带着当地老百姓种花，当地好多记者也来采访我，我说："贵州是我们云南的后花园，我们两个省比较亲密，云南和贵州是一家人，好好种花，为国家做点贡献。"

我们公司的花品种很多，有"小可爱""黑魔术""多头香槟"，都是加工永生花出口的。在国内很卖不起价，都是卖到北京、上海这些大城市。如果是发到外国就是双倍价了。永生花从鲜花采下来，脱水加工，无毒、无害、环保，是大健康产业。云南的花卉一定要做深加工。现在深加工有永生花，还有鲜花饼、鲜花糖、鲜花精

保真花加工车间

油、鲜花酒。我们的一朵花产业链很长很长。在全国各地那个都知道斗南这个花卉市场。但是它对我们来说，是用汗水一点点地给做出来。

鲜花到永生花价格翻10倍也可能，如果卖到美国几朵“蓝色妖姬”要卖460块钱。2018年3月份，跟美国拉斯维加斯客户订了一单差不多400多万美金的永生花，他们要长期做我们的代理商，卖到旅游景区很火爆。前年，马来西亚的总统还接见过我，也是这个永生花产品卖到他们国家，还邀请我去他们那边建厂。迪拜现在也和我们合作，有2个农场用我们的永生花和绣球花，还叫我们去那边办公司，土地免租，水费也给我们免了，那个农场面积差不多10000多平方米，我发货都是用货柜发给他。迪拜沙漠里面种不出花来，但是我要尝试一下，还是种出来了。我派我侄儿子郑勇强去那边做技术总监。东南亚这边也在发货，是些小客户，泰国已经发了好多年了。永生花在欧洲特别受欢迎。

上海虹桥花卉市场开业，他们副市长邀请了我过去。我在市场转了转，就发现好多永生花都是从日本发到上海的，我一眼就认出来是我们做的花，但日本商人换了包装和品牌。其实那些花好多都是我们做了发到日本，再转到上海的。

我家的品牌已经是全国的了。外国客户个个都认得“继兰”这个商标，已经注册了差不多10年了，出口全部用这个品牌，中国最大的保鲜花加工基地就是我这点了。我们公司去年产值6000万元，明年准备做到1亿到2亿。永生花一盒有36朵、24朵、16朵、8朵几种规格，分着花的大小来组装。绣球花组装成工艺品，现在加工的是半成品，出货最高。奥斯汀玫瑰是新品种，红粉佳人这个花，你给它做的又鲜又嫩出来，很受外国人欢迎。

公司篇

我也失败过，前年订了德国的一个6000万的合同订单，结果交通银行崴了我一把，没有贷出一分给我，那个订单我赔了几百万的违约费给德国客户，这个是真事，是个个都认得呢。如果是资金有了嘛，我可以做到1个亿。目前最大的问题就是我们有市场，缺资金，需要金融机构给予我们支持。如果金融机构支持我们，可能我们要做到全球。这个永生花很有市场，它比较环保，符合大健康。只要有资金来支持我们，这个花就可能走向全世界。说句老实话，我们中小企业是太难太难了。后来我从民间借高利贷，差点被人家逼死了，走投无路，我只能咬牙坚持下去。我儿子是经常被人家威胁躲着，说难听点，差点连命都丢了，住了两次院。我说不怕，不消躲，共产党一定会给我们饭吃的。特别2018年习主席对老百姓相当好，给这个老百姓脱贫。我们确实真的要感谢这个党，感谢这个习主席呢。他能为老百姓做了那么多的好事，我们一定要拥护党，拥护我们这个最好的领导习近平，我们真的是感谢他呢。他的那些政策支持我们，让我们给这个花走向全世界。

下一步就是准备上市。我在贵州那边的基地，当地领导希望我做成个上市公司，我一定要做到。我有个想法，为跟随我这些人将来有个永远的工作，办一个养老院，把他们都养起来。办一个大学生创业园，成为青年人创业基地。我在贵州免费培训大学生，我就是要让更多的人学会种花，将来继承我们的传统。因为我们辛辛苦苦一辈子，几十年走出来的路，我们不能让它废了，要走下去的。目前那么好的政策，那么好的条件，我们很有信心将永生花做到全球。

每支鲜花后面都有一个充满艰辛的故事

王志坚

我们的康乃馨种苗生产全球最大

口述人：王志坚（云南英茂现代农业有限公司董事长）

采访时间：2018年7月21日上午
采访地点：云南英茂现代农业公司昆明花卉育种工厂办公室
访 问 人：徐启亚　王晓洁

我叫王志坚，是云南英茂现代农业公司的董事长。我从事花卉这个行业，已是22个年头了。

英茂花卉公司是1994成立的。在20世纪90年代是云南从事花卉最早的大型企业之一。当时我们公司的体制还属于国有，省政府决定打造一个在烟草以外的，一个健康的朝阳产业，就选择了花卉产业。

做了很多探索，我们把主业产品调整为种苗

云南花卉产业发展到今天，就种植而言，仍然是以这种小农经济为主。目前云南的鲜花70%的产量是由占花田面积80%的小农生产出来的。在这种情况下，大型企业如何做花卉产业？探索这个路是很漫长的。因为我们最早的进入花卉产业的思路，不是想做这个花卉的贸易，而是从生产这个环节来进入的。所以我们做了很多的摸索，过程

当中走了很多的弯路，实际上云南这个花卉的产业在80年代末到90年代初，大家都是没有经验的，它作为一个行业是自发自然生长的。当时跟国外的这个国际市场的接轨也很差的，所以当时我们大概前后花了八年的时间，才逐步地选择了构建了我们自己的主营和主业的产品，才逐步地从亏损实现了盈利。这是个很漫长的过程。

大企业在小农经济为主的花卉产业中，实际是不容易盈利的。但是大企业有自己的优势。英茂花卉在这个过程中做了很多的探索。像当时花卉的产品，它是一个范围很大的领域，有鲜切花，有盆花，有各种的包括跟咱们工业原料相关的花卉品种是很多的。

我们一开始是生产鲜花，因为云南的鲜花实际上是非常有优势的。另外在20世纪80年代末90年代初，咱们云南的劳动力成本非常低的，有非常强的劳动力成本的优势。但我们做了很多年的探索以后就发现，咱们国内的花卉的消费市场成熟度是不够的，就消费者来说，他不会像成熟的国家一样，是以品质作为一个产品的一个主要的选择依据。咱们这个行业更多的是，无论是这个经销商或者是这个咱们终端的消费者，他主要对产品的选择是以价格作为主要的依据。那我们企业实际上在生产的成本上和农户是没有竞争力的，因为咱们农户自己生产，他的土地是联产承包的，他没有土地的租金的这个成本，他自己在参与劳作的过程当中他们没有工资和福利的要求。同时，他的设施相对比较简易，这样他的生产成本比较低，就我们同样的产品在市场上就不能够跟他们直接的竞争。所以在这过程当中，我们前期的生产主要是以出口为主，在实践中我们发现像出口的这个规模，并不能支撑我们企业发展的需要。所以经过公司那么多年的尝试以后，我们认为我们应该走在行业的产业链的前端。因为产业链的前端，它的集中度是比较高的，另外一个，它对资金，对技术，对管理，它是有很高的要求的，这恰恰是我们的这个零散的种植户，他不能做的事。所以最终我们就选择了做产业链的前端。我们搞育种，搞种苗的生产，包括我们现在除了花卉，我们在农业的其他的领域的拓展，我们都坚守这个原则——我们做产业链的前端，不做后段。

我们从1997年底，经过了很多年主业产品的摸索，最终定位了，我们不做跟广大的农户一样的产品，这样，实际上大家是恶性的竞争的，就我们并没有优势。我们决定就是我们做产业链的前端，从那个时候开始，1997年开始我们把主业的产品调整为种苗。

育种在花卉产业链的作用重大

育种对于农业来说属于产业链的最前端，对于产业链的作用和意义是非常大的，没有好的作物品种，后端的产业这个健康的正常的发展就无从谈起，它会受极大的影响的。

种苗在鲜花种植当中，就鲜花产业当中，花卉产业当中是非常重要的作用。什么样的种苗，就是像我们养孩子，什么样的人养出什么样的样子和个子，这个基因很重要。这么多年，这个行业的发展，不单是花卉，包括咱们的水果和蔬菜，大家都已经认识到了种苗的这个对生产的这个重要的作用。

我记得在90年代中期，一直到2000年，有很多非法的这个繁殖者，包括一些农户，自己也会繁殖一些种苗。但那个时候大家对这个方面认识是不够的，对种苗的这个质量和后面的产品，切花的品质的这个认识是不够的。但发展到今天，你要任何一个种植者，无论蔬菜的还是这个鲜花的，他都会去买，规范了这个高品质的，特别有品牌的种苗。这是行业的一个进步。

每两支康乃馨就有一支是英茂种苗

我们规模比较大的产品，是云南生产的这个康乃馨的品种，大概每两支里面有一支是我们公司的这个种苗基地生产的。就是在斗南拍卖市场上，最大的品种还是康乃馨。可能就是说我们在整个市场里面，我想会超过50%的种苗是英茂提供的。因为这个好的花它一定是好的种苗生产的，所以如果进入斗南拍卖市场，它是有品质的标准要求。应该可能有更大比例的这个进入拍市的康乃馨是英茂的种苗生产的。

我们公司从事育种的工作从2004年开始到现在已经14年了。育种这个工作实际上是一个对投入的时间要求非常多的一个，它不是一个很快能够达成咱们的这个新产品的育成的。育种它需要有很多的这个育种的资源的积累，都是要非常专业的一个工作。现在我们这10多年

英茂花卉种苗无菌育种室

的这个努力，每年投入的这个人力，包括研发的经费在育种这块的，都在100多万元，每年持续地这样投入。但实际上到现在为止，在我们已经储备了有相当数量的这个育种的材料的基础上，真正我们能够投放市场的品种，像去年大概只在五六个左右。所以育种是一个非常漫长，投入非常高的这样一个工作。我们这个种苗现在的生产，大量的是跟国外的公司合作。因为国外的花卉育种在我们之前已经走了很多很多的路，他领先我们应该在100年左右的时间，他们有很专业的这个育种的人员。这些育种人员具备很强的育种的经验，这个经验实际上不是可以用数据来进行判断的，它是育种的一种专业素养，它完全是一个做这个工作长期之后的一个感觉。就什么样的品种他进行这样的组合以后，会得到一个他想要的性状。这是需要很多年很多年，甚至几代人经验的积累，跟咱们中医一样的。所以我们现在主要引进国外已经育成比较好的品种，我们进行种苗的生产，提供给我们的生产者。

种苗市场推广是对花农的支持

以斗南为中心的这个昆明花卉种植产业，现在已经扩展到农民、小企业、中企业过程中，需要大量的种苗，我们英茂花卉的育种部分怎样支持他们?

种苗的供应有一个重要的工作，是一个品种的市场推广。每年我们从国外不同的品类进口很多的品种、很新的品种，我们专门有我们的这个示范温室来种植它们，这样，这里栽培的花卉的这个结果会展示出来，我们会征求种植者、这个销售商，包括出口商的意见，他们对这个产品的一些评价。

这个评价的过程当中，就是一个品种对市场的推广。一旦就是市场明确地对品种有需求，那么我们再进行相应种苗的生产。生产了以后，我们投放到市场销售给种植户和企业。

育种产业需要知识产权保护

育种是一个投入时间非常长的，投入成本非常高的这样一个工作。那对育种者来说，如果他的品种得不到尊重和保护，没有相应的专利费的这个收入支撑他，他的育种是没法继续持续下去的。所以我觉得首先一个从产业来说，大家应该尊重这个知识产权，尊重这个植物品种。

花卉在品种的引进和交流上这是一个非常专业的环节，它不是花卉产业的所有的参与者都会介入这个的。实际上在品种的引进方面主要是在种苗生产企业和育种的企业，或者是育种企业之间，只在很小的圈子，在这个里面大家进行交流的。每年所有的育种公司，他都跟我们一样的，他在他的温室里展示新品种，他所有的育成的品种或者正在选育的品质他都在展示。他需要同行做交流，大家互相会访问，直接到他的那个公司和他的大棚里面去访问，在这个过程当中，对某一个品种，对它的性状做评价，对这个品种它未来的市场的前景做一些预估，这样的信息交流，实际上互相之间在不断地磨合。一旦决定这个品种，大家都认为有市场的价值，有生产的这个价值，种苗公司他会从育种人那里引进这个品种。我们一般引进的品种会在我们这个地方，种植两年左右的时间。我们要完成培育工艺，要判断它的生长特性能不能够生产出高品质的花，另外这个品种，市场对它的评价怎么样。它的生产特性很好但是市场的特性并不好，那我们也不会再继续生产的。我们认为生产的特性和市场的特性都能够达到我们的要求，然后我们才把它规模的生产并投放到市场。

引进品种支付育种公司的专利费用的支付，是按国际上的规则实际上它是一次性的支付。这样对育种人来说的是比较方便的。但是我们在现在采取的模式，因为我们立足于中国的这个特点，我们跟育种公司谈的实际上不是一次性支付的。我们品种的引进，我在这里引进的是我只支付50%的专利费，另外的50%就根据我这个产品生产和销售的数量来确定。如果是我这个产品引进了，市场的推广并不是很好，实际上这个风险是大家共同承担的。

英茂种苗温室里的自动喷灌系统

我们已引进上千个品种

英茂花卉公司从成立到现在每年实际上我们引进来作为筛选的品种，数量都相当可观，我们累计引进的应该超过上千个品种了，但真正通过筛选以后能够推向市场的每年大概就是5到8个左右这样的产品。

经过那么多年持续的投入，实际上已经形成了（英茂）花卉在斗南花卉的产业中间，在引进品种和投放新品种这个方面占很高的比例。（英茂）现在的这个业务量和现在的业务对整个云南花卉产业已经形成了一种不可替代。如果有一天（英茂）的这个种苗的供应或者出了什么问题，整个产业从生产的企业或者农户，包括这个对市场的供应都会受很大的影响的。

花卉产业还是一个相对来说，劳动比较密集性的，而且对土地的依赖度还是比较高的行业。那么现在在国内的劳动力，包括云南昆明的劳动力已经普遍费用比较高。土地的租金也比较高的情况下，云南的劳动力成本这几年是有比较大幅度的提升，但要跟经济发达地区来比，还是处于一个相对比较低的水平。

劳动力成本不断增长的路在欧洲也经历过，最早的欧洲的花卉的生产，它是全球的这个研发和生产的中心，现在欧洲只保留研发的中心，市场和组织，把所谓的生产已经转移到了南美和非洲。这就是说，咱们在生产环节它的资源是在全球化在配置的，像云南这样具备这个良好的气候优势，气候优势代表的又是一个生产成本的优势，它是不可替代的。但是人工的这个成本的增加，在未来大家会更多地用设施的自动化来解决的。所以从产业来看，在未来的这20年内，这个设施的升级会越来越迫切，这是花卉产业未来一个必经的路。

我们当时的生产基地实际上并不是在这个斗南，但是斗南他作为一个生产地的一个集中的市场，在那地方从市场的信息量，同对客户的接触，它是最便利的。所以在行业发展到今天，虽然咱们斗南的这个花卉市场，无论从它的环境，从它对交通，它对整个花卉产业的物流、人流、车流都已经有些滞后了。但大家依然离不开这个斗南的市场，因为只有在这个地方，客户、行业的信息，包括物流和配套资材所有这些东西，才能在一个地方得到更好地沟通和交流。

斗南花市变化和发展很大

回忆起来1996年公司在斗南设立了销售的一个门市，当时是租农民的房子，住在农民的房子里。当时大概，楼上是租的大概有30多个平方米，楼下是门市大概有100多个平方米。那个时候我记得我们最开始的时候，一年的销售收入才200多万。实际上企业是亏损的。现在是1.3亿的销售额，而且是盈利不错的。

那么作为一个整个亲历者，斗南花市这20多年来变化是很明显的。如果斗南市场来说，斗南从一开始类似于咱们的一个农贸市场这样一个非常简易的这样的一个小市场，到今天，斗南这个市场在全国，乃至全球的知名度和影响力是已经非常大了。这个本身就是这个市场的一个这么多年发展积累的，另外一个从咱们最早的这个一开始就是各种花，很多的种植者在那摆成小摊这样卖的，这样最粗放的简易模式逐步现在他已经有了这个产后处理，有了前期包装处理，花的整理，各种配套资料的交易平台都在那里了。包括咱们也有拍卖市场配套的，现在实际上他已经有了不同的这个市场的这个类型来支撑这个生产和需求的交易。

另外，花农的诚信有了很大的变化。比如说花的质量、数量最初会造假。一捆花里面会有断的、质量差的掺杂在中间。现在农户的规模在不断扩大，他很在意自己的品牌，他不会再造假了。这个我觉得也是非常大的进步。

当时我印象很深的是，能够把花通过航空发出去，就非常有竞争力了。那个时候要能够拿到航空的舱位是非常不容易的，那个时候航空公司在这上是非常吃香的。你得去找他，可能我看很多这个经销商还给他们送礼。但现在，就说斗南那个地方航空的物流，这个汽车的物流，包括冷链的运输，已经很方便了。这个这些方面，产业的配套已经比当年来说，已经健全了很多了。

未来花卉消费市场空间非常大

中国现在人均GDP是在八九千美元，我认为目前中国的花卉消费还远远的没有启动，因为中国人口的基数非常大，但是花卉这个消费，它除了有这个经济收入的这个支撑以外，它应该是一种有一个文化和素质的养成。这个不单是经济能够解决的问题，咱们实际上经济发展到今天，大家收入水平是提高了，但是大家休闲的时间并不多的。花卉的消费作为一个文化的养成，它需要你投入时间、投入精力，这个恰恰是我们这个花卉消费还欠缺的。但这个社会的发展，未来一定这个空间会非常大。

在我们这个产业链的前端，那我们已经在很多年以前就开始了，最早我们最有优势的品种就康乃馨。康乃馨产品，全国的生产有接近95%是在云南，所以我们这个产品是有绝对的优势在这个行业里面。但这个市场的发展不是康乃馨一个产品可以满足所有的这个消费者的需求，所以在四五年以前我们就开始不断地自己研发，还有国外合作，我们现在储备了非常非常多的其他的新品种，下一步会逐步地投放市场。这个咱们从在前端的一个考虑和调整。

做农业要有一种执着精神

我从事花卉产业这个20年，印象深刻的，我觉得这个更多的还是咱们这个员工。我在当时管理企业的时候很多，包括刚才的（肖总），他还是小伙子，还没结婚。现在他不知不觉，已经两个孩子了。变成中年人了。而且就是说我们很多骨干员工，他不是昆明本地的员工。因为当时这个企业成立的农业花卉行业，对人才的吸引力是很弱的。他们都不是昆明本地的，但那么多年以后，我感觉他们在昆明都有自己的房子，现在有了自己的车子，孩子都已经正常地接受在城市的教育。这个企业那么多年发展，虽然我们经历了很多的困难，最后我们的员工也跟这个社会上很多健康发展的产业的员工一样的，他的生活的质量是在不断提高的，个人发展的空间和平台也不断地在提升的。这意味着就我们能做到，这行业有很多企业都可以做到的。只要大家坚持下去，一定可以做得更好。

种花卉和种其他作物，经济粮食是一样的。在这个小农经济的汪洋大海国家里面，坚持做农业，就要有执着精神。咱们国家从中央到地方都在提现代农业。但客观来说咱们无论从土地制度，还从咱们现在的从业的主题来说，咱们现在谈现代农业还远远没到那个时候，我们不具备做现代农业的这个。但是它是一个量变到质变的过程，我相信再有10年、20年，中国一定会有自己的现代农业的。

传统农业在不断地受到这个刚刚你们说到的这个成本、质量、市场各方面的挑战，他不断地在反思和不断的修正，逐步逐步地会选择向现代农业过渡的，一定这样的。现在的花卉产业已经不属于纯粹的第一类产业了，已经是和第一类第二类密切结合，因为现代很多花卉种植已经是工厂化了。然后花卉销售紧跟市场结合，是第一二三产业的综合体。

陈嘉雄

我从台南到斗南

口述人：陈嘉雄（昆明统一生物科技有限公司董事长）

采访时间：2018年7月6日下午
采访地点：嵩明大城村统一生物科技基地
访 问 人：余卫东

我来自台湾台南

我是昆明统一生物科技董事长陈嘉雄，来自台湾台南。台南就是全世界蝴蝶兰最大的产区。我们台南在全世界都有很多供应点，每年的国际兰花展都是在台南的乌树林举办。台南的兰花品种是很多的，不仅有很多新品种，还有很多新科技，每年都会在台湾台南开研讨会，业内相互交流。

在这样的一个背景下，2002年我成立了一家昆明统一生物科技有限公司。其实1993年我就来昆明了，在这里负责铅矿的供应。1999年昆明世博会期间，我的台湾朋友过来参观世博会时问我：为什么你不在昆明做一个兰花基地？兰花是我们台湾比较强项的农业种植项目。我听了他的话就说，好啊，我们可以来试试看。于是，我们就开始进行这个兰花种植的筹备工作。那时候，我们在一个小小的温室里开始做实验种植。种植的这段时间，销售和整个公司的筹备，都进展得非常顺利。

2002年的时候，国内的兰花产业还不多，新品种不多。昆明四季如春，昼夜温差大，紫外线又强，这里开出来的花比较大，花瓣也比较厚。这是一个很好的优势，所以我毅然决然地去了阳宗海。阳宗海因为靠近电站。有热水的供应。因为种兰花需要热量，同时因为昆明昼夜温差大，平时晚上和冬天都需要补充温度。

在阳宗海做了差不多一年多，因为我们的产量不够卖，就转移到目前这个基地，在嵩明大城村。基地占地大概有6万平方米的温室。一开始我们是从1万、2万、3万平方米做起，3年内我们把6万平方米的温室全部扩建出来。我们在这里种植的兰花，品质不错，口碑也很好，我们便开始往东南亚、往全国各地卖我们的花卉。记得当时，像北京，上海跟我们下订单，都要提早，否则我们就没有办法供应。东南亚那个时候还比较少量。

目前，越南对蝴蝶兰需求量非常大。为了越南的量，我们又在河口这边设了一个基地，专门向越南那边供货。现在包括东南亚，蝴蝶兰的需求都开始加大。

输美温室专门生产出口花

最近几年，我们又在嵩明长松园设了一个新的基地，专门是针对比较高端、检疫要求比较高的国家。这个新基地是输美温室，输美标准温室专门做销往美国和欧洲的兰花。输美标准温室里面，有很多严格的规定。美国的农业部委托中国的检疫局来做我们这个温室的各种规划。譬如说，密封度、洁净度、防虫网等是什么样的规格，怎么样隔离都有一定的标准。我们正在申请，已经快要通过了。这一个新的基地，我们希望它将来成为云南省的一个展示基地。

除了蝴蝶兰之外，我们可能还会做其他兰花相关产业的加工。这个部分我们也正在做规划，正在筹建，期待着这里变成将来兰花系列的一个展示园区和兰花公园。在这个项目筹建当中，我们也收集了全世界最新科技温室，我们利用太阳能，然后利用LED，电光——光电。所谓电光——光电，就是说我们利用太阳能的光来变成电能，电能再来变成LED的这种光谱，让这个花卉能够有更好的品质。

实际上花卉产业，是一种农业科技的体现。因为所有农业里面，花卉的产值比较高；而所有花卉里面，又是兰花的产值最高；所有兰花的里面，就是蝴蝶兰的量最大，最普遍。当然蝴蝶兰要求的门槛比较高。因为蝴蝶兰投入的设施，还有它的技术、它的管理，要求都很高，必须很到位，要很仔细地去经营，去管理。

斗南是中国花卉门户的代表

这10多年来，我们已经培养了不少员工。目前员工已经有138人。我们在斗南有一个批发门市，面对全国各地及东南亚各国的客人。

斗南门市大概有六七百平方米，这里是专门负责销售的地方。我们希望，政府能够在斗南这边再做更多的投入。斗南是中国花卉门户的一个代表。我记得十多二十年前，我去斗南的时候，斗南还是一副农村景象，还非常落后，但已经有非常多的农户，都把花卉交易集中在那了。很多台商在斗南，还有一些港资花企，像缤纷园艺公司、芊卉公司和其他一些外商公司。跟我们都有贸易关系，也有种植关系、交流关系，我们还有共同客户的关系。

这些年，全世界很多外商都到斗南，大家都在不断努力，不断提升种植技术，不断地培养技术人员。斗南花卉从原来的几户到了现在有千家万户，形成了现在斗南花卉产业的一个大好局面。斗南目前在全世界来讲，也算是一个生产花卉比较出名的地方，一个全国花卉的集散地。

前几天，台北花卉拍卖市场的董事长带队过来到斗南考察，台北花卉拍卖中心的陈董说，将来斗南花卉可以成为世界第一。其实斗南花卉交易量目前在亚洲已经排名第一了。目前日本、韩国的花卉拍卖市场都比较完善。但是斗南花卉的量比较大，只是设施和相关配套，还需要继续完善。

我希望斗南花卉将来成立一个国际性的花卉交流会馆，譬如说像花卉园艺中心。这里能够集合全世界的花卉技术人才、设计人才和相关企业，作很多交流、很多研讨会。这样，这个花卉产地能让全世界的业内人士都来这里走动、流动和交流。我觉得我们应该可以往这个方向努力的。

目前每天从斗南出去的花卉量那么大，但基本上都是属于一产的，都属于粗加工。这一点应该做一个调整，我觉得二产、三产都必须赶快跟上。刚才我提到的国际花艺中心，应该赶快去筹备设立，有了这个国际花艺中心，斗南花卉产业就能够往二产、三产去发展。这是我对斗南花卉市场的一种期待。

云南变成我的家乡

我从台湾来到这里已经25年了，云南现在已经变成了我的家乡，而台湾则变成我的故乡了。我对斗南充满了期望，更充满着期待。因

公司篇

为斗南花卉产业，造就了我很多商业机会。比如说，我的花能通过斗南花卉市场销往全世界各地，销往全国各地。斗南花卉市场这个窗口，也给我带来了很大便利。我很感谢斗南花卉市场给我们的帮忙，给我们这个机遇。

我们公司花卉的销量最大时候，一般都是在过年前后。过年前，是年宵花的需求。因为中国人过年对花卉的需求是非常大，尤其都是

以红色为主。但现在随着时代的改变，一般年轻人就不一定要红色的花啦，他可能要一些杂色，或者一些比较小型的那一种，有个性的，不一定要属于送礼的花。我们的年宵花大部分都是送礼的花，叫礼花嘛，这种送礼花的习俗这些年慢慢兴起来了。中央八项规定以后，我们对花卉市场需求的改变做了些调整。现在鲜花消费量，反而比八项规定之前更大，更多样性。这是因为个人的需求量越来越大，随着社

会的进步，经济的发展，鲜花的量还会越来越大。

云南是属于边疆，比邻很多国家，我们应当做“一带一路”的一个先行者。我们家跟东南亚的渊源很深，因为我的小儿子和他的家庭在泰国，我太太是缅甸华侨，我们的花卉业务又跟越南、新加坡、泰国这些国家有很多业务来往。我们这边的货，从昆明发到河内，今天发明天早上就到了，很方便。自己开车的话，它的实际路程，10个小时以内就到了。泰国隔天就能到了。也就是说我今天出货，明后天就可以到曼谷了，非常方便。但是我们现在要把市场拉得更长，延伸到南亚。现在我们正在跟南亚，甚至是跟中东这边设立据点，找经销商合作。我们也希望利用云南的高原优势、气候优势，与东南亚的热带气候国家形成互补。其实他们都很期待我们这边的花卉能够跟他们合作。

我们公司目前来讲，兰花种类是以蝴蝶兰为主。因为光蝴蝶兰里面就有很多品种，每年都有五六种到十种的新品种出现。当然我们公司自己也研发少部分新品种，大部分品种从台湾，从云南各地引进新品种。我们是跟着市场潮流来调整花卉的品种，所以我们差不多两三年就要换上一批新品种，包括自己研发的新品种。我们自己也申请了十几个新品种的开发，甚至有一些设备的发明专利。我们一直在做这方面的工作，我们也是高新技术企业，一直做研发工作。

我们的经销商分布在全国各地和世界各地，基本上全国80%的客户应该都认识我。因为我在花卉产业做得太久了，所以我们的客户基本上都是老客户了，没有货他们就来找我们。我们都是长期固定给他们供货，目前形成了一个固定的业务量。我们是按订单模式来出货，我们所有的花卉出口是占60%。

台南跟斗南的差距

台湾台南跟昆明斗南的差距，首先一个来讲，台湾的优势是有农业基础，尤其是它的农业科技基础，早已经具备了。它要来种花，发展速度会比较快。台南有一个兰花科技园区聚集地，那里有全世界很多种兰花，但还是以台湾兰花为主。政府为这里提供了很多平台，比如举办国际兰展；比如平常很多教授会去园区讲课；比如很多国际科技团队来兰花园区做交流。台南兰花产业，是一个有计划性的产业。具有前瞻性。亚洲各地很多很出名的生产商，聚集在台南生产花卉。

我们斗南花卉市场，则是一个很多种花农形成的一个村落。这个村落里面，农民自己种花再拿出来卖，后来从低端产品往高端产品走。这是两种截然不同的一种模式。

斗南跟台南，它这个差距，是在技术上、在品种上、在观念上的差距。比如说，全世界都认为你的种苗必须没有病毒的，不只是兰花种苗，你的所有的，包括玫瑰，包括各种花卉，必须是没有病毒的。因为没有病毒的种苗，你的花才会长得健康，才会长得漂亮，品种才不会灭绝，不会断掉。但是我们国内根本还不知道什么叫作有病毒的种苗，什么叫作健康的种苗。大家认为花开出来就可以了，现在还没有到那一种阶段。就老是卖一种比较低端、比较低价的花。

一般的花卉市场，消费者要的这个花就是越漂亮越好，不在乎价钱的。因为漂亮的花，你卖得再贵也是卖得掉的，而且这个销花量是最大的。最贵的花卖得最快了。斗南恰恰是相反，都是比较低档的花多，比较贵的花少。这个现状，早期台湾也是这样起步的。所以说需要前瞻性的规划，必须要去规划。比如说，我2018年觉得这个品种不错，明年后年大家跟着做，第三年就全部都崩盘，大家都亏，亏完又重新来。所以这个需要有一个科学的机制去管理。

斗南应该怎么样踏入世界第一

我做花卉产业已经这么久的时间，种了这么多花，我觉得政府对花卉产业还应该加大投入。斗南这么好的一个品牌，应该怎么样踏入全世界第一？全世界第一要具备的条件，对品种，对商业管理机制，对研发交流、国际会展，都必须有一个全面规划。然后你的代表厂家进入园区来管理。进入园区就代表你真正的国际知名度开始建立。你云南种的玫瑰应该量最大，没错，但是你花的尺寸不是最大的，甚至还没有最大的一半。这意味什么，农民很辛苦地去种很多花，赚不到钱还要亏。政府应该引导大家去种最大最好的，因为这种花永远不够卖，而且利润又最高。

像我们这些业者，真正能够为政府提出很好的建议。我绝对很乐意告诉大家应该怎么联合起来。只要政府给我们一个支持。我就把它做起来。我们要往世界第一来走。我们的潜力应该是全世界最强的。这个很不错的地方，绝对可以做到世界第一。但是我们必须去做好准备，必须要投入，加强人才培训。这一些基础建设一定要做好，这才能够把斗南发展成为世界第一的花都。这个是我真的发自内心的一个想法。

斗南应该成为以一种商品花为主的拍卖市场和一个花卉小镇。那嵩明应该是一个生产型的花卉基地。要做到标准化，科技化，跟世界能够接轨，达到世界第一，我觉得不困难，因为荷兰气候那么恶劣，然后工资又那么高，人又那么少，他能够做出那么好的农业，又能够供应整个欧洲，他的很多收入还是靠农业进来的。那我们有这么好的条件，关键是要设法去转变。这只是我作为一个花卉农业的企业的一个想法。

花卉将来的机会是最大的

我儿子是美国南加大金融系的。我当时叫他回来这里种兰花。他刚开始是觉得很不愿意。他到现在还在跟我讲，他们南加大的同学都是在那个纽约、华尔街去上班了，我是在云南上班。他说他们一年的薪水都一二十几万美金，他说我在这里做这么辛苦，还没有钱赚。我说将来的机会是最大的，因为现在全世界最大的消费市场，最大的潜力市场是在中国。我说西南、西北是中国最后一块经济板块，还没有碰撞的经济板块，现在开始要向南亚、东南亚碰撞，你必须要来这里守住这个机会。他现在是抱着这个信念，在这里守着，守着花卉，守着这个未来“一带一路”带给他的机会。他还是有信心的。

确实昆明有这种优势，花卉的优势一定要发挥出来，如果你不发挥出来，真的是太可惜了。这个产业可以创造很多财富出来。因为之前我们是做烟草产业，现状必须转变了，应该往花卉的这个产业来做一个调整，做一个转型。再怎么投入，还是要把花卉摆在第一。这个是我的想法。我的第二代，他也对花卉充满着信心，一直往这个方向在前进，在努力。

杨 佳

海归从荷兰来

口述人：杨 佳（云南爱必达园艺科技有限公司 联合创始人）

采访时间：2018年8月2日上午
采访地点：晋宁区昆阳街道爱必达公司基地
访 问 人：余卫东

我是云南爱必达园艺科技有限公司的联合创始人杨佳。在还没成立爱必达之前是在荷兰玫瑰切花育种公司工作，主要负责整个亚洲区域的品种推广和种苗销售业务。我和另一位创始人都有在国外留学的经历，我们见到了国外最先进的种植技术和国外花卉产业最领先的一个水平。所以我们想把这些领先的技术和品种引进过来，在我们云南的花卉产业里面起到一定的作用。

三位合伙人来自荷兰花企

我们三位合伙人，李钦是在荷兰企业安祖的云南公司。另一个创始人彭永富，跟李钦是同事。那个时期我们三个都在研究迷你玫瑰盆花项目。2014年，迷你玫瑰在中国的运用还不多，有两三家企业在种，但没有大力推广。我们觉得它在家庭消费领域里非常有前景。这个项目从谈到启动，我们就花了仅仅不到一个月时间。2014年10月份我们成立了爱必达公司。

爱必达的起源，是跟玫瑰的属性有关，我们想把爱传递给每一个人，所以叫爱必达。我们公司的宣传语就叫“用心付出，有爱必达。”我们公司跟传统的农业企业的区别，就是我们不只是做生产端，而是从生产端到高科技的智能硬件，到后端零售的新零售销售模式，覆盖了整条产业链。

2015年我们公司成立的时候， 最初小米科技是我们天使轮股东、天使轮投资人。2016年，2017年，到2018年，我们已经完成了A加轮的融资，现在正在走B轮融资。我们整个农业的回收成本会比其他行业慢，如果单靠我们自有资金发展速度会比较慢，快速发展，必须要有资本的介入。我们和传统企业还有一个不同的点是，我们做的无论是投资还是收益，都会比同行业高一些。

引进荷兰最先进的技术体系

我们现在的温室，每平方米投资大概在1500—2000元之间，前期投资成本过高，你们看到的这个是补光灯。因为夜间植物要休息，但我们给它光照，它可以持续生长，它的整个生产周期就缩短了，整个成本也会降低。

前期我们投入过高，但后期给我们带来收益会比同行业高一些。在设施这一块，我们直接定位成未来的设施农业。我们在做迷你玫瑰时，直接引进了国外荷兰最先进的技术体系，包括我的管理体系，包括我们的运营体系都是匹配的。因为只有这样我们才能达到标准化生产，才能用工业的理念去做农业。比如说我们生产的迷你玫瑰，今天生产3000盆，生产周期大概是65—70天左右，70天以后我同时就出3000盆。我们每天的产量跟生产的产量是匹配的。

要实现农业现代化，必须要用设施。如果说我们在冬季没有设施会怎样？我举个例子，为什么冬季的花价过高，是因为它没有产量。这几年云南经常下大雪，对整个花卉的生产影响非常大。由于大雪导致了花卉的生产受影响，导致了后端的整个销售价格增加。但是用了设施温室，无论遭遇怎样的极端恶劣的气候环境，都能正常生产，都能正常出货，外界环境的影响不大。第一是我们的质量稳定性，第二是我们的标准化生产，第三是周期性的生产。用设施才能实现这三点，这一块也是我们在国外学到的未来设施园艺里的一个发展方向，也是我们整个花卉产业的一个发展方向。

我们2017年整个销售体量大概是600万盆左右，2018年我们的整个销售体量应该达到个1000万盆。我们大概占的市场份额是40%—50%左右，荷兰迷你玫瑰的生产数量，每年的销售数量大概是6000万盆。我们跟国外对标，在质量体系就能不断地向国际水平去靠拢。目前我们的质量体系应该能达到。

我们的整个销售渠道，跟传统的渠道不一样，因为鲜切花一般是通过鲜花拍卖交易中心和对手交易的老市场。但我们前期为了推广云南有代表性的花卉品牌企业，我们使用多渠道销售模式。我们有自己的线上销售，我们在淘宝、京东、天猫都有我们的自营网店，然后我们在米家，就是小米的销售平台也有我们的网店。我们在线下渠道也有两个，其中一个是通过我们在全国的区域合伙人，另一个是超市通道。

目前我们在全国各省份大概有23个区域合伙人，所有的省会城市都覆盖了。然后再由这些区域合伙人去辐射他负责的片区，比如说广州，他负责他的区域还有广西和福建，这个是我们大渠道的销售模式。与此同时，我们的线下渠道还有一个商超，也就是沃尔玛。我们跟沃尔玛签订了全国独家供应的绿植跟鲜切花合同。我们目前的产品已经进入到沃尔玛体系，大家在逛超市的时候也能购买鲜花。

这一块我们是学习国外，国外的花卉购买渠道就是花店和超市。所以我们也想利用这个渠道。大家都有逛超市的经验，但过去超市通道没有被花卉企业很好地运用起来。主要是过去大家的花卉消费能力也还没有培养起来。这几年花卉的消费能力起来后，我们去年底做了个消费测试，认为时机已经到了。2018年春节，我们将斗南鲜花正式进入全国沃尔玛的400家门店。现在看来状况还不错。今后我们还会在整个商超渠道上去加强推广。

所有品种都是从荷兰丹麦引进

从现在的盆花体系里，大家看到主要是迷你玫瑰。这些品种都是从荷兰跟丹麦引进的品种系列，尊重知识产权，我们每年要交给育种商专利费大概是200万—300万左右。

我们把品种引进过来后，先要通过测试，测试颜色、产量和其他的抗病性各方面的因素。从2014年成立到今天，我们总共引进了大概100多个品种，我们现在做的就是产品的商业推广。目前能大量生产的品种大概有15个品种左右，我们用卡通人物为它们起名字，是为了迎合当代年轻群体的喜爱。像我现在手里面拿的这盆就是，它叫“茜茜公主”。这个大红色的叫“小红帽”，黄色叫“大力水手”，每个对应的颜色会有一定的相关性。像这个叫“樱桃小丸子”，因为它比较可爱。我们通过它的各种颜色外观，给它们取对应的卡通名字。

就整个行业未来的发展方向来看，第一就是我们要有设施化的农业，要用设施去做农业，做标准化生产，保证质量体系，保证我们的产量做到周年生产。第二是要保护品种的知识产权。现在我们必须引进外国的品种，我们的产品才有更高的价值。国外之所以把他们的品种给我们，最基本的一个条件，就是必须尊重知识产权，要交专利费。 未来花卉行业发展最源头其实就是品种，没有品种，有再好的技术，再好的温室，再好的销售网络都是白谈。而未来花卉行业的发展，必须尊重知识产权，才可能把国外的优秀的合作伙伴引进到我们的市场体系。第三是未来花卉行业的发展，无论行业发展规模大小，与资本的结合很重要。比如说农户也知道他们的设施落后，无法生产高品质的切花。他也想通过转型来提高花卉品质。但要转型，农户没有钱 。因此需要当地政府给予更多的支持。 第四就是我们的消费，整个花卉销售端已经有很多电商涌入。电商的涌入，其实对花卉产业做了很大的贡献。我们这个行业如果没有几个电商加入，就没有整个行业的发展。你这个行业做得再好，你的东西卖不掉，也是没有收入的。 2011年，2012年，我们去推广品种很难。但电商涌入后，他们做了大量的营销宣传，推销我们漂亮的花，推销那么多漂亮的品种，消费者认识更多更漂亮的一些玫瑰新品种，从2015—2016年，我们推品种就很容易了。通过拍市我们收取的专利费，2015年以后有了一个很大的上升。

所有水肥都是循环利用

2015年，还没有那么多的竞争对手，我们每盆花能卖到15块，18块，但现在全年均价已经降了很多，所以2015年我们每亩产值能达到上百万。但在2016年，2017年，每亩产值大概只能达到60万—70万。

农业企业，特别花卉企业，技术含量需求还是挺高的，资本的介入会很少。就目前我们的资本方，包括我们的小米、顺为，包括我们的米筹金服都是一些好的资本方，都会介入我们的经营管理。他们对我们的诉求，就是希望我们能上市。所以从2015年爱必达成立到现在，一直在做上市准备。

我从国外毕业回来，进入花卉行业也有7年的时间了，看到目前农户的种植水平非常心急，因为我见过国外花卉是什么样子。我希望通过我们的努力，通过爱必达技术带动，能使大家对花卉，对园艺的认知提高到一个更高的水平。

我认为低投入低回报的模式已经过去了，目前花卉发展，一是要把设施做得更完善；第二是要建立严格的质量体系；第三是要加强人员管理，在人员管理上，我们应该用更多越来越年轻的，年轻化的群体。我们爱必达人员非常年轻，我们四位合伙人，两位是70后，两位是80后。我们创业的时候大概才20多岁，现在有30多岁，但是我们的整个团队都是90后多，最小的1997年、1998年的都有，整个团队都很年轻化。大家的想法和创新的理念会更强一些，他们接受新鲜事物的能力更强一些。还有就是要有一个科学的管理体系，整个生产管理体系一定要做到追踪细节。比如盆花要追溯到它第几天生根，几天长出第一条枝等。这些都是可追溯的。如果你不精准，会影响植物整个后期生长。花卉行业一定要做到精细化管理，追踪细节，任何细节的管理体系都要做到可追踪性，而不是粗放式的管理，粗放式的管理最后就导致你的生产质量体系是不标准的。

我们的水肥是不做任何排泄的，所有水肥都是循环利用。我们使用潮汐式灌溉，属于漫灌，水上来停留一段时间，植物吸满水后，它再回收回去到整个体系里面做消毒处理，之后再给它回收过来。所以整个水肥都是做循环利用，都不做排泄的。这一块我们对环境是没有任何污染的。我们的花比我们吃的蔬菜还要干净。我们用了很多的生物防治。我们整个设施农业，大棚的环境控制达到最佳的环境。花生病和有虫的概率会比较小，所以我们打药的频率会很少。

物流体系限制行业发展

我认为目前我们的整个物流体系是限制花卉行业发展的一个因素。荷兰的整个物流体系很完善，是因为整个欧洲距离很短，整个荷兰的面积才有我们云南省的四分之一大，所以他用陆路运输的时间会很快，但我们从云南运到北京，云南运到上海，需要经过36个小时，甚至50个小时。高铁应该快一些，但高铁的货运还没完善，价格体系还是过高，花卉产业还无法使用高铁运输。我们也在不断地改善流通环节。包括包装、物流都不断地在优化。

从销售端，现在荷兰主要的销售是通过花店跟超市，他也有进口，荷兰好多企业都在肯尼亚生产，在肯尼亚生产出花卉后，通过空运把花卖到了荷兰，再批发到整个欧洲，甚至全世界。我们的生产面积已经超过荷兰，我们未来也会超过肯尼亚，只是我们在整个质量体系的完善上需要更多的一些加强。

未来，我们对整个花卉，对整个中国的花卉前景会很看好。政府跟我们企业同时一起努力，去带动整个行业的发展。把国外更好的，优秀的一些设施设备引进来，融合运用在我们的整个体系里面，花卉未来会是非常好的一个前景。

斗南花卉受到外国游客青睐

田景发

一花引来百业兴

口述人：田景发（云南田景农业科技公司总经理）

采访时间：2018年7月20日上午
采访地点：昆明斗南云南景发公司门市部
访 问 人：徐启亚

我叫田景发，湖北人。我是从台湾花卉企业成长起来的企业家。现在是云南景发公司的负责人，主要是从事与花卉相关配套资材的销售。我从1996年开始就做花卉生产一直到现在，22年来一直做跟花卉生产和销售有关的工作，也算是花卉产业的资深人士了。

花卉配套资材是个大产业

花卉配套的资材的种类和它的产品，可以分为三类：首先是前端生产型，也就是农民田间使用的资材。其次就是中间端物流型。就是在运输途中，包括空运、陆运、快递等运输环节的资材；第三就是终端普通消费者使用的一部分花叶资材，分为这个三大板块。这三大板块的前端在整个生产的成本当中，它不会占到很大的一个比例；中间物流环节，包括物流中转箱、纸箱和包装器材，它们在整个包装系统里决定一批产品的质量和价格：终端资材是有点偏艺术和欣赏形式，是提升花卉销售价值的一个附加值的产物，所以在一个终端花卉的价值中所占比例是比较大的，而且它的毛利也是比较高的。

前端方面要包括花田里面的很多资材品种。我们从大的来讲，第一，田间花卉的资材主要是温室，也就是农民所说的大棚，包括钢架结构、大棚材料，高档一点的温室，差不多1平方米投资是在五六百块钱。第二就是灌溉系统，在花卉生产领域是第二大开支。灌溉系统的建设成本，一般是100到300块钱1个平方米，1亩地按660平方米来算，进口好的材料成本差不多要在两万块钱左右。如果国产的材料平均差不多是在5000—6000元1亩地。第三是资材，比如土。一些规范化的花卉公司，目前都是采用国外进口的泥炭来种花。

前端还有肥料，是为植物提供的营养。例如玫瑰，差不多1亩地1季，在3000块钱左右。百合花，一般也就在1000块钱的肥料成本。农药成本在整个花卉生产当中，如果它的设施很好，农药的成本就不是很高。一般规范化的种植公司，都有科学防治，以预防为主。农药的成本基本上1亩地也就是在一两百块钱左右。

中间端就是在生产、采收过后在物流运输这一段。资材又分为保鲜和包装。保鲜材料是目前做出口，还有做高价值花卉至关重要的材料。国外最大的两家保鲜剂公司也都在斗南有办事处。现在包括专门的快递车和附属设备，我们叫作鲜花直达冷藏车，从斗南到达每个省会城市的现在都有，车子数量也很庞大。还有纸箱，用量非常惊人 斗南每年几十亿支鲜花20多万吨都是纸箱包装运输出去的，一般纸箱，就是50块钱左右一个。

在终端，就是花店，花店进行加工的包装袋、包装纸、原纸，还有一些艺术饰品，各种材料的花瓶花盆等等。这个部分花店是很舍得投入的，可以增加花卉的附加价值。比如说一把花本身的成本也就100

块钱，他可能用两三百块钱或者更高去装饰之后，这盆花就成了1000块钱，把一个简单的农产品变成一个艺术品去卖。

关于花卉农药的安全问题，是有产业标准的，我们叫登记许可。严格按照农药法来规定，必须登记在花卉产业标准上的农药，才能用在花卉上。国家对这个花卉农药批审、登记这个环节上，是比我们一般的大田农药，要求严格很多。

花卉的配套资材这个产业，在我们斗南花卉发展史上，从无到有，从小到大，它现在的发展规模和基本情况是随着产业的进步，逐步提升。比如专业设备，现在它有一系列专门的设备，包括花卉远程运输车，包括专业处理花卉的这个降温设备，包括还有各种花艺设备，材料和工具。目前在斗南这个地方，从事这些专业资材生产的，像我们这些温室配套公司差不多都有400多家。斗南这一圈都是专门做温室的。像专门生产遮阴网、防虫网这种大的企业，斗南有将近五六家。卖花卉农药的，肥料的，光在斗南就有两个市场。一个原来的老

斗南花材市场一角

市场，还有新的农资市场，经营者至少也有将近两千家。

花卉配套资材这一块在整个斗南花卉产业中，产值所占的比例还有具体统计我不掌握，但是可以做一点估计。像大棚材料这一块，根据整个昆明花田面积来估计，一年差不多是在20亿左右。仅仅农药肥料，在呈贡至少有将近两亿产值是用在花卉上。做得最大的就是新鸿源公司，他一年要卖3个亿，3亿中至少有5000万是卖给花卉企业的。

花卉产业配套资材不可或缺

花卉配套资材的企业绝大部分是小型或者个体私营企业，我们之所以要做这个企业，首先，斗南花卉产业看起来是一个很大的产业，但在整个农业中它只占一个很小的比例。不见得适合大型企业来做；第二，花卉配套资材产品，它的服务性很强，比较适合中小型企业来做。而且必须是做了很多年这个事，你才有办法来做好这些配套的服务。第三，这个行业又没有什么保护，它是人人都可以做，就是说进入门槛很低，只要是人有这个想法都可以来干，他有这个技术都可以来干，所以它就变成小型化的家庭企业为主的行业。

花卉的配套资料带到斗南来这个过程，包括现在市面上流通最好的（控施肥），最好的（水种肥），包括最好的套带、包装纸，这些东西，其实国内原来是没有的。过去包花就是用报纸随便一裹，花卉肥料搞点复合肥就行了。当时我在台资千卉公司就是负责就从国外引进这些东西，用在花卉上的效果出来之后，就进口来自己用。然后又来卖。最初是我一个人卖，变成10个人卖，现在上万人在卖。原来只卖斗南，现在斗南成为全国性的大市场，就卖到江苏、辽宁、福建这些种花的密集区，这一卖，就卖成了一个产业了。

斗南的花卉配套资材行业未来的发展趋势我认为分两块，资源型的东西要靠国外。比如炭土，目前都是从欧洲过来，而且量会很大，但大众消耗品、大众资材，国产的会越来越多。所以以后资源型，还有科技型的这种东西，从国外进口的比较多。但这种广谱型的、消费型的，这个是以地产为主。斗南现在还没有这种生产低端资材的大工厂，主要都是江浙沪那边生产的，但是江浙沪会有很多人会到这边来投资建厂，我认为有这个可能。

3万人住进斗南做花卉产业

准确来讲，斗南花卉成就了斗南人，也做旺了很多的产业。斗南村外来流动人口很多，登记在册外来租房子住的就有3万多人。这些人都是做花卉产业的。现在是斗南附近的梅子村、念同伟村，包括隔壁官渡区的子君村，农家的房子都住满了。所以我们估计，以斗南为核心的附近村镇从事花卉相关产业的人有将近上5万的流动人口。

原来，在斗南村租一间80平方米的铺面一年只要3000块钱，现在差不多要3万块钱。你说是不是因为花卉产业带来的？而且这些人来了之后首先是贩卖各种资材，因为这个生意好做，他们就开始办厂，带动了其他产业的发展。

我1996年来斗南的时候，要先坐汽车到呈贡，再坐马车进斗南。这里基本就没有房子，全是田。原来的村子只有梅子村和斗南村。那时的房子最多就是三四层，很多都没有墙。

作为从外地来到这边种花的企业也好，外来人口也好，我们算得上是第一批。因为我们1996年就开始种花，卖花的农贸市场一天两个小时就结束了，花卉公司只有三家。那个时候有马来西亚、新加坡的公司，还有就是香港缤纷花卉公司。其他公司都还没有。我们是看着这个市场一步步长大的，我对斗南是有特殊感情的。斗南应该算是养

育我们的地方，是成长我们的地方，也是我们走向辉煌的地方。我要把我们的花卉农药、园艺农药卖到全中国，服务好更多的花农、草农，还有种树木和草坪园艺的客户。

1996年我来云南时，作为台资企业的普通员工，当时我们的工资水平是每月350元。那个时候一个台湾人到这边打工，也就是1个月5000元。到2000年，员工工资差不多在一千五六，涨得最厉害是2012年，普通员工工资差不多每月3000元，现在差不多到了每月5000元。

花卉配套资材员工的薪资水平比这个高得多。因为他本身有技术。1996年请一个人来临时包花，1天大概就是30块钱。然后2012年这个时候差不多50到80块钱1天。现在你在斗南请人来包花，是50块钱1个小时。

人力成本上升那么快对这个产业没有什么影响，因为花卉本身的价值提高了，你的人工成本也在这里面，它相对是比较低的。我们以种玫瑰为例，也许他这一次种出来是亏钱的，但是一年他可以收三四发，他只要管好，周年来算账，他是不亏钱的。

张　宇

花卉电商的最后一公里

口述人：张宇（上海分尚科技有限公司副总裁、公司联合创始人之一、花加电子商务云南公司总经理）

采访时间：2018年7月22日下午
采访地点：昆明经济开发区云南花加物流中心
访 问 人：徐启亚　王晓洁

我叫张宇，是1983年出生的，我是互联网花卉企业上海分尚科技有限公司的创始人之一，我分管的就是供应链。公司运营的品牌的英文叫flower plus。品牌中文名就叫“花加”。

我从怒江来，机缘巧合到斗南

我是一个从小从云南的怒江出来的男孩，一路地学习、打拼、出国，然后再回来创业这样一个路径。2014年，我在上海做了花加的这个项目，进入了斗南花卉的这个行业。到今天为止我们把整个行业推动到了百花齐放这样一个局面，这当然离不开所有的行业前辈，我们在其中代表着电商这一个版块，它是一个完全“互联网+”的项目。我们的公司是2014年10月份注册的，在2015年5月份开始启动这个项目。

我进入花卉产业这个经过是个机缘巧合的故事。当时在做这个项目之前我和我们的3个创始人各自都有一个公司。之前我是做那个水果生鲜的，主要是从东南亚进口水果，然后往一线内地城市的大中型商业区销售这样一个模式。创始人之一王克机是在做互联网+的产品。

2014年10月我和王克机在同一个餐厅吃饭聊天，聊到了各自家乡的特产。他是湖北人，他聊完了整个特产之后，好像没有什么能吸引到我的，而我聊到云南家乡还有特产，除了咖啡和茶叶，还说到了花。后来，我们来到了斗南，第一次考察了斗南花卉。然后我们又在上海的曹家渡花卉市场进行了调查，形成了一个共识，就是我们要用一个互联网的产品供应链，倒推出这个行业的革新状态。

我们当时策划的互联网+花卉，一束花还有定价是一杯咖啡的价钱；市场定位就是把鲜花直接送到家、送到办公室。我们提出了我们的品牌logo，就是“鲜花点亮生活”。

顾客像订周刊一样订我们的鲜花

我们电商花卉的整个流程是对传统流程的优化。2014年10月份，我第一次考察时就发现了几个现象，其中最突出的就是鲜花行业的中间环节太多，我们通过互联网的技术手段做了一系列的优化，做了从花田到顾客一整条的供应链，从纵向在花卉市场上切分了一个独立的供应链。其中的市场营运板块，全部的人员都放在上海，然后供应链板块最核心的位置设在昆明。

我们的团队，我们的供应链，包括今天接近1.4万平方米的物流中心，花了很多投资和代价。我们的整个流程从种植基地开始，经过采择，加工，冷链运输，到经过花艺设计形成插花产品，带着包装送进来直达顾客的这一整个环节。我们给消费者的，是最快速、最简单、最便捷的下单模式。我们的产品不经过中间任何的环节销售，从基地出来之后就直接配送到顾客手上，每一个客户不需要再去配置和修剪送上门的鲜花，拿回来拆开就直接放到这个花瓶里，就可以体验到一周的美好。我们的目标是让每位顾客一个月配4次，叫作鲜花的订阅模式，争取做到顾客像订一份周刊一样每个月订我们的鲜花。

客户收到的花必须新鲜

客户体验就是当他打开花的那一刻，花是新鲜的漂亮的，这是最核心的要素。在经过了两三个不达标的经历之后，我们决定由我们自己来搭建这个配送体系。

从花田直接到花加公司修枝包装流水线的鲜花，当天即可发送全国

最高峰的时候，我们一周要配送全国100多个城市、将近80万顾客，我们会非常在意客诉率，从2015年的11月份开始，我们自己建起了整个评控体系，我们叫QUP，这个评控体系要求控制客诉率，全部顾客投诉必须维持在1%以内。

这是什么意思呢？生鲜行业普遍的客诉水平都会在5%左右，我们却要做到1%因为凡是生鲜产品都有瑕疵，所以我们容忍鲜花这1%的补货率，或者是0.5%左右的这个客诉率，发现问题，会给顾客退赔一些款。现在整个花卉行业的损耗率平均超过17%，而我们从2017年9月开始，损耗率只在2%以内。

这个过程中我们添置了很多控制质量的设备，包括我们自己开发的一个花卉专用周转箱。这个周转箱投入运输链之后，我们的损耗下降了5个点。这种周转箱符合国家的环保要求，是可以重复利用和折叠运输的产品，使用这个周转箱子后，我们把成本和损耗很高的纸箱淘汰了，在这个环节里我们一年就给公司节约1000多万的成本。

电商关键是要解决最后一公里的保鲜问题，我们对花的品质是需要有瓶插期体验的，就是说我把花插到花瓶里，至少需要有5天左右时间看上去是新鲜状态。一般说，鲜花品质从种到采收的这一段决定了它50%的品质，这是花农和供应商的种植基地去管控的。另外50%的品质则是由鲜花的供应链决定的。

从花离开它的母体的第一刻到送到消费者手中，首先要迅速地把它的花田温度给祛除。在我们的这一条供应链里，就得要求我们的供应商去做祛温度这件事；然后我们再搭载一个第三方服务的物流平台，让它全程低温一直运达我们上海的仓库进行加工，让鲜花在整个环节都处于休眠状态；我们从去年开始一直在解决最后一公里的保鲜问题。跟顺丰、京东都有合作，包括这些城市的配送点，跟旺达啊，光纤达啊这些大的公司，一起在做这件事。原来从上海仓库出去这一段，有8个小时左右我无法管控。但去年5月份，我们实现了鲜花从仓库出去之后6个小时之内的恒温，一直到快递的站点也是恒温的。

1300个恒温前置仓确保鲜花保鲜

2018年我们再升级了一次，做了1300个前置仓，就是恒温小仓。这个小仓覆盖了配送范围5公里左右的半径，解决了最后一公里的事。截至目前，花加搭建的这条供应链，已经完成了最后一公里80%左右的任务，还有20%需要继续把北上广深之外的二三线城市，要用这个模式去布点。

很多顾客到花店，是要购买花束或花篮，我们花加公司一种营运模式，就是自己完成花型设计和配花。首先我们昆明有一个仓库，我们把全国的市场版图划分后，我们还有6个仓库在全国，完成了两个环节的动作。一个动作是从地里到昆明的仓库，是毛花的这个阶段，我们输送的是花材，经过我们处理后，我们把这些毛花发到这全国的6大仓库。然后把它按标准化花卉束设计完成配置包装，终端产品送到客户手中，是装在盒子里设计好的花束。

我们的这些仓库和那些花店之间唯一不同的地方，在于我们是用系统管理。公司的各种标准化配方在那里摆着，花卉的搭配和造型，每一个加工组每次来领任务就行了。花卉组合系统已经分配好了，就不需要员工再去操心，因为它中间会涉及WBS这些仓储管理系统。每一批货都给你摆在你面前，只要工人按照那个系统给你的指导去把这束花组合起来，放到盒子里然后发出就行了。

电商的优势在于便捷和价格

2014年，我们与斗南花卉市场还没有太多的交集，因为当时我们走的也是比较传统的模式，我们在上海曹家渡直接收货。那时我们的客户很少，一个月也就是两三百、四五百个顾客。

公司客户的第一次快速增长，是2015年的10月。那时我们已经有接近5万的用户。每个星期毛花要送5万支。我们计算成本之后，决定必须要回到斗南鲜花产地市场进行第一次的采购整合。我们就来到了斗南，从那一年开始，我们每个月都会有25%以上的增长率。统计下来，公司从最初的2000个粉丝到现在接近900万客户，我们只花了两年半的时间。

电商的模式和传统的模式最大的区别，在于互联网+的这些企业已经学会了用数据化管控，所有流程都是清晰地呈现在公司的系统

花卉电商用网络连接全国各地消费者

里，我们根据顾客反馈，收集这些数据之后，可以倒推出来下一年顾客喜欢什么样的花。顾客反馈的大量数据，帮助我们对未来市场需求做一个预测，这个是我们跟传统模式最大的区别。另外我们最大的优势是规模大。

对客户体验来讲，电商的优势在于，假定一个上海顾客到上海的一个花店买一束花，和他在互联网上订一束花，有两个不同，第一点，你在网上买花，用的是碎片化时间。或许你在手机上看微信，或者你在坐地铁，用零碎时间点击就买了。这叫碎片化的节约时间的消费模式。而逛花店必须用专门的时间，需要额外的交通成本和时间成本；第二点，花店和电商之间最大的区别在于，花店能够做个性化的服务，顾客可以根据自己的喜好去挑选，自己去组配一束花。而我们送出的是标准品，顾客每个月在公众号看到各种标准型号的花束搭配是什么，然后再下单。我们虽然没有给顾客选择鲜花组合的权利，但对于顾客来说就是减少了麻烦。

电商的价格也有绝对的优势，因为我们没有那么多中间商，然后质量也是有保证的。假如在同一个季节，相同的一束玫瑰，在上海的一个花店里的价格，和我们互联网上的价格，会相差多大呢？我们全年都是维持一个定价，因为我们的花束都是统一的价格，我们没有浮动。顾客知道99块钱买的是这个系列的，169元买的是第二个系列的，399元买的第三个系列的，然后一个月你收到4束花。那如果要和花店做对比，我们至少有50%以上的价格优势。

此外，我们有一个和传统的经销商模式不一样的地方，在于我们有整个后台的ERP系统（数据管理系统）。因为我们自身是从事互联网行业的一帮创客。从第一天开始，我们很重视对已呈现的数据在整个系统的完善，所以我们有两个模块。第一个模块是线下的操作模块，第二个模块是每一个操作模块都要放到线上，放到我们的ERP系统里。为此我们为它开发了总共九个系统，来管控每一个环节的这种品质，成本和效率。

其实在2006年，就已经出现花卉电商了。不过那时的电商走的是在淘宝店的模式，它只是电商的雏形。但真正意义上的电商，是通过互联网产品，通过数据管控来做这一个行业，直到我们和宜花、花点时间、爱尚这些同行出现之后，花卉电商才大规模地出现。

电商做的是消费端的增量市场

当电商出现在花卉行业时，传统花商对这一种新的商业模式是比较排斥的。包括这些传统的批发商啊，拍卖商啊，以及整个环节里的从业者，很多人会觉得你是来切分蛋糕的，但我们经过一年的经营数据积累之后，在一个会议上，我把这个数据报出来给大家，证明电商做的是消费端的增量市场，电商并没有把传统花商的客户拉跑。

电商在花卉行业的作用，它做的是之前那些几乎不消费鲜花的人群市场。比如那些手机不离手的办公室90后、00后。电商其实是把这个行业做得更热闹，把这个盘子做得更大了。我们是做了增量市场的商业模式。

其实斗南拍卖市场也有数据佐证。如果说电商出现是抢占了原有的份额，拍卖市场的份额应该是往下降了，包括那个斗南对手交易市场的交易规模应该说也应该往下降。但是从电商出来以后，他们的交易规模一直在创新高。在电商拿走的这部分之外它们也在创新高，说明这个整个市场的蛋糕被做大了。如果只是切，传统市场应该是一个下行的趋势。

讲这几个数据，这几家电商从第一年出现的时候，一年的交易额可能也就是个一两千万。然后一直到去年为止，我们和采取订阅模式的几家电商的整个规模，已经到了每年45亿左右了。到今天为止，虽然花卉销售还是以传统为主，但电商已经慢慢增加它的份额和规模。电商的占有率，我们估计应该在30%左右。剩下70%的交易额就包括对手交易、拍卖交易和批发交易。

关于星巴克开店逻辑和鲜花订阅模式的产生。首先第一点我们也去分析过星巴克的开店逻辑，最后我们看完一线城市之后，发现我们开店的逻辑包括我们设定的消费群体和星巴克之间的那种顾客重合度特别高。因为我们做问卷调查嘛。其实从年龄层次来说，以80后、90后的写字楼白领为主，它有点和星巴克的顾客类似，后来我们开店，在一个城市，就看星巴克在哪里开店。我们就在哪里开店。所以我们的市场定位和定价就是：一杯咖啡的价钱消费一束鲜花。然后我们这个“订阅式”鲜花消费这个概念就出来了。我们就讲嘛，像订报纸一样的订，像订牛奶一样的订鲜花。定期地每个月给他四次投递。

因为我们公司到现在900万的消费者，我们定期推做一些问卷调查，调查中我们发现消费鲜花的人一般都会去星巴克，而喜欢去星巴克的人基本上都是高学历的办公室白领。所以我们配送到家庭和配送到办公室的比例是3：7，办公室占了70%。

我们的创业融资很前卫

从创业融资的历程看，花加比较顺利地拿到了从天使轮到前A轮，从A轮到A加轮的融资。花加这个互联网项目的创业融资路线其实跟美团、拼多多，包括ofo、摩拜等等项目都是一样的。

花加的整个历程，是从2014年10月份有想法，然后一直到2015年3月份完成了第一笔天使轮的投资。到8月份就拿到了第二笔投资。11月份我们直接启动的是前A轮超过千万的一笔融资，一直到2016年的8月获得A轮融资，2017年的3月份进入A轮加融资。到2018年，花加已经进入了B轮融资。就这样，一系列融资和项目的进展齐头并进，我们储备的现金流有几个亿来做这件事情。我们借助资本的力量把这条供应链做得更扎实，商业模式做得更完善，客户群和市场更加扩大了。

其实对于投资人来讲投入这些项目的目的，就是他需要高回报，要么你给他的回报是市场规模更大，要么你的效益效率更高，要么你就上市。退出的机制也只有这三条路去走。花加愿意往上市这条路去走。目前鲜切花行业还没有上市公司，而切花这个领域到今天为止整个种植端的现状就是小、散、杂这个现状。同时它是一个靠天吃饭的行业，特别难形成整合。我们相信未来，在鲜切花这个领域里一定会有一个创业板或主板的上市公司，我们正往那个方向去努力。

我们是斗南花卉的第三代

我们是斗南花卉产业的第三代。第一代花卉人是80年代的那些斗南花农，第二代就像英茂的王总、拍卖市场的张总，锦苑的曹总，包括花花世界的几个老总。他们在真新意义上是第二代花卉人。现在第三代花卉人出现了，他们的特点就是普遍学历都非常高，而且都很专业。这行业里有爱必达，可利鲜等等，这些老板都有海归背景，而且专业就是学花卉的。所以他们是又有专业知识、学历又非常高的这样一批从业人。我们互联网人和他们有点类似，但和他们不一样的地方，就在于我们这批人更多的熟悉互联网的数据该怎么整合，然后倒推这个行业，该怎么进行下一步的布局。这一代人我们把它定义为第三代。那第三代，就是专业和非专业结合到一起的这么一群人，我们普遍都是80后的这群人。

花加按单体的电商花卉公司来比较，目前我们的规模应该说在全国电商花卉领域是第一的。然后从整个花卉行业来比，它也能排得上最大。2017年我们的销售额是15亿，去年从花加出去的鲜切花是3.86亿支，市场覆盖200多个城市，我们是目前全国最大的花卉电商。

我们的目标是3年后市值百亿

我们的公司愿景，是3年以后，我们现在这个是叫订阅模式，吸引更多的消费者，把这个市场做得更旺。然后再通过这个形式做一小部分转型，把跟花有关的生态圈做起来。我们给自己定的目标就是，3年后我们要做到一个100亿市值的公司。

鲜花消费和人均GDP是有很大关系的。有一个数据说，如果中国达到人均GDP2万、3万美元，鲜花市场就有非常大的潜力和空间，之前我们将欧美国家的日常用花的消费水平与中国的日常水平做比较分析，发现中国还不到欧美的5%。就他们今天形成的规模和他们对潜在市场渗透的规模，我们只渗透了不到5%，他们已经渗透了我们的20倍。因为我们国家的中产会越来越多，中产对精神类消费品，或者能够给自己愉悦和降压的这种产品的消费水平也会慢慢提升，而这种提升水平，今天我们才激发了5%，所以说未来整个市场是非常大的，我们讲鲜花在未来中国是一个1000亿的规模市场，与中产阶级的形成是正相关的。

服务篇

雅淡梳妆堪入画

能不忆滇娥

听花蕾绽放的声音

金斗南不可复制

（手机扫码看视频）

花好月圓
玫瑰香
2018.4

张先宝

把斗南建成世界一流花卉小镇

口述人：张先宝（中共呈贡区委副书记、呈贡区人民政府区长）

采访时间：2018年7月23日下午
采访地点：昆明市呈贡区政府区长办公室
访 问 人：厉鸿华　王晓洁

我叫张先宝，2016年5月到呈贡区担任区长。通过在呈贡工作的这两年，我对斗南花卉总体发展历史有了比较清晰的了解。

斗南因花而闻名，因花而兴盛

“云花”是云南的特色，而斗南很早就因花而闻名、因花而兴盛。斗南街道是呈贡区的北大门，地处滇池的东岸，气候适宜，土地肥沃，素有滇中粮、菜、渔乡的美誉。1983 年，斗南村种子站站长化忠义，在种子站一块空地里试种了第一株剑兰，结果发现这个剑兰长得还比较好，后来他就在自家地里开始种花，种出的花又让他女儿拿到昆明尚义街去卖，卖得还不错。后来村子里的菜农就开始慢慢不种菜，转而种花了，有的拿到昆明去卖，有的就在斗南的路边卖。因为效益比较好，斗南又是低纬度高海拔，气温特别适合种花，所以花卉种植的面积不断扩大，在村子里自发形成了“以路为市”的花卉交易街，这就是斗南花卉产业最初的市场萌芽。

后来，斗南种花的规模越来越大，花卉交易的规模也越来越大，销路也越来越广，斗南的第一批花农就走出去把花卖到了广州。同时，斗南的交易市场也越来越规范，交易模式越来越多样化。1998年，新建了占地74 亩的斗南花卉市场，这个市场先后成为“全国定点花卉市场”“全国重点花卉市场”。2000年，省里派人到荷兰考察花卉降价式拍卖模式，市里和区里都去了，准备筹建花卉拍卖市场，2002年底斗南国际花卉拍卖交易中心正式建成投入运营。随着互联网技术的发展，斗南又引进了电子交易模式，也就是线上交易，这块发展很迅猛，其中有家叫“花加”的企业，去年线上销售已经做到 10多个亿。现在，降价式拍卖、对手交易和电子交易这三大交易模式，斗南全都有。

经过30多年的发展，到了去年，斗南花卉交易占全国近70%的市场份额，连续20年交易量、交易额、现金流、交易人次都居全国第一，成了中国花卉的“市场风向标”和“价格晴雨表”。花卉产业的迅速发展，带动全省各州市直接从事花卉种植人员41.56万人，花卉交易从业人员5.6万余人。

斗南花卉发展得到政府引导和扶持

在斗南花卉产业发展中，政府始终发挥着支持、引导、规范和扶持的作用。就拿花卉市场的发展来说，从以路为市到建立规范市场，市场秩序的规范管理，金融、技术、信息等配套服务的不断完善，花卉市场被农业部认定为全国唯一的国家级花卉市场，以及创立花卉行业2个中国驰名商标“斗南DOUNAN及图”和“KIFA及图”等等，政府在这其中做了大量的工作，作用是比较明显的。

另外一个我们做得比较好的就是制定了系列扶持涉农居民创业就业政策，对包括花农在内的全区涉农居民进行大力扶持。随着城市化进程的加快，斗南的农用地越来越少，再加上花卉种植都是大肥大水，出于滇池保护的需要，斗南花卉的大棚就逐步拆除，现在基本上拆得差不多了，种花也逐步退出斗南了。但实际上很多的花农积累了很好的种花经验，有很好的种花技术，政府就鼓励这些花农到附近的县份上，还有周边的州市去种花，政府按照种地的面积给花农资金补贴。经过多年的发展，我们的扶持政策逐步建立完善，在深入调研的基础上，我们进行了整合，制定了《扶持涉农居民创业就业的意见》等综合性政策文件。政府每年都有资金预算安排，政策的内容很多，这里我只举几个方面的内容。一是提高花农的养老保险政府补助标准，个人原来要交80%，现在我们用4年时间逐步将政府补助部分提高到80%，个人只缴费20%，单单这一项4年下来政府要出的钱是4到5

今天的斗南花卉产业已经初具规模

个亿左右。二是鼓励花农成立创业协会，这些协会很好，它可以帮助花农解决实际困难问题，区里每年对创业协会进行考核，考核为先进的给5万元的工作经费补助，考核为合格的给3万元的工作经费补助。三是对花农成立的流动党支部，区里每年进行考核，考核为先进的给5万元的工作经费补助，考核为合格的给3万元的工作经费补助。四是对购买农作物自然灾害险的花农，由政府补助50%的保险费，如果出现水灾、旱灾，有了保险，花农的损失就大大降低了，他们的后顾之忧就少了。

目前，呈贡区外出租地种花的农民比较多，除了斗南，其他村也有。这些花农主要是去嵩明、晋宁、陆良等县区租地，后来为了脱贫帮扶，我们又鼓励花农到寻甸、禄劝等县租地种花，带动当地就业增收致富，取得了良好的效果。其实，花农出去种花还起到了一个很好的作用，他们把这个技术带到了全省各地，云南省种花的面积近几年每年增长百分之十几、二十几，2017年全省种花的面积达到了156万亩。

斗南花卉产业更多的是让农民富起来了，现在，呈贡的城镇居民人均可支配收入到了 4.02 万，农村居民人均可支配收入是1.82 万，斗南社区的农村居民人均收入是2.2万，花卉收入占到了75%，是云南省农村居民人均收入的2.36倍，当地的老百姓都很富裕。斗南这个地方有两个龙头企业，一个是锦苑花卉，一个是花花世界，另外还有殷联、斗南两个盆景市场，每年给区里创造的税收大概是 5000 多万。

未来的目标是“买全球、卖全球”

现在的斗南花卉已经不是原来我们昆明人所认知的斗南花卉了，

实际上它已经发展成了一个巨大的新兴产业。这个产业的外延，包括地域外缘，正在无限地扩大。拿种植地来说，全国各地都有，而且已经扩展到东南亚周边国家。鲜切花交易市场进口和出口都在扩大，越南、老挝等国家的花已经成批量到斗南来进行交易。应当说，以前是满足就近的销售，现在已经走向全省、走向全国、走向全世界。去年我们请复旦大学专门做了一个战略研究，以前斗南花卉是“买云南、卖全国”，花从云南来，卖向全国；中期目标是“买全国、卖亚洲”，实际上斗南花卉交易市场已经是亚洲最大的交易市场，这个目标已经实现了；未来的目标是“买全球、卖全球”，花卉从全世界各地进来，然后销售到全世界。

2017年1月24日，李克强总理考察斗南花市，提出：“现在斗南花卉市场已经是中国第一、亚洲第一，希望你们向世界第一迈进”。其实在2016年，斗南花卉的销售量就超过了日本大田成为亚洲第一，但要成为世界第一，这个目标还有很远的一段路要走。我们都知道荷兰花卉从 16 世纪开始，就一直是全球花卉行业的老大，它的花卉是销往全球，曾经它的花卉种球可以像货币一样直接交易，甚至是期货。欧洲花卉的品种，好的大约 10 多欧元1支，或者是几欧元1支，比我们的附加值就高得太多。去年，云南省鲜切花的总量是 110 亿支，在斗南交易的有 76 亿多支，交易额是 63 亿，算下来1枝花还不到1块钱。目前，荷兰花卉交易的数量虽然没有我们多，但它的品种、品质比我们好，所以它的收入，就是交易额要比我们要高，去年大概在 4.5 亿欧元，我们现在大约才 1 亿多欧元。这个数字表明花的品质高，价格也高，附加值也会高得多。应当说，荷兰在许多方面都比我们强，有许多超前的东西，非常值得我们学习借鉴。

建成全国一流的花卉特色小镇

斗南原来是以花卉交易为中心，随着花卉种植基地逐步外移，我们面临的形势也越来越严峻。所以我到呈贡工作以后，就一直在思考如何推动斗南花卉产业升级的问题。2017年李克强总理视察斗南花市后，这个问题显得越来越迫切，我们的紧迫感和危机感也越来越强。刚好去年省政府提出来要在全省建设 100 个左右特色小镇，区里高度重视这个机遇，确定了由我任组长，牵头来抓申报工作。经过我们的努力，昆明斗南花卉小镇成功入围云南省创建全国一流特色小镇名单。

围绕把斗南花卉小镇建设成全国一流的特色小镇，我们提出了“补短板、攻弱项、强服务”的具体工作思路。经过多轮听取专家意

云南省昆明斗南花卉小镇效果图

见，以及反复的思考研究，我们提出斗南花卉的短板主要有四个方面。第一个短板是冷链物流。其实，你们也到过斗南现场看过，现在的环境有点乱，一到傍晚全是拉花的、送花的三轮车，速度又快，还有安全隐患，比较混乱；周边环境比较差，秩序也不是太好；另外，花卉出省主要是靠航空运输，到机场通关和检验检疫，必须进行二次分拣，这就会造成8%—15%的损耗。这个已经在小镇的总规和修详规里做了专门规划，就在花卉拍卖市场里面，建冷链物流。同时，在省市领导的关心下，海关和检验检疫前移到花卉市场也有望得到解决。第二个短板是品种研发。目前来说，我们有一定的研发能力，但没有绝对优势，很大程度上还是要依赖荷兰和以色列这些国家，它们的新品种往往是要三五年，甚至是更长时间才会输出给我们。在品种研发上我们就受到了限制，新品的品种跟不上，花卉的品质就上不来，花卉的附加值就高不了。在品种研发方面，省农科院花卉研究所比较有优势，研发能力很强，我们就琢磨着和省农科院花卉研究所开展合作，后来我带着人去省农科院拜访，省农科院也带着人来实地考察。就这样反复磋商了几轮，双方达成了一致的合作意向。省农科院决定把花卉研究中心放到小镇，我们在小镇的拓展区建一个高水平、高科技、无污染的温室大棚，当然不是原来传统意义上的大棚，这个温室大棚里面有品种研发、花卉展示、花卉科普等等。合作协议已经成熟了，最近就会签署，温室大棚估计2018年 12 月底前就能建成。第三个短板是花卉企业总部。我们准备把有实力、有影响力的一些花卉企业总部引进集中到小镇里。第四个短板就是花卉文化。花卉特色小镇不能没有花卉文化。概括起来说就是，云花产业交易和冷链物流由产投控股的云花集团为主来打造，花卉总部引进也由云花集团来负责，花卉研发依托省农科院花卉研究所，花卉文化由华侨城旗下的云南文投集团来打造。当然，核心还是花卉交易中心这个主业，我们一定矢志不渝地做大做强。目前，小镇的总规和修详规省发改委和省住建厅组织的专家论证都已经通过了，现已经报到市里，等市里按程序审批。

说实话，到呈贡工作之前，我对花卉实在不懂，所以就买了《中国花文化史》等花卉书籍从零开始学习，另外，按区委、区政府分工，由我负责联系斗南，我就经常下去调研，经过这几年的逐步摸索和积累才慢慢了解、熟悉。要说和花卉相关的印象比较深刻的事倒是有两件。一个就是特色小镇的申报。我们接到通知后，时间很紧，所以一开始准备不是特别充分，我们又特别想争取到，所以我们加班加点地干。先是到省发改委汇报了一轮，那次是个周末，区里的干部熬夜加班到凌晨四点半，然后连夜上昆明，在省发改委对面找了个快捷酒店，睡了3个多小时，就赶紧到省发改委汇报。市里边是保建彬常务副市长带队，由我直接汇报。后来高中建副市长带着我们在省住建厅又汇报了一轮。当时全省的积极性都很高，大家PK到了白热化的程度，我记得昆明市就报了差不多20个，最后进入全国一流的就只有两个，一个是中信嘉丽泽，一个就是我们斗南。还有一件印象深刻的事就是李克强总理去年来斗南的那次。当时我也在现场。那天晚上总理来到花卉市场，有人先看见了就喊“总理来啦”，花农们突然见到总理，都非常非常激动，大家不约而同地都鼓起掌来，现场气氛特别好，总理与花农面对面进行了交流，并对斗南花卉产业的发展提出了殷切期望，大家都深受鼓舞、倍感振奋。

斗南花卉特色小镇会严格按照总规和修详规来建设，绝对不会变成房地产项目，花农和商户的担心是多余的。我再大致说说小镇的有关规划建设情况。首先说说斗南村。斗南村子是斗南花卉的根和魂，我们要留住斗南村，这样就留住了老百姓的记忆。斗南村只进行微改造，不搞大拆大建，在入村处和村子里、住户的房前屋后和阳台等地方摆一些花，作为花卉种植展示，让人家进了斗南村就知道这里住的是爱花的人，增加花卉小镇的氛围。有的老房子还可以改造成民宿，吸引外地游客来这里旅居。斗南村的微改造大概投资 10 个亿左右。小镇的核心区是1.45平方公里，核心区是两大交易市场、冷链物流、研发创新中心、花卉总部办公、海关检验检疫。小镇的拓展区是0.87平方公里，安置房就建在拓展区，当然，房地产会有一小点，但也是在拓展区。小镇里面也要建一些商业。去年我们对瑞香街进行了改造提升，有了一些改观。今明两年还将推进金桂街、古滇路的改造提升，两边的绿化带要种上花。按省委省政府的要求，小镇要 3 年建成，从2018年起建设 3年，我们认为完全可以实现。总之，小镇的建设一定是按照省长提出的“特色、产业、生态、易达、宜居、智慧、成网”来进行。

现在斗南的老百姓比较关心的一个问题，就是特色小镇建成后会得到一些什么样的实惠？我觉得是多方面的，首先老百姓的富裕肯定是没有问题的。斗南农民从种花、卖花，包括花卉的分拣包装这些产业中已经得到了实惠，都富起来了。另外，他们的房子大都出租给外来的花商，租房也让他们有收入。下一步，随着其他产业链的延伸，文创旅游生活社区就在斗南村，村民想参与旅游业也好，参与文化产业也好，肯定有就业空间的。随着生态环境和交通环境的改善，大家的生产生活环境会得到一个很大的提升。斗南村的老百姓看得见滇池、记得住乡愁，斗南人将会在一个安全舒适的环境中生产生活。

企业
市场
种下希望 收获惊喜
“百合皇后”让你走上财富之路！
荷兰独资昆明温德迷尔园艺有限公司 承办
电话：+86-871-7498333（销售部）传真：
WINDMILL

郭增敏

不可复制的“金斗南”

口述人：郭增敏昆明市农业局局长

采访时间：2018年8月8日上午
采访地点：昆明市呈贡行政中心1号楼农业局办公室
访 问 人：王晓洁　徐启亚

我叫郭增敏，是地道的呈贡人。1994年在呈贡任县长助理，后任呈贡县分管农业的副县长、常务副县长，2005年到安宁市任常务副市长，2006年到富民县任县长。2016年任昆明市农业局长，也是全市花卉产业发展的一个行政主管部门的负责人。

斗南建了中国第一个村级花卉市场

我对斗南花卉的了解和认识，应该说是从1994年开始的。当时我在呈贡县任职分管农业，也就分管花卉产业。最初的印象就是知道斗南的第一支花是斗南的化中义种下的。当地人叫玉簪花，广东人叫剑兰，学名叫唐菖蒲。就是这么重要的第一支花，从此调动了斗南人种花的积极性。然后就开始小批量的有人种花，把花卖到昆明。首个卖花人叫杨志华，在昆明尚义街开了昆明第一家叫“满天星”的花店。

杨志华不是斗南人，她是电视机厂的下岗工人，因为她喜欢花，同时受到邻居和周围亲戚朋友的影响，于是就有了卖花这个念头，她在董家湾的报刊亭旁将小盆花拿来卖。结果一卖，一天的收入可以达到10多块，那时她一天的工资只是1块2角8，她觉得卖花很赚钱，就来斗南找农户联手种花。刚好我们斗南种花的华明昇等人也开始种花了，这个花店让花卉走入了昆明市民的生活。这个应该是花卉走入市场比较重要的一个事件了。

1994年，我开始分管农业，也就比较了解斗南花卉。那么当时的斗南的花卉市场状况是怎么呢？ 最初是菜跟花一起搭着卖，后来在斗南村里以路为市摆地摊沿街叫卖。这都是自发式的。到了1995年，在省、市、县政府的扶持下，斗南建了一个12亩的花卉市场。这是当时中国第一个村级花卉市场。

20世纪七八十年代，斗南一直是昆明市的“菜篮子”，“金斗南”得名就是因为它种蔬菜，当时斗南是昆明市的菜篮子工程范围。后来由于花的效益比蔬菜效益高，斗南种花势头已经非常明显，1995年斗南就已经建市场了。可是当时我们的体制还是“双轨制”，还是有些人希望种蔬菜供给昆明，保住斗南的菜篮子。不过这仅仅是议论，在种花和种菜的产业选择上，我们提倡什么赚钱种什么，花的收益肯定要比蔬菜高。作为人民政府，我们的态度是很明确的，我们是公开地支持农民种花致富。

斗南的成功在于“闯出去引进来”

政府决策上有两件事情值得一提：

一件就是当时任中共昆明市委书记杨建强亲自撰写了一份《昆明

斗南花卉产业发展的成功之路》的调研报告，在《中国农村经济》杂志上发表。他在调研斗南花卉过程中，我也参加了调研会，会上汇报了斗南花卉的情况。让我比较感动的是，杨书记的调研报告完成后他还请我吃饭，一个市委书记请我这个副县长吃饭，真的很少见。这个调研报告一刊登出来以后，对我们呈贡县委、县政府是个鼓励，市委书记都肯定了斗南花卉产业的成功之路，还有什么可争议的，就大力发展。

另一件就是我当时明确提出要建呈贡农产品市场，得到了县委、县政府的认可和支持。在我主持下出台了一个文件，要求把菜、果、花作为呈贡的三大产业一起发展，建设城郊型农业，同时还出台了

斗南花卉与世界交流

一个政策支持花卉的发展。我当时年轻，思想比较激进，我认为市场经济就应该是赚钱种什么，当时蔬菜的价格是粮食的四倍，花卉的价格是蔬菜是四倍左右，农民的选择是对的。当时我在全县大会上说，呈贡的农民已经形成三等了。“一等农民在种花，二等农民在种菜，三等农民在种粮”。当时有人还质疑我这个观点，我说农民客观上形成了三等。因为种花这个真的是要有市场意识。为什么子君村最早种花，花卉产业却没有发展起来，就是因为他们没“闯出去，引进来”。虽然斗南种花在起步上晚了子君，但是斗南人“闯出去了，引进来了”，所以成功了。

说到政府扶持，应该说省、市、县三级政府，都对斗南花卉产业进行了大力扶持。第一个是制定了培育和建设呈贡农产品市场政策。第二个是拿出资金来支持斗南花卉。斗南花卉产业的资金支持是争取到省里的支持。当时黄炳生当副省长的时候，我们找他汇报，找他要钱。他到斗南调研了后，当场就表态给了300万。有了省市政府的资金支持，我们在斗南建成了75亩的花卉交易市场。然后由市、县配套鼓励种花。花农每建一个标准的钢架大棚，政府就补贴6000块钱。应该说当时的呈贡，按照县委县政府的要求，大力发展城郊型农业，主要对果、菜、花的投入。虽然对果菜花，包括农田水利建设都有投入，但是应该说从总量上，从比例上来讲，花卉的投入更大，因为是钢架大棚的补助这一块就很大。对推动斗南花卉种植起到了非常重要的作用。

我分管农业要经常去斗南，对斗南村印象比较深就是华明昇，斗南人喊他金才。这个从草根成长起来的人，在斗南算的上一个人物。他是第一批种花人，也是第一批把花卖到昆明、第一批到广州卖花的人，后来他的花已销到香港和马来西亚了，包括台湾。这是“闯出去了”，同时他也把台商、港商，还有马来西亚商“招进来了”，斗南花卉产业能够走出去面向市场，他起了非常重要的作用。当时，世贸组织专门派了两个专家来指导云南的花卉产业发展。一个是荷兰的亨特先生，一个是以色列的胡密先生。他们两个来斗南了解花卉发展情况，当时能说得清的就是华明昇。他说拍卖最显著的特点就是，你的花好能卖到好价钱。亨特先生就问他去过荷兰没有？看过东京拍卖市场没有？他都说没有。斗南的农民没有看过，却能说出建拍卖市场，这让亨特先生大为吃惊。后来亨特先生给当时的副省长黄炳生和国务院副总理李岚清建议，赶紧建拍卖市场。李岚清表示同意。所以在建设斗南花卉交易市场的同时，就同步开始筹建拍卖中心了。所以，斗南国际花卉拍卖中心是2002年就建成了。

现在回想起来，斗南花卉从菜花混搭卖到“以路为市”，到建设5.7亩的中国第一个村级花卉市场，再到74亩的花卉交易市场，到后来

斗南花卉在昆明国际花卉博览会上绽放

的国际花卉拍卖市场，可以说斗南花卉的整个变迁过程我是见证人。其中那个74亩的花卉交易市场，就是我参与建起来的。那是在昆明99世博会举办前，昆明市借此发展壮大花卉产业。呈贡成立工作领导小组，让我当组长，以市场化运作成立斗南花卉有限公司。我当名誉董事长，王建存做董事长，我们的工作任务就是要征地74亩，来建花卉市场。这个征地有故事在里面。为征这74亩地，如果按程序走要走几年，我们就采取边拆迁、边建设、边办手续的“三边政策”。国土资源厅的马副厅长说你们征用农业土地建市场是违规了，要批捕村支书。我们赶紧给黄炳生副省长报告，黄炳生亲自来到斗南，带着马副厅长一起来听汇报。最终调整了用地性质，顺利完成了74亩土地的征用。2000年，斗南花卉交易市场正式投入使用。

我是同时参与了花卉交易市场和花拍市场的建设，这边斗南花卉市场刚刚投入使用，那边斗南花卉拍卖中心已经在建了。花拍中心是借助99昆明世博会的东风，同时刚好这时世贸组织为支持亚洲花卉产业，安排了50万美金，并安排了两个专家来助力亚洲、助力昆明斗南花卉产业。前面我提到了，世贸组织派来的亨特和胡密两位专家最早提出来在斗南建花拍市场，得到省政府和国务院领导的认可，省里确定由省花产联联合云大科技，投资建设昆明斗南国际花卉拍卖中心。2000年，省里派我跟省花产联的领导一起到荷兰阿斯米尔市场培训了15天。培训期间，胡密天天陪着我们，从花卉到市场分解、分级、包装、拍卖、识别，到冷链输送，他一个环节一个环节盯着我们学习。他那时将近60岁，而我们才30多岁，他天天起床就守着我们，一直到晚上我们吃完晚饭各回各的房间。我们都被老专家的精神感动了。学回来后花拍中心就正式启动了，斗南花卉也正式与世界接轨了。

当时，我们斗南花卉已经有一定影响了，后来通过斗南人闯到北上广进行市场营销，又影响到了香港、台湾，以及马来西亚。我们最先引进的香港绿叶花卉公司，和台湾芊卉公司，两家公司都是台湾和香港有影响的花卉企业。我理解当时世贸组织之所以派人到斗南，是因为他们已经关注到这个片区的花卉种植和交易了，所以就专门立了一个课题项目，安排了50万美金，助推亚洲、助推中国花卉产业发展。

世贸组织派来的两位专家亨特和胡密给我印象很深，为了指导我们，他们在昆明住了很长时间。也是在此期间，他们提出建花卉拍卖市场的建议。花拍中心建设前，他们来得比较频繁，有时一个月就来一次，有问题还可以打电话请教，电话里说不清楚的，他们就马上人来了。最初他们是由市外办的工作人员陪同，后来外办说我陪就行了。这期间我跟两位专家做了很多交流，跟他们成为好朋友了。在他们指导下，我们两年就建成了斗南花卉国际拍卖中心。花拍中心建成后，两位专家过半年或一年就来一次。3年前，亨特先生还来过昆明。

斗南花拍中心在世贸组织专家指导下，整个都是按阿斯米尔模式建设的，大约是阿斯米尔十分之一的规模，起点比较高。

花拍中心建成后，2002年10月29号第一拍那天我在场。第一锤落下时，我感觉到斗南终于与世界接轨了。

总的来说，从斗南花卉产业发展过程，你可以看到，政府这只“看得见的手”，始终都是在扶持和引导这个产业做大做强。如果只靠斗南村的农民自发地种花卖花，这个产业不可能做这么大的。包括副省长的关心扶持、世贸组织的指导，政府征地建市场，等等，政府的主导、组织、引领作用是非常重要的。当然，花卉企业的进入，助推了这个产业发展。花企的资金、人才和市场优势，在整个斗南花卉产业中具有不可或缺的作用。

潘盛添

斗南花卉产业进入4.0时代

口述人：潘盛添（斗南花卉园区管委会专职副主任）

采访时间：2018年7月19日上午
采访地点：昆明市呈贡区斗南花卉园区管委会办公室
访 问 人：王晓洁

我叫潘盛添，2008年从部队转业到地方，原来是在呈贡区政府工作，2012年进入斗南国际花卉产业园区管理会，我现在任的是斗南国际花卉产业园区管理会的专职副主任。

之所以要成立斗南国际花卉产业园区，是因为花卉产业当时正处于蓬勃的发展阶段，国际国内的需求量不断地增长，但是当时我们的这个市场相对比较小，只有70多亩，在交易中不但拥挤而且交易效率不高。为了解决这些问题，原来的斗南花卉公司就与香港阳光基金联合，做了我们现在这个斗南国家花卉产业园区。这些年园区不断地扩大、升级，发展成为现在这样的规模。

园区的管理会主要职能，第一是负责整个园区的产业规划 其次是对所有入园的企业进行服务、联系、协调。

10年前我刚到这个斗南来的时候，斗南花卉市场就在现在的农资市场那个位置，市场体量小，场地受限，不能满足花农入场交易的需要。所以当时很多花农就以路为市，在大街上交易。这是我最初看到的斗南花卉交易的情况。同时因为当时斗南的道路运载能力有限，每逢情人节和七夕会挤得水泄不通。斗南的花拉不出去，机场那边没有货运。那时村子里面有很多人在做花卉包装，比较乱、拥挤。我来园区管委会的时候市场已经进行了二次升级，原有以路为市的情况已经得到整顿，市场管理还是较为有序，但就是场地太小，不能够容纳更多的鲜切花交易。

从2008年到现在，园区管理会成立有10年了，整个花卉市场变化应该说还是很明显的。首先是交易的场所变了，从原来在大棚里进行交易，到现在已经有了标准的交易场所。其次是交易场地大了，交易的效益也提高了。原来鲜切花的对手交易，非要到晚上两三点，甚至三四点才能够结束，现在有了新的交易场馆，交易一般都晚上的十一二点都可以完成。剩下的工作就是经纪人进行打包、分装、分拣、发货了。还有一个就是周边的环境得到了提升。这10年间，园区管委会对瑞翔街、花都路、隆鑫路，以及金桂街进行了道路扩建，增大了道路的运载能力。每逢重大节假日，管理会会同区级职能部门，比如工商、交警，对车辆进出斗南进行交通疏导，改变了的拥堵现象，确保花进得来，出得去。

据我们从工商部门了解的情况来看，现在在斗南注册的大小工商花卉企业有2200多家，在斗南做花卉经营花卉的就有7000多人，而活跃在斗南花卉市场的经纪人，应该是过万了。这批人对斗南花卉的交易、物流，对全国各地乃至南亚东南亚花卉输出，起到了很大作用。

至于花卉交易模式，原来都是一手交钱一手交货。我们叫作对手交易。但是这种交易会出现一些拖款、欠款，农民的钱难要回来。为了提升花卉交易， 2002年在斗南这个地方建立了昆明国际花卉拍卖交易中心，引进了荷兰降价拍卖模式，对花卉进行交易。这种模式引进之初，一些花农很难接受。经过这几的运行 如今花农已经非常乐意把花放在拍卖平台上了。

2016年，昆明斗南花卉公司又建了一个农资拍卖市场。两个拍卖市场加起来我们有1000多个拍位，目前每天平均有500万—600万的交易量。原来花农要考虑我种什么？种出的花我拿去哪里卖？卖给谁？怎样把钱收回来。销售问题和对手交易会收不回花款的问题。让花农非常头疼。进入电子拍卖平台之后，这些问题全部得到解决。平台公司还有一支专业的技术队伍，对花农做一些技术辅导，产预判未来两三年哪些花卉属于畅销产品，哪些花卉可能会过时。农民对自己的种植和未来市场行情有了预判，不需要考虑到花卖给谁，去哪里卖，怎么收钱，这些问题全部交由平台公司来解决。花农只负责把花种好，把花放在集合点上，剩下的怎么把花装车，怎样运到交易平台进行交

斗南花卉产业园区

易等等这些工作，全部交由平台公司来负责。如果没有投诉，第二天早上花款就自然拨到了花农手上，杜绝了不公平和短款情况。这是当前两个平台公司拍卖这个交易系统当中最大的优势。

总的来说，斗南花卉产业已经是从对手交易，升级到花卉拍卖，实际上是从2.0升级到3.0，从国际花卉交易的形式上看，下一步肯定升级到电商交易，也就是远程拍卖。两家公司已经在考虑这块。以后斗南花卉可能就不在平台上交易，货不进场了。从各个集合中心直接就发货了，可以减少物流的倒腾，减少花卉的损失。现在已经有数十家电商平台公司入住斗南。有的企业线上线下同时销售，既有实体店，又在网上营销。这个模式发展势头非常好，可以说斗南花卉产业已经升级到4.0版了。 这两个平台去年的鲜切花交易量突破了76亿支，交易量达到63亿元。

我到园区这10年中，应该说没有遇到什么太大的矛盾，只是在“花花世界”对手花卉交易市场项目征地过程中，遇到一些难题。但最后镇政府去做村民的工作，引导农民外出租地，解决无地可种这个问题。后来区政府还采取了些政策性补助，引导花农到周边的县区租地种花。

印象比较深的事，是2015年3月8号，从老市场搬迁到新市场，非常之顺畅。头晚休市后，第二天早上就开始搬家，一天时间完成所有的搬迁，商户、基础设施、人员搬迁，当天下午就正式运营，新市场就开始运营，没有出现任何矛盾。我们是一个协调机构，更多的技术问题不在我们，我们没有行政职能。

印象深刻的还有就是刚刚闭幕的第十九届的国际花卉展，斗南分会场是我们和企业联手筹办的。在斗南办那么大的一个国际性展会，取得非常好的成果。2018年我们首次和花协联手，把中国最专业的花艺赛事首次引入斗南，来自全国40多名资深花艺师在我们斗南这个地方献艺。整个比赛过程和成果得到了业界的高度认可。另外，30多个模特穿戴着国内15名花艺师制作的花艺作品现场走秀，这些花都是我们将推出的新品种。这次花卉展上，斗南花卉台湾花卉，以及韩国花卉有了一次交流和碰撞。

实际上现在的斗南花卉产业不仅仅只是种花、卖花，做足“花卉+”，是我们未来这个花卉产业发展的一个方向。你比如说“花卉+文化”这块已体现在斗南花卉特色小镇的规划当中了。规划中专门设了一个区域叫作“花卉文创大师工房”，用地大概两百来亩，专门提供给来自全国各地，以及世界各地知名的花艺师在这里面来创作，在这里面来发挥他们的花卉艺术，推动斗南花卉横向发展，拉长这个产业链，提高我们花卉更多的附加值。

斗南花卉有今天，是斗南人打拼出来的，是斗南人创造了这个奇迹。斗南花卉产业发展到今天，与斗南的每一个村民都息息相关。尽管因为城市化建设，斗南村民可种的土地少了，但是斗南人的智慧，仍然在通过外出租地、对外输出种花技术在延伸。今后斗南花卉特色小镇建成，南村民仍然是受益者。随着斗南人居环境的改善，外来的游客多了，他们不再只是单一地收房租，还可以参与小镇的经营，比如用自家的房子开民宿，收入就比租房更多了。另外小镇的环境卫生、商业服务，会提供很多就业机会。这应该是小镇带来的福利了。

你提到斗南花卉对社会的贡献，我想说的是，斗南花卉产业发展到今天，为社会做出的最大贡献，一是直接带动的就业人数，仅我们花卉园区已达到了2.4万人，间接带动就业更是可观了，你想想光是种花的就有多少人。二是带动了物流和交通体系，每天从各个种植基地的花卉汇集到斗南交易中心，每天拍卖中心拍出的鲜切花从斗南要走向全国、走向世界，需要强大的物流和运输的配套服务。因而这个产业直接促进了公路、铁路、航空的发展，促进了物流业的繁荣。第三就是带动了周边的旅游业，好多游客因为花而来，住进星级酒店，就是为了晚上观看亚洲最大的花卉市场交易盛况。第四，斗南花卉产业对地方经济发展的贡献也是很大的，斗南周边的楼盘价格都是翻了几番的。

我原来当兵就在呈贡，当时的斗南已经很富了，斗南的女孩根本看不上我们这些军官。我在部队带的一些兵，退伍后就来斗南倒花卖，几年下来人家已经在呈贡买了两三套房子了。这说明什么？说明斗南花卉是真正富农的产业，也是富民的一个产业。这就是花卉产业给我们区域、片区的村民带来的实实在在的变化。

斗南花卉产业园区物流大楼

张石宝

花农念念不忘“花卉工厂”

口述人：张石宝（中国科学院昆明植物研究所研究员）

采访时间：2018年7月3日上午
采访地点：昆明植物研究所草坪
访 问 人：余卫东　杨亚伦

我叫张石宝，现在中科院昆明植物研究所工作，是一名研究员。我是从云南省林业学校毕业，1990年到植物所工作的。一进植物所，就到了花卉工厂，刚好赶上云南花卉产业发展的起步阶段。斗南是抓住了这个比较良好的机遇。

“花卉工厂”是斗南花农的导师

当时“花卉工厂”的负责人是魏兆祥老师。前后在“花卉工厂”工作过的主要有10个人。包括魏兆祥老师、赵家治老师、张成敏老师、陈卫东老师、吕元林老师、普迎东老师、郭瑞贤老师，还有郑若仙老师、孙卫邦老师，加上我总共是10个人。目前这10个人当中，魏兆祥老师、赵家治老师和张成敏老师都已经过世了。

“花卉工厂”这个项目，应该是从1986年开始筹建，当时云南省也捕捉到了花卉发展的契机。植物所作为中国科学院的一个驻滇单位，积极参与了地方经济的发展需求。然后就开始筹建花卉工厂，目的还是把科学研究成果推广到生产上去，促进我们省特别是昆明市花卉产业的发展。

花卉工厂与斗南花农，应该是一个双向互动的过程。当时，斗南这一边主要从事的还是蔬菜种植，有一些农户，比如说像金才（华明昇）等一批菜农还是捕捉到了这个市场发展的一个信息，然后主动到昆明植物所来联系，我们这一边也积极地响应，把我们的一些种苗、成果，就是推广过去，也进行了一些相应的培训。在如何把菜农怎么转变为花农的这个过程里面呢，应该说我们还是花了很大的力气来做这件事。

我们最先给斗南花农提供的种苗，主要是像满天星、康乃馨这一类的。当时大量的品种还是从国外进口的，就是我们国家的花卉科技起步比较晚，相对还是比较落后。就是我们把这些品种引进来，引进来以后还是进行了种苗的扩繁，就是给花农提供一些种苗，然后在技术上进行一些扶持。来源主要还是日本。后面包括像以色列等一些国家。就是花卉产业比较发达的国家。

在这个过程中，我们一方面是提供种苗，另外一块就是技术服务。这里有两个原因，一个是这些花农大部分原来是种菜的菜农，他们掌握的种植技术，主要还是蔬菜种植方面的。蔬菜种植的技术和花卉种植还是有很大差别的，并且蔬菜种植大部分是露天，设施用得比较少。另外一个，这些花卉原来是在国外种植，它的技术到了中国的气候条件下，还是会存在一个本土化过程的。我们必须要对这些花卉引进中国后，根据我们的气候条件进行一些改良，然后再传授给这些花农。

中国的花卉，真正作为产业来发展，应该还是20世纪80年代中后期的事情。那时刚好是改革开放以后，中国的经济发展了，广大群众对花卉消费有了需求。云南省应该说是先吃螃蟹的人，敏锐地捕捉到这个市场信息。正是在这种社会需求的推动下，从农户到企业，开始不断地涌进花卉种植领域。我们作为科技部门，肯定必须积极参与，一个就是把我们的花卉规模搞上去，另外一个就是把花卉质量搞上去。我们中国科学院的服务宗旨，就是要为国家和地方经济的发展服务，贡献一分力量。

20世纪80年代的斗南，当时还是大片的菜地，农户还是靠世世代代传下来的种蔬菜的经验。而花卉种植相对蔬菜种植来说，技术要求是比较高的，因为花卉种植所包含的环节比较多，比如说从如何进行种苗的移栽，母芽到最后采收它这个环节还是比较复杂。什么时候该做哪些工作，然后包括施肥、浇水都是一个非常精准的控制。所以我们当时都会经常下斗南，甚至就在田间地头与花农一对一地给予指导。花农碰到什么问题，我们就给他们解答什么问题，比如碰到病虫害，我们就给他分析，喷什么药，怎么来解决，怎么进行环境控制。应该说通过这种言传身教，不断地提升了斗南花农的种植技术。

当时斗南花农种的满天星，最先比较严重的虫害是斑潜蝇。这种虫害，是侵入到花的叶片里，防治起来比较困难，这在当时是一个世界性的病害。我们就指导花农通过喷一些农药灭虫害。

当时，斗南农民种蔬菜，大量地还是用竹子架的大棚。起初种花也用一些竹子大棚，随着他们经济实力的积累，慢慢地改用一些钢架大棚。钢架大棚的好处是空间比较大，环境控制更方便。但是大棚存在几个问题，一个问题是它里面的湿度比较大，容易让花卉感染病虫害。另外一个呢，它是一个相对封闭的空间，虫害发生的频率相对来说也比较高。所以定期做好喷药、环境控制，对于防止病虫害是非常重要。

我当时基本上每个月要去一次斗南，第一次去是跟魏兆祥老师去的，到金才等几户花农家里去，看看他们种植花卉的情况，了解他们在花卉种植中遇到些什么问题，有什么需求，我们现场指导，力所能及地帮他们解决一些问题。植物所在昆明的北郊，路程虽然不是很远，当时的交通道路是比较差的，我们早上大概8点左右出去，要到10点多、11点才能到斗南。我们开的是一个吉普车，有魏老师，还有陈卫东和我，总共有四五个人。我们到了斗南，先找到金才，跟他们一起去地里，看看他们种的康乃馨。一个是看看他拉网这一块，是不是拉得规范，另外一个看看他们在病害方面是不是及时进行了防治。

当时康乃馨是我们昆明一个非常重要的切花，而种康乃馨，会遇到一个炸苞的问题，就是裂苞。因为裂苞以后花开出来就不正了。有一天，我们接到一个花农的电话，说他们的康乃馨裂苞了，裂苞以后这个花开得不正，影响了销售。我们几个人就从黑龙潭这出发，到他地里面去看，了解他种的康乃馨为什么会裂苞。我们去看了以后发现，他的花有些品种会裂苞，有些品种不会裂苞。我们就详细询问他的一些栽培过程，然后我们猜想它的裂苞可能会和昼夜的温差有关系。特别是在冬春季，夜间的温度比较低，白天的温度比较高，温差一大就会造成开裂。我们就建议他晚上尽量把棚盖起来。白天热的时候把棚打开。这样减少昼夜温差，来减少裂苞的概率。他按照我们的方法做了，最后裂苞的概率大大地减小，应该说还是很有效果的。

当时“花卉工厂”在昆明还是很有影响力，包括一些单位、个人、花店，都会来我们这里买一些盆花去销售。其中我记得比较清楚的是一个越侨，一个30多岁接近40岁的一个男的，瘦瘦高高的，他每个周末就从景星花鸟市场拿两个竹筐，装水果的那种竹筐，拿一根长长的棒挑着两个篮子来我们这里买一些盆花，到景昙花鸟市场去销售。他进的花卉大部分是一些草花，比如说仙客来，还有那个西瓜皮，皱叶椒草这一类的盆花。当时的盆花价格比较低，他每次进个十几盆花，每盆给他的价格大概3块钱左右的样子，他拿到市场上能卖个七八块，10块钱的样子。这样一来，他通过买盆花卖盆花，就维持了一个花店，维持了他在昆明的生计。

还有一个是张文贵，子君村的。最开始也是来我们这里进苗再分销给花农。他当时进的苗，一个是满天星，另外一个是康乃馨。他做到一定阶段，就开始筹建组培室，自己繁殖种苗了。他是跟我们联系时间比较长的一个人。斗南的一些花农也会来他这里买苗。开始的时候，可能大部分的农户是自己来进苗。发展到一定的阶段，就形成了一些种苗的代理商，他们就到我们这或到其他的花卉公司接一些种苗，再针对农户。

花卉工厂是从1986年开始建立的，到了1993年以后就进行改制，改制以后，它的生产范围和研发范围，主要集中到康乃馨上面了。

花卉工厂刚组建时，得到了云南省科技厅的经费支持，总共占地是20亩，包含有组培室和一些比较现代化的大棚，主要生产康乃馨、满天星这些鲜切花的种苗，也在做一些盆花的研发，包括龟背竹、仙客来，还有其他的一些种类。

对斗南的服务，我们主要在两个方面：一个方面，是为他们提供一些市场上流行的花卉种苗；另外一个方面，主要是做技术服务，就是教他们如何种花。因为斗南花农原来大部分都是菜农，他们所拥有的经验主要是种菜的，所以我们就因地制宜地根据他们的需求，对他们进行技术上的培训，提升他们种花的技术。这一期间前前后后大概应该有八九年的样子。

野生资源是云南花卉发展的优势

我是1995年左右离开的“花卉工厂”，但之后也一直在从事花卉方面的研究，还做一些种苗的生产，包括满天星、勿忘我这一类花的种苗生产。我最近几年花的更大力气，是要把云南一些特色的、野生的花卉研发出来，提供给社会。

我们云南有非常丰富的野生资源，这是我们花卉发展最重要的资源优势，但是我们现在生产的品种，很大部分是来自于国外，这样，在生产上我们就很大程度受制于他人。拿国外的品种进来再生产，实际上我们只是一个生产商，我们生产出来的产品要在国际市场上去销售没有优势，话语权不强。如果我们能把我们自己的资源开发出来，培育出我们自己的品种，那我们的竞争力就增强了，然后我们的产业也就得到提升了。

我们这几年做得比较重要的，是兜兰的产业化研发。目前我们已经在这块上坚持了10多年，研发出10多个品种，近10项专利。我们也在与企业进行成果的转化、合作的研发。与普洱的五彩花木花卉公司，甚至像省外的，黔西南绿缘花卉公司，包括广州的华大锦兰，都跟我们有合作，我们就是要跟企业一道合作，把我们的成果进行产业化，促进我们特色花卉产业化。

兜兰是云南非常重要的野生花卉，在云南资源优势非常丰富。我们的研发，实际上要把一个野生的花，变成一个家里栽培的花。当然，这个过程是非常复杂的。一方面我们要做一些前期的研究，就比如说要做品种选育，那么我们必须要了解它的遗传基础，来选配合适的亲本，在品种的选育方面才会有针对性。另外一个就是这些野生资源的花期，和我们的市场需求并不匹配。我们要做一些开花生理的研究，针对我们的国庆、春节这些节日，进行相应的花期调控。实际上，要把一个野生花变成一个家生花，是要掌握它从品种选育到种苗繁育到栽培到开花调控一系列的技术，这个过程是非常漫长。

通过10多年的工作，我们已经打通了从基础研究，到产业化技术研发那么一个链。我们现在跟企业合作，把这些技术成果转化到企业，然后把规模放大，最后进行示范，进行推广，来服务于社会。我们研发出来的品种，比较重要的一些品种，比如说兜兰的金童、玉女、夜光杯、汉美人、文美人，总共有十四五个品种。

魏老师把论文写在斗南鲜花上

魏兆祥老师1993年底就退休了。他为人非常随和，有非常敏锐的视觉。他跟花农打交道，比较有亲和力。他讲出来的语言，花农能理解。他经常到田间地头去，一方面能了解花农的需求，另外一方面呢，通过他非常朴实的语言，让花农了解他。斗南花农都非常乐意找他，他也把自己大部分心血贡献在了斗南花卉生产的田间地头。

那几年在斗南，魏兆祥老师的主要精力是用在扶持花农这一块上了，他把大量的心血贡献在斗南花卉上了。用流行的一句话说，就是他把论文写在大地上。就是在中国科学院，这也是比较独树一帜的。应该说大部分科学家呢，还是习惯做基础研究、发表论文这么一个模式。魏老师不同，他的心里想的，就是如何通过把我们的技术提供给花农，提供给花农种植技术，让花农通过种花获得经济收益，

魏老师从学校毕业以后，先在农垦部门工作了一段时间，然后才到咱们植物所来工作，所以他比较了解基层的需求，也比较有和基层的花农打交道的经验，能够用比较朴实的语言来教花农种花。魏老师

对斗南的花卉，应该说是一个开拓者角色。在魏老师的带动下，斗南花卉才有了种苗，另外斗南花农也才有了技术，斗南花卉才慢慢地扩大起来了，逐渐地形成了气候。

魏老师给我最深的一句话，就是我到植物所报到的第一天，魏老师跟我说的话：作为一个青年人，一要学好外语，二要有志向。他对我说，你一定要努力，10年后，就会有很大的差别，就能看到你的进步。他让我要学好外语，说这个非常重要。包括对他自己也一样。因为当时国内特别是昆明，种花的好多技术，种苗啊什么的，都是来自日本。所以魏老师那段时间在自学日语，经常带着一个随身听，听日语。我觉得这对一个50多岁的研究人员还是很不容易的，这种精神非常可嘉。

我对魏老师的这句话印象非常深刻，就坚持努力学习。我原来是一个中专生，1999年开始考研究生读硕士、读博士，2005年拿到了博士学位，2012年评上了研究员。目前我自己带领一个研究团队，从事花卉的研究，特别是对云南特色野生花卉的产业化技术研发。

魏老师非常有远见。他对这个花卉市场，非常敏感。他说了一句话，别看花卉现在还很小，10年、20年以后，我们中国的经济发展了，花卉一定会形成一个大产业。从现在来看，魏老师是非常有先见之明，能够预测到了我们今天的发展，甚至今天的发展大大超过了魏老师原来的预期。

胡　虹

花开三带VS花开六代

口述人：胡虹（中国科学院昆明植物研究所研究员、云南省花卉规划课题组成员）

采访时间：2018年7月3日上午
采访地点：昆明植物研究所草坪
访 问 人：余卫东　杨亚伦

我叫胡虹，是第一批恢复高考的大学生，1982年，从云南大学毕业就直接分配到昆明植物研究所来了。

当时我师从于段金玉教授，她是吴征镒先生的夫人。我自己的学科背景是植物生理，我进的也是植物所的植物生理研究室。当时我的导师是这个研究室的主任，具体从事的学科是植物生理里面的细胞这一块，那时的组织培养，还是一个刚刚兴起的生物技术，所以我进植物所后，就跟随着段金玉教授做植物的组织培养方面的工作。

学术上的花与作为商品的花

由于这个方向里面就涉及了很多的花卉植物，其中兰花，还有我们现在流行的球根花卉，百合、风信子等都纳入了我们探索的范围内，我开始接触了花这样一个概念。但是当时的花还真不是商品花的概念，而是植物的一个器官，一个非常重要的生长阶段来理解的花。所以，花这个概念于我早期的概念是一个学术的概念。

后来，整个国家当时是个刚刚开放的这么一个过程，我们的导师都极力希望我们能出去，能到国外去学习和掌握一些新的东西、先进的东西。应该说是20世纪80年代末期到90年代初，我就公派到法国去了，去的时候也是学的生物技术这个领域，当时的课题还和花关系不大，但还是资源植物怎么服务国民经济的问题。所以，我当时带去的问题还是这个课题怎么在我们的白药里面，在我们的药里面应用以及化妆品里面应用。因为法国是一个化妆品大国，他们的化妆品公司很早就与我们所有研究，就有联系，希望引入我们的资源植物去服务化妆品。

我在法国的很长一段时间里，我也会拜访那些地方的教授，他们会请我去吃饭。这个过程中我发现，我们中国人带去的总是一些小丝巾啊，或者一些有中国特色的礼品，觉得这是一种礼节、礼貌，体现我们中国的文化。我还会带一些音乐唱片之类的礼物。但我注意到，当时法国人，当地的人，手上要么就是拎一瓶红酒，要么就是拿一束鲜花或者一个小盆花、小盆栽，这是他们日常交往的一种形式，并没有很多贵重的东西，与朋友交往的过程是重在交流。当时我就注意了他们的红酒和花，酒离我有点远，但凭着一个女性的一种直觉吧，还是非常地注意到了他们手中的花。

从交往的过程中，我注意当时巴黎街头的花店。我们中国城市通常是菜市场很多，但是他们的菜市场分布很少，花店反而很固定，而且分布比中国要多。一般花店都很固定地在街道上，花店里有各种花，插在桶里的鲜切花，有小盆栽，还有干花。甚至有用松球做成非常艺术的小饰品，一些挂在墙上的装饰品，形式非常多样。这让我很吃惊，因为当时我们中国人，一般是在春节之类的节日，有个切支，或插个插条，插在花瓶里，用的是贴梗海棠之类，还有我们云南人的山茶、桃花等。这样的切支会插，但是把花拿来做切花还不多。

我们昆明植物所早期是“花卉工厂”，引入了康乃馨这样的一些切花进来的，因此我注意到在那个时候，不光康乃馨，大量的玫瑰品种，还有很多很多的品种，我都叫不上名的很多花，这个时候我开始注意到了花卉的这个事情。

当时我还很年轻，背个大背包我就去旅行，应该说法国的大部分我都去旅游过了，跟着年轻人，或当地的留学生就出去了，我们也会坐着青年火车直接就去了欧洲的其他国家去看，就发现不光是巴黎街头，其实在欧洲的街头，花店是个很普遍的事情，是人家的日常生活。花这件事情于我来说，引入了一种概念了，从感性的这个方面，我还注意到了花卉的经济活动。当时我就在想，这么多花，在哪儿种呢，怎么运输呢，我们总是觉得沉甸甸的一大盆不容易搬运。我也会看见外国人家运花的那个车，摆放都非常的有秩序有规律，不像我们这里是农民干的事，他们看上去是一些很工业化的过程。我对这个过程有了深刻印象。

回到植物所以后，于我来说又面临一个重新地选择，因为我的导师段金玉教授退休了，她也就把一个摊子留给我来，当时就是研究的一个方向就放在那儿，我要不要去接？接什么？怎么接？怎么往前推？这于我来说需要有一个思考的过程。

我回来以后，其实当年的花卉工厂这件事，已经在昆明斗南燎原开了。花农已经自发地对种苗有了要求，当时最流行的是康乃馨、满天星这样的花卉，包括非洲菊、勿忘我，斗南花农会直接就跑到我的实验室来，跟我说你会做组培，你能不能帮我们生产点种苗，现在种苗很缺。这对我们来说，技术上不是难事，因为我之前做过兰花的规模化繁殖工作。我在1985年左右，做过香荚兰，是直接服务产业的这样一些工作。所以就把这个事接下了。于是我们就去斗南田间地头采种苗。因为要有一个外植体，把这些东西采进来以后就做了，就是在有意无意之间推进了这件事。我们的种苗放到斗南去，受到了很大的欢迎，种苗的质量不错，这事情传开了，就源源不断的来人。

这样一来就欲罢不能了。对我来说，花卉种苗组培能不能成为我的一个方向，是我必须思考的一件事，因为一个自发起来的产业必定有客观的优势。除了我们推动以外，他还应该有自然的东西在里面，在这个过程中，我在自觉与半自觉里把它往经济方向思考了，其实我当时还念在一个硕士的学位，就是在做这个科技与国民经济关联的。这都强化了我的一个理念就是，我们的科学研究和国民经济之间的关联度其实是非常高的。而花卉可能会是云南的一个新亮点。烟、糖、茶、胶都是我们传统的东西，而花可能会是一个新东西。

对我们植物所来说，我做过一点分析就是，植物所原来服务的农，像水稻、苞谷这样的大作物，林，都是我们云南的传统优势，但是我们植物所往下走，受到了推广的局限。但花是一个很精细的东西，我在欧洲看见过的东西，它都很精细。特别是90年代中期，我随了一个政府代表团，再次回到欧洲去考察的时候，我在那次的范围更广，一直奔到花卉的原产国，应该说是花卉的制高点——荷兰，当时我去看了荷兰、德国、比利时等等这些国家，其中荷兰的印象极其深刻。我们进去以后发现花卉的规模之巨大，完全超出我们的想象，我去的时候，刚好遇到盛开的郁金香，多么让人觉得惊叹，看见那种地毯似几十公里延绵的花海，真是很让我感到震撼。

后来才了解到，荷兰的花是旅游产品，它的经济形态还有一个就

是卖花。其实郁金香，球根才是它核心的经济价值所在，我们就同时考察了他们这个把花来作为一个产业是怎么安排的。荷兰花卉产业的精细程度，对我来说非常震动，我发现花卉远远不是我们想的那个样子，远远不是我们房前屋后或农家的那点事。它是一个经济的，可以作为产业来做的一个经济行为，它里面贯穿了非常深厚的科学和技术，还有很多后续的服务体系。还有大量的文化加进去，因此花卉成了一个非常精致的产业，完全可以作为一个工业化的东西来发展，而不是原来我们想象的那一种。因此我暗暗下决心，就是我自己的科研行为要比较多的切入花，以花作为我的科研的方向和出口。

花开三带到花卉产业规划

我们当时也给云南省做一些花企，与花卉产业相关的科研院所有广泛的联系，这个里面我们也在思考，我们与花卉科研院所是否平行，大家都去做同样的东西，比如都在做种苗，我自己也在做种苗。和农科院的花卉所、和企业可能会有某种重叠，不能体现中科院的优势。

当时我们提出来的“花开三带，果结八方”，其实我们的前辈们就已经看得很清晰了。为什么叫“花开三带”，云南省的自然气候就是一个立体气候，我们有真正的寒带，寒温带，亚热带，一直到真正的热带如西双版纳，我们在温带、亚热带、热带，这三带我们都找得到资源的支撑，也有生产地的支撑，“花开三带”当时指的是气候带。“果结八方”，我们云南省的气候带本来就丰富，可以种出各种各样的果，比如现在的咖啡、澳洲坚果等等，没有原产云南的，在我们这里照样可以结果。

我觉得早期的老一代的科学家们，他们的视野更加的宏大，更加的有层次，我们植物所比较多的还是以资源气候这样的大理念和我们科学研究的基础理论来更深层次的服务于我们云南花卉产业的这个大产业，这可能是我们更加准确的定位。

在这个过程里面，我调整了我的方向，逐步地再回归一些基础理论。我自己定位比较多的是做兰花。我做的兰花研究，是狭义的兰花和广义的兰花都在做。因为兰科是一个大科，兰科这个大科可以服务的既有花卉也有现在的大健康产业领域里面的药物这一块。作为一个资源植物来说，我比较多的定位是在兰科植物上。高山花卉也是我盯的一个方向，因此我也承接过云南省高山花卉的一些项目。比如说我自己做的一个方面种类叫杓兰，还有现在云南省做得非常好的杜鹃这一类的。我的学科背景是植物生理的背景，同时还有生理生态这样一个理念，来把基础理念做透。

“花开三带”，现在应该算是云南省花卉非常重要的理念，张敖罗应该是推进云南省花卉产业的泰斗级的人物，重要的人物。应该说他在很早的时候就引入了这个理念。我进所的时候他已经是我们所的副所长，后来他就调到科技厅去任职了。因为他自己是做资源的，他对云南的资源极其的熟悉，所以到他推进的云南“18工程”等等，都把花卉纳入了其中，成为18项工程中重要的一项，就目前来看，也是非常成功的一项。那么在这个过程里面，我也参加了他的花卉产业里面一些早期的科技的支撑，以及后来就是我们说的那个规划了。

“18工程”对我们影响是蛮深的，20世纪90年代中后期，我就开始大量的把我自己的方向就融入了花这个概念。在植物所比较明确地提出花作为重要方向的人，还有其他几个科学家，比如我们做茶花的，包括张敖罗的夫人夏丽芳教授、张长琴芹教授在做杜鹃，管开云教授在做秋海棠，龚洵教授在做木兰，他们之前还有老一辈科学家在指引着他们，他们的做法和我的做法应该说异曲同工，就形成植物所服务花卉的一个群体。这几个大类群都是重要的资源，云南省重要的花卉资源。这个资源怎么服务与于云南省，就是一个很重要的方向。

当时张敖罗安排18工程办来引领这件事，是希望植物所能去参与规划。植物所推荐了我去，我觉得这也是个学习的机会，参与了规划的起草。这个过程中我又更多地学习到了很多东西，比如气候带的，整个世界范围内的花卉是一个什么概念，包括之前我们很少关注的产业后期的一些，包括运输、交易、物流、国际拍卖中心，等等这些，都是我在那个规划里面学到的。我当时比较多的是从科学技术这个角度来提供规划的，就是我们怎么把云南省从一个引导和自发的过程里面，更多的注入科学和技术，来支撑产业向更好的发展。我从一个纯粹的科研工作者理解了花卉的产业是一个综合的大事业。这点对我自己的知识的拓展非常有帮助。

植物所服务斗南花农

魏兆祥教授在20世纪80年代中后期与日本的合作中，看到了用设施栽培，特别是康乃馨，可以用设施栽培出特别漂亮的切花。他就把这个设施引入了植物所做小规模的实验。后来他拿到科技厅的一个“花卉工厂”的项目。花卉工厂就是要以一个工业化的方向做一个产业的思路。魏教授是一个特别能踏实的进入产业的人，我后来去斗南，农民来找我的时候，他们口里声声念着的就是魏老师。

当时我去斗南的时候，魏老师也还在服务斗南，他给当地花农做了大量培训，当时就已经把很多花卉公司引入了斗南，像台湾的芊卉，香港的缤纷园艺等等都来，台湾、香港和他们有广泛的接触。魏老师和农民的交流是第一手的，不仅是把种苗介绍给他们，教他们怎么种植，而且有那种夜间的辅导班，也有白天的辅导班，教农民怎么种植。

有一个情节对我来说印象很深刻，我们拉网来种康乃馨，或者要种球根的百合，我们洒农药很多，但是将来怎么把农药拿出来？一个是农药，一个是化肥，上面又遮个棚。平常下雨的时候，这些东西就顺着雨流出来，但是当你在上面搭一个设施的时候，这些东西就出不来了，怎么办呢。后来，魏老师跟我说，台湾人是放水漫灌，然后再把它撤出了，这对我来说还是很新奇的，而且听说是非常有效的，那么把这些水放进去泡几天，然后撤出来，肥料和多余的化肥，还有一些农药，因为水淹的过程是使一些病虫害也能得到遏制。魏老师把这些国外的技术、先进的理念引入了斗南花卉的实践中。我认为，魏老师是斗南花卉产业的先驱者，所以我一直都说他是星星之火。

我和魏老师的个人关系挺好，我们总说星星之火可以燎原，我觉得燎原这个事是农民自己做成的，但是魏老师点燃了这把火。我非常敬重他。他现在走了。我们这边的还有一些科学家，他们早期都对斗南花卉有贡献，就是个人贡献的方向不同吧。但就花卉产业来说，魏老师是有非常早期的贡献，他比较倾向于跟市场、农民打交道。

早期我在斗南其实也算个活跃人物，因为我要去了解花农想要什么样的种苗，他的种苗下去以后是什么样的表现。当时我们的外植体就是我们要采的那个苗的来源，也只有去斗南。所以我当时有10年在斗南比较活跃，现在新的一代起来了，无论是种植者，还是科研人员，新的一代都起来了，现在我去斗南都已经不太认识人家，人家也不认识我了。

我直接服务于斗南，其实是勿忘我这个品种。勿忘我早期的消费和国外的公司，和其他地方有所不同。国外人家其实是制种的，但是制种的精细度，他后面切花的精细度没有那么好，但是我们斗南的农民把这个过程认知得非常精细，就是蓝色要蓝到和色卡那么准确，那个穗子有多长，那个延体要有多高，每一株拿出来有多重，已经到了精细无比，这样的纯粹一把种子撒下去是做不到那么精细的。这个时候组培就有了它的特别的服务范围，而我也在这个里面得到了一个理念，就是市场的要求有时候比我们想象的要高，这也是我在思考的问题，就是我们将来的科技能够支撑的范围到底有多精？

我们通常都会认为产业是一个粗放的过程，其实这件事情对我的思考反而是倒过来的，当我们的基础理论完成以后，产业的要求是十分精细的。如果我们不知道基础理论我们整个的技术是没有来源的，但是倒过来说当我们的技术非常粗糙的时候是支撑不了产业发展的高端需求的。所以我在跟农民的交谈过程中，他们不停地问我：你的种苗种下去后好不好？农民的反映是直接的，这批不好，不好就不好，他会来退种苗的，会要求来退订单，会要求你还他的定金的。你的这批种苗下去撑不住了，长不好了，农民不给你讲这些情面，没用，长不好就是长不好，你还我的这个来。他要求你精益求精，精而又精，你要把最快做好，你就要走到田间地头去。我这个品种现在在斗南也还算是一个标杆，一直做得还不错。

早期人家是邀请我做满天星的。有一个花卉公司老总说，你一定要把我的这个种苗做好，你给我一颗好的种苗，我就栽出一颗好的满天星。当时一颗好的种苗，栽出一公斤的满天星是没有问题的，而且是有几茬。如果好的赶在春节那几天上花。有人跟我说，我担一筐满天星，就可以抱一台彩电。这应该是90年代早期吧，那时彩电还很值钱。当时我听了很震撼，你想那时彩电在我们心里面是奢侈品的代名词。我说，不会吧，他说，会。

花开六代人

“花开三带”指的是一个气候带，但是我们这个植物所服务云南地方国民经济，具体来说服务花这个事情，不止三代人了。

回顾昆明植物研究所支撑云南花卉产业发展到这个阶段，回溯这个历史，差不多是有五代人。在我特别敬仰的吴征镒先生这一代其实是第二代，他的老师辈，胡先骕、汪发缵这些先生，我们所时1938年建的，30年代他们就进入云南了，是以资源调查为主要目的，因此他们大量的是在采集标本，摸索家底。然后就到了蔡希陶、吴征镒，包括我们的冯国楣先生，他们应该是第二代人，进行对云南省的资源调查和相关的科学工作。接下来应该到第三代人，像张敖罗、李锡文、夏雨芳等，50年代末期进入植物所的这批大学生，也对整个云南的资源，植物资源、花卉资源做了大量的工作。

接下来应该是我们这一代，像张长芹、管开云、龚洵等，这样的一批人应该是第四代，那么我们这批人做的工作和早期那批人就在工作的目的上有些差别了。我们这代人和我们下面的人，比较多的是研究资源在这块地方的生物学习性，以及将来怎么服务于云南省地方。可能接下来是这样一个理念。

前三代人主要是摸家底，中国到底是怎样的一个家底？云南到底是什么家底？你用这些东西来怎么服务地方经济？这是他们主要的任务。之前的老一辈是对家底摸得非常清晰、非常透彻。而我们比较多的开始研究，它们的生物学习性，他们摸家底的时候也在摸习性，但是系统的来摸可能是从我们这辈，一直到下面，再下面。接下来我自己也带学生啊，那我的学生像张石宝、严宁这些人，现在他们都已经完成了从博士到博士导师的过渡。张石宝现在也已经是兰科这个门类的一个传承人。

我想这五代人都踏踏实实地在做云南植物资源、花卉资源的摸底调查，以及相关的一些生物学属性，一些生物学的基础理论，以及到后面的一些生物技术，服务产业这样一些工作。这是五代人都在进行的工作。张石宝自己也在带学生了，第六代其实也已经出来了，他的博士生今年也已经毕业了，也在做着相似的工作。

所以我说“花开三带”是指气候带，我们这个科研“花开六代”，也已经在往前走了。我相信云南省的花卉产业应该会持续不断地往前走的，因为无论是产业自身，还是科学的研究，科学的后继传人，都是源源不断的。云南的花卉产业，我自己对它信心满满。

吕春朝

植物所的两个贡献

口述人：吕春朝（中国科学院昆明植物研究所原副所长）

采访时间：2018年7月3日下午
采访地点：昆明植物研究所办公楼前
访 问 人：余卫东 杨亚伦

我叫吕春朝，生于1939年，1958年到昆明植物研究所工作。我高中毕业后就到昆明植物所了，后来念过云南大学函授大学生物系。在植物所一待就是60多年了。

说到花卉，我们所建所初期，主要做木本花卉研究，例如云南山茶花等。“文革”以前，我们的花卉研究涉草本花卉并不多，记得引种过一些茶花、海棠，没有如今的鲜切花卉。那时候，我们对鲜切花卉知之不多，主要做如茶花、杜鹃花等这类木本花卉。鲜切花卉是改革开放以后，从外国引种而来，了解到荷兰是生产鲜切花卉的主要国家。国外有很多美丽漂亮的鲜切花，丰富人们的生活。

1979年，全国科学大会以后，我们就对鲜切花卉逐渐有些认识，而且想做鲜切花卉。我设法转手从荷兰引进康乃馨，就是我们常说的香石竹。但香石竹怎么种？我们心中也没有把握。我们查阅资料，借鉴国外经验，开始实践和摸索，直到我们自己种的香石竹开花了。我们把重点放在培育种苗上，自己培育的种苗，种植开花了，我们心中才有点数了。以前认为鲜切花卉是资产阶级的东西，在这样的观念下，不可能做鲜切花卉研究。

繁殖组培无毒种苗

改革开放以后，广大民众的观念开始有了转变，对花卉的认知和需求都逐渐提升。社会生活和工作环境也很需要有花卉，这个市场很大。荷兰有很好的香石竹品种，人家有品种专利，引进国外的香石竹品种，需要付出代价——要交专利使用费，不能白给。我们在引种栽培实践中，学会检测种苗病毒，学会脱毒，生产无病毒种苗。国家对进口花卉种苗有严格管理制度，控制病毒带入国内。引进种苗要经过检疫有没有病毒，有没有有害的东西，办完有关检疫手续后，才能种植繁殖。我们都遵守国家规定。

80年代中期，魏兆祥老师带着香石竹种苗，与几个同事到斗南去找华明昇来种香石竹。我跟魏兆祥去过这位农民地里看过几次。大约有两分地左右的面积种香石竹。我们帮他整地、栽苗，教他用竹子来搭塑料大棚，教他施肥和管理。那时的塑料大棚比较矮，人要弯着腰才进得去。在这两分地上种香石竹，当年他就卖得6000多块钱。这位农民很高兴，我们无偿帮助农户，取得一定成效。

农户有了收获，还希望继续种香石竹，他想自己繁殖种苗，自己来种。我们引导农户需要用脱毒种苗来种，这样花才开得大、开得好。自己繁殖的种苗带病毒，花会变小，品种要退化，而且土壤还要消毒。他有点不相信，自己扦插繁殖种苗自己种。结果第二年种出来的花也没有那么大，没有那么好。我们告诉他，这是病毒感染了，不能这样种。在我们还没有自己的专利品种之前，我们得花钱去买专利品种。这个道理，斗南农户花了几年工夫才真正明白。特别是连年在一块土地上种香石竹，土壤里的病毒多了，对香石竹有很大危害，土壤也要消毒。不消毒花种不好，效益也不会好。

20世纪80年代，在云南省科委支持下，全省组织一个组织培养的协作组。我们研究所的段金玉牵头负责，有农科系统、高校系统的人参加，从培养基选择做起，繁殖组培无毒种苗，在全省推广应用。做香石竹、唐菖蒲、满天星、非洲菊、勿忘我等，全省慢慢地逐步推开，现在成为常用技术了。这件事省科委很有远见，为全省花卉生产打下基础。后来，推广到香蕉脱毒、马铃薯脱毒。灭菌消毒、病毒检测等技术大家都能掌握了。

我们所集中力量做香荚兰，香荚兰果实发酵生成的香气用于制作巧克力，有特殊香味和特殊味道。段金玉领导香荚兰工厂化生产种苗，在西双版纳种植取得良好成效。

1986年，我们向省科委申请工厂化生产花卉种苗的试验示范项目，投入160万，建成相关的组培和种苗生产设施，利用这些设施，我们研究了鲜切花卉种苗生产的各个环节，包括脱毒组培、病毒检测、愈伤组织分化培养、组培苗过度的光、温、湿等条件控制等技术，形成系列化成套技术集成。为鲜切花卉种苗工厂化生产提供经验。

花卉种植的土壤消毒问题，也是值得重视的问题，对于继续发展花卉产业很重要。我们还要摸索出自己的经验来。

云南省花卉产业发展40年来，取得举世瞩目的成绩，斗南成为亚洲花都，这些都是值得肯定的好成绩。一年可以几十亿支的花卉往外销，是了不起的成就。回想起来，我们只是做了一些先驱性的工作，政府的引导、科技的支撑、企业的兴起和花农的进步支撑着云南花卉产业的发展。这是云南的特色、云南的骄傲，我们希望发展越来越好。

为云南发展鲜切花卉，我们做种苗快速繁殖的研究，然后把这个技术成套的推广出去，大家能掌握这个技术，这是我们的一点贡献吧。

培育创新品种

现在的问题是我们的贡献体现在什么地方？我们没有自主创新的新品种，好多花卉要花钱去跟国外去买来。2018年买、明年买，花不少钱。但是这个钱值得花，花了以后你卖的苗觉得赚钱的，比你自己花钱研究来得快，我们这里没有品种的时候还得走这条路。

我们所里后来做的贡献，就是自己培育创新品种，虽然这个过程有点慢，但是我们一定做，我们所胡虹研究团队，她们现在做了很多事情，斗南的品种选育，杜鹃花的品种选育，茶花的品种选育。现在我们注册的品种已经达到几十个、几百个，花卉产业就会有后续的支撑了。这个才真正叫自主创新。

外国人把云南叫作世界园林之母。有部书里是这样的。因为很多原始种都在我们云南，而且特别是在滇西北高山上的很多，百合花，龙胆花，我们说的八大名花很多原生地都在那儿。所以自主创新培育新品种，才是我们现在应该走的创新道路。当然开始的时候肯定很艰苦了，不一定成功。习近平最近在两院院士大会上讲，自主创新是什么，九死一生，你做十次实验，可能九次都要失败。这个不是说说就能成功的，虽然我们哪怕是有百分之一的希望，我有百分之百的信心去做。你不坚持做，将来绝对不会成功。所以我们所现在重点的事情就放在新品种的研发上。不是说所有花卉的新品种我们都可以做，只能一个一个来。现在他们做些兰花的，就够他们做好长时间了，确实出了不少新品种。

花开花落是有自然规律的。春天茶花就开，然后杜鹃花开，但是我们人类的活动需要花卉不一定就是那个时候，如何才能控制开花时间，这也是个难题。所以我们这方面也在研究，像张石宝研究团队，他们就做开花的调控。按照社会生活的需要，今天要什么花，我就能生产什么，让它开花，这个也是可以做到。科研单位主要就是做一点尝试性和创新性的工作，科研成功以后，就交给别人去做。我们自己不能一竿子到底。

斗南我是去过两次，魏兆祥就去得比较多。那时我们是去求农户种，农户也不知道怎么种花。我们教他们，我们带去种苗，让他们种下去，告诉他要一个塑料大棚，保温保湿，这些都还是容易做到。那

1994年，斗南花农在花卉大棚里劳作

么防虫防病，开始栽这个问题不突出，年年种就突出了。但这个农民我不记得叫什么名字了，那时候大概他有20多岁吧。只要有钱可赚，你不要去推广，大家都会来做。好多家就跟他要苗，他也发财，第一桶金还是他拿的。但是后来不知道他继续做没做了。我们去推广、培训农户，农户发展起来，对国家也是好事。

花农第一年把种苗种下去，必须按我们说的办法去种，如果粗制滥造，没有人管理，肯定是不成功的。不成功他也就不做了，赚不到钱，农民很现实的。成功的，他就很细心了，他就把这个老的母株苗剪成几段。我告诉他，每个节有一个芽，那个芽就还可以长出新植株来，他就两段三段插在土里，它就会生根，因为当时的第一代种苗比较有抵抗力，也比较容易繁殖。那么他就把用不完的就种苗卖给别人，他肯定是抢先有收入了。他种的花长得小了，就带着问题来找我了：为什么我这个种的花这么小，长不大了？我说我早就告诉过你了，你要种苗以后要来找我，你要走这个科学的道路才行，不然你这个种苗还是要生病，花还是不好，达不到你说的目的。

花农的收入多了，农业部门也有功劳。他们就不断地跟农民推广这些技术。因为我们刚才说了，我们有个组织培养协作组，教这些大家组织培养的办法，来做组织培养苗。玻璃瓶里有培养基，拿一小段的芽放在里面，然后在光照，温度的条件下，它就慢慢长起来。

除了花卉之后，还有一个问题是后续的保鲜。花苗种下去，这一两个月半个月之内，花都开了，但是你不能半个月之内把花都销完。所以现在建了冷库，把将要开花的香石竹，一捆一捆地拿好放在里面，然后过一段时间就可以又错开这个季节了嘛。

国外都是很现成的东西，看看人家怎么做，我们回来就可以做了。比如大花蕙兰，日本人做了很好，在昆明咱们有几家，那个要3

到5年才能开花了，但是它也很赚钱的。它从小苗做起，一直到一株大花蕙兰要卖几百块钱的。还有蝴蝶兰，这些都很成功了，都通过培养苗的办法。兰花的苗长得很丑，但它那个苗需要过了3年。你3年是卖不出东西的，第4年和第5年才能有东西。前3年前4年的投资就压在那了。没有这个精力你硬是弄不出来的。

下一步斗南花卉产业要转型升级。常规的生产鲜切花卉的技术，用不着我们去管了，企业很多技术研发他们都会的。现在的核心问题是要培育新品种。要从中国制造到中国创造，中国制造是可以拿外国人的东西拿来我们制造，现在变中国创造就是要培育新品种这个事。胡虹研究团队就是要攻克这个问题。现在做了很多，兰花可以做，还有杜鹃花我们慢慢也做。

云南花卉前景广阔

云南的这个花卉前景很广阔，但是我们这辈再加几辈都做不完了。这是我们自己的优势，我们家门前的东西，但是我们确实也做不完，慢慢来做。外省能够来和我们合作做，我们也欢迎。

从我自己来说，进入花卉的工作是改革开放以后，花卉科研刚刚恢复。那时候是强调药用植物、香料植物，对国家工艺生产有用的东西做的很多，那些是我们的重点，花卉是提不上重点的。

“原本山川，极命草木”，是昆明植物所的所训。1938年成立植物研究所的时候，所长胡先骕先生就让云南省的教育厅厅长龚自知题词。这个所训有很多解释。仁者见仁，智者见智。但是我们认为比较切合我们植物研究所的一个方向目标的一个解释，就是吴征镒先生说的这几个字了：“植物既是环境和资源环的重要部分，有必用于提供资源，以改造环境”。

王继华

国际一流才称得上“世界花都”

口述人：王继华（云南省农科院副院长兼花卉研究所所长）

采访时间：2018年7月3日下午
采访地点：云南省农科院花卉研究所露台
访 问 人：余卫东　杨亚伦

我叫王继华，来自云南省农科院花卉研究所，现在我是花卉所所长。我是1995年大学毕业后就参加工作，到了当时的云南省农科院园艺所的花卉课题组。

随着花卉不断地发展，我们农科院2004年成立了花卉研究所，我也到花卉研究所从事相关的工作。2006年，我担任所长一直到现在。在整个行业里面，已经从事了花卉的研究工作20多年。我一直在这个花卉战线上，做科研及相关的一些服务工作。

斗南花卉发展到今天有必然性

我从事这个花卉行业产业20多年，见证了斗南花卉市场，从小到大，从无到有的这样一个发展过程。我觉得斗南发展成为今天，亚洲第一、世界第二的花卉交易中心。其实有它存在的一个必然性。

斗南花卉市场在20个世纪80年代到90年代开始，逐渐发展。从当时的一个菜市场，然后逐渐发展成一个专业的市场，又发展成为我们说的现在的国际化的一个电子拍卖交易中心。它的发展其实有它自己的一些内在的因素。

第一，我觉得云南，特别是斗南为代表，地处滇池周边。有独特的气候和生态条件，是全球最适宜种植花卉的地区之一。再一个，斗南当时的农民，具有很强的一种开拓能力。从以前传统的粮食作物逐渐发展成种蔬菜，然后逐渐发展成种花卉。他们斗南人的开拓能力非常强。第三个，我觉得是大的社会背景，随着我们国家经济水平的不断提升，人民对花卉的需求越来越多。所以也催生和促进了斗南的花卉产业逐渐从小到大地发展。

斗南经过二三十年的发展，在国际上已经有非常显著的地位。目前为止斗南花卉交易市场，应该是在全球排名第二，亚洲排名第一的位置。这个交易市场含几个方面，一个就是我们说的传统的对手交易，然后现在还有我们说的这种电子交易，也就是拍卖市场这种交易模式。现在又引入了电商的交易。所以它整个的交易额和交易规模，在全球排名前列。我记得它的交易额大概应该有150多亿支。这个数量应该是排名仅次于荷兰的阿斯迈尔拍卖市场，比日本的大田拍卖市场要多。我觉得他整个的这种地位，应该是非常重要的。

现在整个斗南的花卉市场已经成为我们国家，甚至是整个亚洲鲜切花的价格形成中心。我们有定价的机制，斗南的花卉价格就决定了全国甚至是亚洲的一些花卉的价格。是一个非常重要的花卉交易中心。

云南省农业科学院花卉研究所承担的就是我们云南省，甚至在全国花卉领域一些基础性，战略性，还有市场需求的一些研发工作，主要围绕着花卉的产业需求，针对花卉产业存在的一些问题，开展技术研发和资源创新。

云南是全球花卉资源分布的中心。国际上有一个谚语说，没有云花，就不成花园。说明全世界的花园都有云南花卉的种质资源在里面。花卉是一个一二三产业充分融合的行业，是我们的一个重点工作。同时我们还开展花卉的一些加工。我们说的三产融合，能够不断延伸产业链，把花卉的美容功能，健康功能，把它从那开发出来。这样云南的花卉产业除了能看以外，把它的内涵扩展，有更好的产业价值，同时也能为产业提供更多附加价值。

为斗南提供优质种苗

1992年在省农科院园艺所下面成立了花卉课题组，从课题组开始，我们就立足于产业需求，和斗南建立了一个广泛深入的合作。比如说我们的一些科研成果，研发的一些种苗，一些品种，当时就在斗南进行了推广及应用。同时在斗南我们还设立了一个门市，主要就是推广我们的产品，或者研发的一切科研成果。当时我们门市就在老市场里面，那个时候在菜市场。后来我们随着菜市场的发展，我们的门市也逐渐搬迁，搬到新的市场。到现在我们还在这个斗南，我们现在收到呈贡区政府的邀请，我们会在里面建一个叫作国际花卉产业研究院。

我们不断升级对斗南的服务能力，花卉所从成立，就和斗南建立了一个非常强的合作关系。我们的科技人员，跟斗南当地的这些花农花商都非常熟，大家都像一家人一样。

从90年代开始，我们大量的种苗，都是农民自己繁殖，这样造成了病毒含量多，产品质量很差。在这个基础上，我的前任熊老师看到了这个问题，就开展了种苗的国产化。我们从组培苗开始，逐渐发展到扦插苗，再开展种球的生产。这一系列的工作，为斗南整个生产提供了很大的种苗支撑，通过提供了优质的种苗，保证了斗南鲜切花的质量不断提升。

农业上有句话就是，农以种为先。要把花种好，种苗或种子的质量是第一位的。我们从这方面来入手，支撑斗南花卉产业的不断发展，再随着整个市场的不断发育，现在有很多搞种业的公司，都是当时我们培育和服务的一些对象。他们逐渐发展起来以后，已经具有很强的种苗生产能力。

之后我们就逐渐转向，逐渐在往前端延伸，盯着品种，因为品种还是依靠于进口。这也是一个产业的制高点。如果掌握不了品种，就掌握不了整个产业，这个品种就有点像我们手机上的芯片，其作用是一样的。我们把主要精力放在新品种的研发上面。比如说我们研发的玫瑰品种、非洲菊的品种，在市场上得到应用。我们做的还有一块工作，就是在提升行业里企业的自主创新能力，让千百家有创新能力的企业，能够具有更强的创新能力以后，这个产业才能发展。仅靠科研单位，它是不可能把整个产业支撑起来，我们和很多企业输出了很多的技术。比如英茂，锦苑，芊卉，还有很多这样的企业，都采用我们输出的技术和标准，帮助他们从事科研，从事育种，包括绿色种植的技术研发。花卉所的作用就是引领，就是支撑。引领就是我们要把一些未来的，两年三年甚至更长时间的技术来进行研发，然后通过展示推广给企业。再一个就是支撑，就是在产业中要发现一些问题，比如说种植的方面，病虫害的防治，还有我们说的，产品质量如何控制，我们就提供技术来改进这些薄弱环节，让这些短板能够补齐，提升行业的自主竞争能力。

在这种支持下，整个行业的科技进步做得非常好。三支花鲜切花里面，有两支就是我们云南生产的，而且我们现在的小盆花，就是大家看到的小玫瑰，还有我们的一些，像多肉植物，还有兰花，我们研发后，有很强的市场竞争力。云南的花卉，在全国是领先的，我们具有话语权，也有定价权。

未来的发展，我们还有个更大的目标，除了要把支撑云南的花卉，更多地应用到国内市场，还有个就围绕着国家"一带一路"倡议，我们现在也开始在布局。比如说我们在柬埔寨，在缅甸，和当地的企业或者是一些科研单位，来共同建设联合创新中心。我们通过这种方式能够把我们的技术，把我们成果不断输出出去，为我们的"一带一路"发展，能够提供我们花卉方面的一些技术支撑和服务。

三代种植方式

刚参加工作时候，种花水平是非常低的。从目前来看，云南有三代的种植方式。当初进入的应该是第一代，花农采用的是竹棚，现在也还有，就是用竹子掰成拱棚。用土壤栽培，采用的灌溉方式也是人工灌溉，这种生产的花，在当时质量还可以。但是时间长了以后，它的土壤病虫害会很严重，产品质量会下降得很快。20年前比较低端的一个生产水平。随着我们不断地进步，有了第二代。

第二代，现在已经成为整个生产的主流，大量采用标准化的钢架棚，采用喷滴灌系统。采用了精准的肥水使用，还有一些高效的农药。现在我们整个的产品质量，已经有了很大的提升。大家可以在拍卖市场，多年来我们优质产品的比例可以看到。随着国家更加开放，随着人民生活水平不断提高，特别是发达地区，它的消费能力不断提高，对花卉的品质有了更高的需求。从国外进口的花卉在不断增长。我们现在在不断研发的，是第三代的一个综合生产技术。

第三代，是智能化的玻璃温室，或者叫作大棚，采用基质栽培，肥水能够实现零排放，可以循环使用，再加上环境控制技术，就可以充分地降低我们的病虫害发生风险。这种第三代生产方式，它的生产效率会更高，投入产出比应该是最优的。现在有跟我们合作的企业，以及我们孵化的企业，可以做到，盆花的亩产值，在第三代生产方式可以做到100万，鲜切花的可以接近40万—50万。创造了我们整个云南特色农业里面亩产值的一个最高值。

斗南要建成花卉国际创新中心

我们觉得斗南现有的基础条件，创新能力，在国际国内花卉产业的地位很不相称的。整个斗南的设施条件还很薄弱，它在科技方面，基本上没有太多的展示能力。斗南未来的发展，要对标荷兰的阿斯米尔市场。

阿斯米尔除了拍卖市场以外，周边有很多的研发机构，包括企业的，包括科研单位的。它具有很好的设施条件，所以我们觉得斗南下一步的发展，就是要围绕着鲜花小镇建设，实现花产产业的升级。最近我们也跟呈贡区委区政府提到，花卉所要主动服务，沿袭我们这

二三十年来对斗南服务的能力。

未来中国是世界花卉的生产中心和消费市场，从全国来看，花卉产业最核心的，最有影响力的，就是斗南。所以一定要把斗南建设好，才能够不断满足我们科技创新的需求，满足市场的需求，也满足人民对美好生活的追求。我们跟区委、区政府提出来，要建立一个花卉的国际技术创新中心，或者叫作产业创新研究院。这样能够支撑斗南的不断发展，这个研究院，我们会采用新型科研机构的方式来营运，不是传统的一个科研单位。我们正在构建方案就是，建成一个开放式的研究机构。可以吸引全球的科技创新人员、团队，还有资源到斗南来开展相应的研发和成果转换。可以把全球的科研成果，聚集到斗南来。一方面可以把斗南核心地位不断提升，再一个还可以把我们的成果辐射出去，带动整个云南花卉产业进一步提质增效。

斗南面临的机遇挑战，都是非常大的。我觉得现在是一个非常好的机会。只要我们抓住这个机会，未来20年、30年仍然可以保持斗南领先地位，它具有很强的发展趋势。但现在面对的一个问题就是，我们的产业发展非常快，大量的交易方式市电商这来进行交易。那电商交易可以不用通过斗南，而是从基地直接就到了消费者手上。这个是斗南面临的一个很重要的挑战，怎么样把我们的产业，特别是一些中高端产业与企业继续留在斗南，而且能够持续地发展？第一个还是要靠科技，我们提出创新研究院，就是一个很重要的切入点。再一个，构建好一个斗南的交易大环境，引进、留住我们现有的交易方式和交易公司，同时在不断地孵化出一些新型的电商公司，让他们来不断入驻斗南，这样能够不断地提升我们斗南在整个交易的影响力。

30年来，斗南取得了很大的进展，但同国外相比差距还是蛮大的。国外的整个花卉产业，经历了将近100年到200年的发育时间。它的资源收集，研发品种，技术储备，包括它的市场运作能力都有很强的储备。从斗南的发展历史看，我们整个的发展时间可能仅仅只有是30年。国家和省、市投入到花卉的研发上面来就是在最近20年。我觉得我们的20年和人家的200年之间，差距还是非常明显的。我们也要正视这个差距，看到我们自己独特的优势和自己独特的资源，我们有一些全世界没有的好资源。再一个我们有很好的市场，因为我们国家未来我估计会有大概3到4个亿类似于中产阶级的人群，他们的消费能力会很强。我们有这么大的市场需求，又有这么好的资源，加上我们国家最近这几年对科技的投入，特别是对科技人员的关心，把人才作为第一资源，我们一定会迎头赶上的。

我觉得在这种大的背景下，整个发展势头会非常好，只是科技创新它还需要一个时间。它不断地需要发展，具体的内容，第一个我们的薄弱环节还是品种，我们还是缺乏一些满足市场需求的一些新奇特的品种，这是我们目前为止差距最大的地方。第二个差距大的地方，我们的一些种苗或者种球的生产上，没有实现我们说的自给自足，特别是一些新型花卉，百合种球，这方面还存在一些不足。虽然我们大部分种球或者种苗已经实现了国产化，但新型花卉还有一些大量需要进口。第三个是我们的整个流通环节，需要不断提升，因为这是一个综合性办法，除了科技以外，还需要运输，物流，市场配套等等这些核心要素，才能把这个事情做好。还有就是设施设备的提升，也是一个很大的关键。非常好的设备，决定了你的产品品质，这方面也需要不断提升。

因为花卉具有很好的市场前景，很多投资公司和民间资本，都在不断投入。现在很多园区都建得非常好，这也为我们的产业发展打下了非常好的基础。现在省里面重点打造的花卉园区，第一个就是红河，红河的花卉产业园。它包括了泸西、弥勒、开远这几个地方，这个是云南目前为止，比较集中、连片的园区。

以前花卉产业发展是从斗南为核心，然后逐渐扩散出去的。现在斗南随着城市化进程，斗南周边种花的人已经越来越少。斗南未来保住我们说的核心地位，我觉得就是，一是靠研发、靠创新；第二个就是要靠交易。斗南未来发展的，我们说的是两翼，或者是双轮。要靠这个双轮，两个来驱动，才能够不断地保持在这个行业里面的核心地位。

我们现在得到了国家支持，有两种双创平台。第一个叫作云科爱园艺众创空间，还有一个是国家级卉农星创天地。这两个平台都是围绕着国家的大政策，围绕着“大众创业，万众创新”，开展相应的工作。50多家的公司和团队入驻到我们的众创空间或者是平台里面。现在比较成功的，爱必达和米花公司。爱必达公司4个创业者，用了3年时间，重点开展小盆花的种植。现在这家公司已经是全中国小盆花种植的标杆性企业。不管是产品的质量，还有它的规模，以及设施设备水平，都是全国领先的。他们是海归的创业团队。

我们也扶持当地的一些农民，做非洲菊种苗的一些农妇进行联合。曾成立了一家叫作宽亭种苗公司，把这些小而散的农妇进行了聚集。大概有两年的时间，我们这个公司基本上已经占到了整个云南省非洲菊市场的一半左右市场份额。

另外一个，我们服务的对象是一些刚毕业的大学生。他们有很多人进入到花卉行业里，但缺乏一些相应的平台。我们也把他们集合起来，和我们花卉所的一些团队，来共同组建新的创业团队，或者是创业公司，推进市场的发展。有一个大学毕业生，农大毕业的。他和我们的团队合作成立了一个新公司，开展我们的多肉，就是小盆花开发。现在我们每平方米，已经可以有非常好的效益。这个大学生也成为这个新成立公司的主要的负责人。所以他既实现创业，又能实现比较好的个人收益。他的收益比起他的同学，很多进入到事业单位或者科研单位的人要高很多，这样也吸引了他的一大批他的同学一起来参与我们的创业。

还有一个例子就是，我们围绕彩色马蹄莲，引进了一个国外回来的团队，他们两个人在晋宁宝丰进行了孵化，大概两三时间，完成了整个生产过程和市场的推广。我们最近和文山州的砚山县政府合作，把这个项目整个搬迁到砚山。在砚山政府的支持下，和花卉所对他们的支持，专门建了一个新的园区来生产彩色马蹄莲。2018年底他们单位面积的产出应该会再创新高。

总的来说，“大众创业，万众创新”，主要的目标还是支持和补齐我们花卉产业中的一些短板，特别是一些新型花卉的空间，因为现在的市场需求量非常大，而我们的传统企业或者农夫，他在这方面的技术还是非常缺乏。通过花卉所，国外归国的人，一些好的项目，通过这种“大众创业，万众创新”的合作，真正地支撑产业的发展。

品种是行业制高点

我们说的品种就是这个行业的制高点，是所有花卉产业的兵家必争之地。这块也是我们花卉所的一个重点。这块我们也开展了相应的一些技术储备和研发工作，取到很好的进展。比如说在玫瑰的新品种选育上，我们获得的品种数在全中国排名第一。我们新选育的、作为国礼赠送给缅甸国务资政昂山素季的品种、非洲菊新的一些研发品种，现在市场上的价格排名前列。

在此基础上，我们加强了科企合作，就是科研单位和企业来共同建立研发中心，共同开展新品种选育。比较典型的是我们和英茂公司共同建立的康乃馨新品种的研发中心。我们和玉溪的云秀公司，共同开展了新品种的选育。我们提供技术，以它为主选育的品种。到目前为止，有几个品种在拍卖市场上的价格都是最高的。通过这些方式，不断拓展我们的新品种占有率。还有一个就是我们在满天星的研发上，和一些专业的满天星合作社，共同开展新品种选育。我们满天星的市场占有率可以接近60%。这是一个比较高的比例，但总的来说我们整个研发这块，还需要不断地加强，需要更长的时间，但我们非常有自信心，过一段时间，我们的实力能够和国外的品种相媲美。

上千亿元的云花产业

我们差距很大，但我们的发展速度很快。按照我们国家经济的发展的速度，我们花卉种植无论在面积，还是在产值上，是有可能达到世界第一的。我认为不到十年是可以完成这个过程。李克强总理说的“世界第一”。我理解的不只是规模上的世界第一，更多的是在我们的创新实力，我们研发实力上的世界第一。总理提出这样的期望，对我们科技人员，对花卉产业来说，是一种鞭策，也提供了我们动力。在这方面，我们有几个重要的工作可以做。

第一个我觉得就是加强创新，我建议可以以国际花卉技术创新研究院来作为抓手，做成一个开放式的一种平台或者叫研究机构，吸引全球的科技资源进来。提升产业。我觉得这是在创新方面。

第二个就是要加强我们的设施条件，特别是一些生产设施条件提升。把小而散的，分散的种植基地进行园区化。把它相对的聚集，提升提高它的设施，提高它的配套综合能力，才能够提升单位面积的产值，提升单位面积的质量。

第三个方面，是要加强物流、采购处理工作，怎样把斗南进行提升改造，建成一个国际化交易平台或者是交易中心，需要对斗南进行一个全方位的规划，再提升它的交易能力，硬件软件的实力。

第四个，把二产、三产做强。花卉产业是一二三产业融合非常好的一个产业，我们云南有很多绿色的、非常有特色、可以食用的花卉。由于我们长时间没有重视这块，很多花卉没有列入新资源食品目录里，政府可以把一些新型的食用花卉，列入我们的新资源食品目录，给它一个合法的身份。

再一个，我们的花卉和旅游是可以有很充分的融合，云南是一个旅游大省，我们省里面打三张牌，第三张牌就是健康生活目的地。昆明叫作"春城无处不飞花"。一定是要把我们的花卉跟整个城市建设，包括花卉的文化，包括花卉加旅游，充分地挖掘它的潜力，打造我们的独特旅游品牌，或者制定一些精品的花卉旅游线路。那这样，我觉得以后会提升整个花卉产业。

未来3到5年内，或者是在10年内，云南花卉产业应该是可以发展成为一个国际一流的这种花卉产业。而且它的规模按照我们现在政府提的要求就是可以到上千亿，我们想应该是可以实现一个千亿元的国际一流的云花产业。对斗南来说，我们的理想是一个国际一流的创新中心，或者说一流的研究院，有一流的交易市场，还有一流的国际化企业，再加上周边有一流的园区。有这些一流的要素以后，才会支撑我们整个产业实现真正的国际一流的产业。

昆明要建成世界春城花都，在花卉的应用方面，昆明市可以有所作为。因为我们的花卉资源非常丰富，气候非常好，优势比我们说的北上广，比北方，我们的气候都很好。真正可以实现一年四季都有花开，但我们目前为止，还是做得不够，特别是城市的美化和绿化。我觉得这方面也是一个很大的发展空间。这几个方面都可以不同的发展。第一个我觉得产业要发展。第二我们居住的人居环境，就是整个昆明应该打造一个非常独特的以花卉为文化品位的世界春城花都，同时也和健康结合，能够吸引全世界全国的人到这里来旅游，感受到不同的花的文化。我觉得是我们从市民来讲的一个需求。但从从业者来讲，应该是可以做一个国际一流的产业。从我们的科研单位或者我个人讲，我们的目标就是要建立一个真正在全球具有领先水平的，或者国际一流水平的研发中心，吸引到全球的优势团队、人员，来云南开展工作。同时我们研发的科研成果，能够大幅地应用到我们的云南、全国，甚至是“一带一路”沿线的国家。这个也是我们努力的目标。

金永胜

鲜花离不开空运

口述人：金永胜（东方航空云南有限公司货运部出港业务分部经理）

采访时间：2018年7月19日上午
采访地点：昆明长水机场东方航空公司云南公司货运部会议室
访 问 人：徐启亚　王晓洁

我是斗南鲜花空运的见证人

我叫金永胜，目前在东方航空云南有限公司货运部出港业务分部担任经理。1994年7月1日，我从民航学校毕业就进入了当时的云南航空公司，就一直在航空货运部门工作，到现在已经有了24年的工作经历。我对斗南鲜花的航空运输发展历史，也算是一个见证人之一。

东方航空云南有限公司其前身是当年的云南航空公司。云南航空公司货运业务发展历程与云南鲜花产业的发展历程，几乎是同步的。这种发展，是可以说是形成了一个相互依托、相互促进这样一种关系。

云南航空公司1994年在斗南村设立花卉收运办事处，当时应该是双方的一个共同需要。当时有这么一个历史背景，20世纪90年代初，公路还不是很发达，还没有高速公路。当时主要鲜花消费的市场都是在一些省会城市，主要是北上广等地。而当时地面运输需要很长的时间，短的要两三天，长的可能需要一个多礼拜的时间。而鲜花作为一个生鲜产品，必须要保证其在市场上的鲜活度，在这种情况下，采用公路运输肯定不现实。那个时候的公路汽运也没有冷链运输这一说，而航空运输也就是两三个小时就可以运达目的地，要保证鲜花在市场上的一个鲜活度，必须依靠空运，这是斗南鲜花一开始就选择航空运输方式的第一个历史背景。

第二个历史背景，我认为是云南有着得天独厚的旅游资源。20世纪90年代开始的云南旅游业发展迅速，也促进了云南民航业的快速发展，所以那个时候云南民航业的发展也是非常迅速。昆明机场进出港航班量迅速增加以后，同时就增加了航空货物运输舱位的投放，这刚好跟鲜花发展的趋势相吻合，正是在这种情况下，鲜花选择了航空运输，而航空运输刚好能够满足鲜花运输的需要。所以说两个产业形成了一个互补的关系。

花卉与空运都有产业需求

随着鲜花种植的面积越来越大，在斗南，鲜花逐步形成了一个自发而且比较集中的交易市场。因为花卉市场比较集中，而且又有一定量的运输需求，所以对我们航空公司来说，是对花卉产业进行支持也好，或是把花卉空运作为未来增加航空收入的一个项目也好，其中有需求，也有利益驱动。

从鲜花花农的需求来讲，当时呈贡斗南到昆明机场的路，我记得是一条路况不是很好的客运公路，到机场需要两到三个小时。花商每天都是通宵达旦地进行工作，包括鲜花交易、修剪、包装处理等等。第二天凌晨还要把鲜花亲自运到机场来进行托运，争取最早的航班能够运输，期间没有丝毫的休息时间，肯定是比较辛苦和劳累的。当时的鲜花客户比较零散，作为鲜花交易商，他们有着希望航空公司能够在斗南有一个鲜花收运办事处的诉求。90年代初，民航业也是一个新兴产业，航空货运销售代理这种营销模式还没有出来，所以很多花商，有的同时也是花卉种植户，他们之前都是自己租用小型汽车，把鲜花送到机场办理托运手续。对他们来说也不方便。这样既然双方都有共同需求，就促成了云南航空公司货运公司到斗南设置了一个鲜花收运部门。

当时，我们这个鲜花收运部门的面积大致有四五十个平方米，每天有三到四名工作人员。最初鲜花的托运量每天大概有三四十吨的发运量，中大型的一辆货车，每天会跑三到四趟这个样子。

至于当时每天有多大运输量，从我们之前的一些数据来看，早些年的鲜花运输数据没有一个详细的统计。从现有数据来看，从2005年到2009年，东航每年的鲜花运输量年均增长率在15%左右，2009年达到2.3万吨。从2010年到2014年，东航每年的鲜花运输量年均增长率达到了8%左右，2014年达到了3.2万吨。

鲜花空运占五成

鲜花在东航云南有限公司航空货运中占了一个比较重的份额，它的运输量占了整个出港货运量50%的比重。在高峰期的时候，特别是在几大节日，鲜花运量的增速非常快，运量也比较大。比如说情人节，母亲节，还有七夕，这几个节日作为航空鲜花运输量是最高峰的

长水国际机场货运部空运鲜花

时候，每逢这个时候鲜花运输量的比重会达到我们日出港货运量的百分之七八十。

鲜花运输目前已经形成较为完善的产业链，或者是一个流程。首先作为花农来说，他们每天晚上进行鲜花交易，修剪包装，然后连夜打包、包装，之后通过销售代理人每天凌晨3点钟之前把货物运输到机场进行交运。从目前斗南花卉产业分工来看，各花卉公司的航空花卉运输托运业务更多是通过现在的专业物流公司，航空货运销售代理公司等等来进行，通过它们来做一个中间短途的运输和业务代办。

鲜花空运的工作流程是当每天凌晨3点钟前后鲜花运输到机场货站后，我们开始收运鲜花。需要托运人填写托运书，然后填写交接单、安检申报清单，所有这些运输文件准备完毕之后，开始对鲜花进行过磅计重，清点件数，制作相应的标签，填制航空货运单、收取运费。这些托运手续办理完毕之后，还要通过X光机器对鲜花进行安全检查。之后我们还有一些后续环节，如货物预配、货物出仓等，而后在待运区暂时存放，离航班起飞时间前1个小时将货物驳运至飞机底下，最后进行装机作业。

空运手续相对较多，但这么多年走下来，我们的这些流程都比较成熟了，环节都是比较清晰的，而且也比较简洁。在时效上，我们尽量减少鲜花在空运前的地面操作时间，把更多的时间留给前端客户，让他们有更充足的时间准备货源，让销售代理公司有更多的时间来进行短途驳运。

从鲜花收验完毕到装机作业，花费的时间大约需要2个小时。装机时间大约需要半个小时，如果鲜花交运与航班起飞时间衔接的比较紧密，鲜花在机场停留的时间不会超过3个小时。也就是说，通过航空运输方式，一批鲜花从地里采摘到在终端市场销售，24小时内就可以实现。

斗南花卉产业给航空货物运输到底贡献了多大的经济效益？因为鲜花在整个运输量中占我们航空货运的比重是最高的，可想而知它对航空货运运输的贡献率也是最大的。

我认为花卉产业至少有两个比较突出的特点，第一个是它的运量相对稳定，在货源比较稳定的情况下就形成了一个稳定的收入。第二个就是运输量比较大，而且比较集中，因此，对货运产业来说，是效益比较高的一个项目种类。

只要有航线的地方就有鲜花运输

斗南花卉每天都能够运达全国各省会城市，只要有航班都有鲜花在运输。国内目前运量比较大的地方都是在一线城市，北上广深这些地方运的比较多。国际航线中的新加坡、曼谷、悉尼，达卡、仰光、大阪、首尔等都有斗南的鲜花在运输。包括巴黎在内，也有斗南鲜花在运输，但是由于巴黎是属于远程洲际航线，飞机的载量要少一些，释放的货物运输舱位不稳定，鲜花运输没有成量。昆明作为一个辐射南亚、东南亚的区域中心，云南省的各种产品对东南亚的出口应该说是比较多，而作为云南航空运输产品，鲜花运输量仍然是最大的。

目前在铁路物流和公路物流竞争中，云南航空的花卉物流量仍然保持绝对的优势。据不完全统计，云南出省的鲜花大概70%以上采用航空运输，一年大概差不多有20万吨的运输量。其原因除了云南是旅游大省，有大量的航线、大量的货运舱位外，更重要的还是航空运输的时效性优势，因为鲜花需求的是快速。即便现在有了冷链汽运，两三天能到目的地，虽然保持了鲜花的鲜活度，但及时性远远不够。

要说价格优势嘛，不见得空运的价格就有优势。实际上价格优势更多体现在公路和铁路，为什么这几年公路铁路能抢占那么多市场，正因为它有价格优势，它可能几毛钱1公斤就能运输，但空运可能需要几块钱1公斤，长距离航线高峰期时期因市场需求旺盛运价还会有所上浮。但是鲜花经销商还是可以承受，因为鲜花运到省外它的附加值相当高。

昆明机场海关查验出口欧洲和日本的花卉产品

我们航空货运部门作为花卉产业链的一个组成部分，从货运这个角度，时刻能感受到这个鲜花运输量一直在不断地增加，我感觉这个产业的前途会非常好。1994年我进入民航以后，见证了云南民航业的快速发展，也见证了云南花卉产业的蓬勃发展。

斗南花卉产业实际上是我们航空业一个长期的合作伙伴。从目前的运输量来看，云南鲜花在航空货运中一直占着举足轻重的地位，相信将来鲜花产业也会是航空货物运输的重要合作伙伴，两者也是相辅相成的。在这个问题上我觉得，云南航空物流业离不开云南鲜花产业的支撑，当然云南的鲜花产业，同样也需要民航业的支撑，他们之间的相互支撑关系，会更加稳固，更加紧密。

云南的鲜花，斗南的鲜花，从零散的销售到了现在这样一个规模化的产业，确实让人感到兴奋和鼓舞。随着斗南鲜花走出云南，走向全国，随着航空公司网络布局的拓展、延伸、增加，斗南鲜花的将来应该是很有前景的。斗南花卉现在毕竟已经在全国形成了一个知名的品牌，在世界上也有了较大名气，在品牌的打造和塑造下，将来斗南鲜花对昆明航空港的发展还会有更大的贡献。

2017年，昆明机场完成了42万吨的吞吐量，其中花卉运输量约占出港运输量的50%，昆明机场的发展目标是10年内昆明航空港要达到1亿吨的客运吞吐量，面向东南亚和南亚的航线会越来越多，航空货运的发展相应会有很大的空间，对于斗南鲜花的出口将会有一个很好的前景。

杨　贵

第一个用铁路运花的人

口述人：杨贵（昆明昊旺货运有限公司董事长、斗南村委会委员）

采访时间：2018年6月24日下午
采访地点：斗南社区中心
访 问 人：杨国才

我叫杨贵，2018年47岁。我最开始卖花是在昆明尚义街卖，当时自己也种花，但种的不多，也收一点来卖。20支1把装在桶里面，骑着自行车驮到尚义街的小巷子里面去卖，1桶花能赚20—30块钱就很高兴了，可以买1碗米线吃了。但有时候卖不掉也还得自己驮回来，不是说去了就能卖掉。如果卖给花店，可以赚100来块钱，所以就想着还是种地好，自己种了让别人去卖，做了几年又觉得还是做生意好，就去了广州。

20块一张床跟花睡一起

我是1994年3月份坐飞机去的广州，当时是450块1张票，在那个年代算是很贵了。在这之前就在家里打了几年工，后期开始接触花之后就去广州做市场了。第一次到广州的时候，先过去的同村的人过来接我，从机场直接接到市场，住在那个和诚旅社。他们先去的人2个人1间，我们后面去的就住8个人1间，里面都是高低床，1张床1天20块钱。住在旅社的时候，白天可以在床上睡觉，晚上就把花搬到床上堆起来。当时通讯不方便，公用电话也只可以接不可以打。

这边需要货，家里人每天就在村里排队打电话过来，我们在电话里告诉他们要些什么货，他们就开始买。当时村里种植的品种也还不多，就是一些石竹、康乃馨、满天星和勿忘我这些，每天就是发1—2件货，最多的时候就3件了。在广州卖花赚不了多少钱，1天就是200—400块钱的样子，在当时也还算可以。但全家人都围着花转，家人在这边收花、整理花，也都是要熬到凌晨两三点，很苦的。这样做了半年，后期也认为卖的量小，就没做下去。

在广州的生活很艰苦，吃的住的都不好，刚过去的时候吃的是广州的炒河粉、方便面什么的，很吃不惯。后来租到房子以后，就自己做几个家乡菜吃。

回昆明卖花一天挣100块

在广州待了半年我就回来了，那会生意做不大。回来以后，就在家里包地种花，当时村里种花的人也比较多了，我们又不是很会种，1996年到1997年，我种了两年花。当时的花就是用单车驮到昆明南窑火车站发到外地的花店，主要是柳州、重庆两条线，一天也就发个1件货，挣个100块左右，比打工还是要强一点的嘛。

花发得少赚得也就少。到了1996年年中，我跟铁路局那边的人关系搞得比较好，就把办理托运的点挪到斗南了，在我家设立了一个点开始收货，收了大概两年多。第一年赚了1万多元，比种菜还是省力太多，第二年下的本钱大，赚了个三四万块钱，还是不错的，一年比一年好了嘛。

1998年，托运点搬到现在斗南村的老年茶室，我就没有负责铁路车厢的事了。后来我们村的王琨开始教我种百合，那年我就又返回来种花。3块钱1颗的种苗我进了3300颗，1万块钱的成本，当年的收益还是可观，连着本卖了2万块。但因为地少，种了1年就没继续了。

我是鲜花的“搬运工”

我从打工、卖花、种花到现在做货运，经历很少，但是很艰苦。

1998年，我就开始做铁路货运，和一个四川人一起承包了昆明到重庆的那趟车的行李箱，我们称那趟车是“168”。我主要负责收货给他，一起合作。一直到2008年，我又开始做到广州的铁路货运，每天货运量也不是很多，基本上就是一天一车。

那时中铁快运出台了一个冷藏车，在行李箱里面装一个大箱，也就是列车冷藏，我就开始做起来这个。我在铁路上做了7年，在昆明火车站的行李房，别人不可以做的事情，我都可以做，别人进不去的我就可以进，因为我们都有个胸牌了嘛。这个胸牌还在家里摆着呢，拿着那个胸牌，想进哪里就进哪里，没带胸牌的时候刷脸也可以进，因为跟铁路的人已经混得很熟了。做火车货运这块每个月把各种成本除掉后，还可以挣个三四万块，1年也就30万—40万块钱了。

我们不直接去找花农收货，主要是通过花商从花农手上把花收来后，我们再直接上门找花商，请工人骑电动摩托到花商家里挨个挨个地收货。他们把花打包好直接装上车，拉到货运厂，再由我们装上汽车发往广州了。现在花商多数是外地人在做，我们村的鲁红伟现在也是个花商。

2008年，我们创立了自己的公司，当时是两个人一起办的，因为个体比起公司力量要弱，而且有些单位不喜欢和个体合作，所以才用100万注册了个公司。最开始是叫众城货运物流有限公司，一直到去年全部注销了，又办了个新公司，改名叫昆明昊旺货运有限公司，一直到现在，我是法人。

后来我一直到都是在做铁路货运生意，因为做生意来钱比种花来得快，基本没什么成本。现在铁路运输不好做了，虽然当时的火车可以冷藏，但是只能装几十件货，装车下车的时间太多了，火车发车又必须准时，最多可以耽搁3到5分钟，装货需要赶时间。

2009年，我开始做汽车运输，换成汽车就方便多了，一站就到。2009年9月16日第一次发货到广州。从火车转化成汽车。每天从客户那里收购货源，然后用汽车运输，发货到广州。像广州、重庆、成都这三条线，我们都是用汽车在跑运输。昆明到广州要1497公里，汽车要走36个小时，从昆明到弥勒这一段是老路，很难走，一堵车就会堵死，基本上就要个一天时间才能到弥勒，过了弥勒之后时速才能快起。

现在到弥勒的这条高速路修通了，从斗南到广州的汽车只要18个小时，但是我们要求驾驶员的时间至少要22个小时，速度慢一点安全，出了交通事故就不好办了。一般就是今天凌晨2点钟发车，明天凌晨4点就到广州。

我们从2009年到现在做货运，汽车碰擦小事故有一点，但是没有大的事故，到重庆成都也是一样的。刚开始那几年，每个月的收入基本上可以达到1万块钱，1年也就10来万块钱。我们一直到现在都还在跑广州这条线。现在几个股东分下来，每个人1年基本可以收入40万—60万。

当时我们公司刚组建的时候，曾打算自己买汽车。但是我不同意，我宁可承包人家的车队来用，我们付运费。后来就承包了广州的一个车队，签了长年合同，旺季是1.4万一趟，淡季是1.1万元一趟。我们负责联系、接生意，运输当中出的事情我们不负责。车队就负责运输，其他什么也不用管，把花安全送到就行。除去车费，基本上就是一车赚得到7000—10000块钱。

汽车货运从2009年一直做到现在，已经公司化了，收花、运输都有相关的管理人员了，我基本上就是总体上进行管理，不必再事事亲力亲为了。原来所有事都是靠自己亲自管理的，每件货都是自己的手抬起来，装车下车。现在不用了，我就是负责采集信息、分工，财务、接货员、管理员、搬运工的信息都会汇集到我这里。

钱么大家都赚一点，不是哪个人就可以赚得完。现在公司连工人总共是30多个人，还是做着成都、重庆、广州三条线的汽运。我们现在发货主要就是发到广州，由商铺买的货又分别发往中山、珠海、厦门，到香港、深圳，广州以外的地点都有，到香港也是从广州转的货，转周边等城市。

种花的日子磕磕绊绊

从最开始的什么都没有，苦到现在有车有房，至少算得上是奔小康了嘛。我们赶上了改革开放的好时代，还有身边一直有人相助。

种花的过程不是一帆风顺，总是磕磕绊绊的。有一年种花，第一年赚到了点钱，1万块左右，加上家里就有些积蓄了，第二年就多种了些，一块地都种完了，花了6万多的本钱。但那一年花种得丑，就卖不掉，根本没有人愿意收，好看的的花也是卖不掉，太阳又辣，就去地里剪花，剪一支3块钱就没有了。

那年日子的日子很难过，在外面我还是表现得很开心，但一回到家里我就是愁眉苦脸的，一进家里的大门就不行了，就像没有骨头摊在沙发上了。我媳妇就安慰我说：你愁哪样？卖不掉就卖不掉了嘛。

后来本钱都没收回来。村里的王琨让我再种，但我当时已经没有本钱了，是他帮我进的种苗，我就又种了点，玫瑰、满天星这些。当时气温高，花开了卖不掉，那时没有冷库，也只能尽力想办法，就到那个冷冻厂买点大块大块的冰回来，拿着塑料纸隔着包起来，撒些盐巴在下面，把花采了放在冰块上面降温。那一次本钱倒是赚回来了，基本上是够开支的。

2008年是我最难的一年。当时我们承包了一个火车专列，10个车厢，每个能装35吨的货，一共有350吨的承载量。当时我在小板桥，已经公司化管理了，每天要收350吨的货运出去，但没有那么多货源，车厢空着就会亏钱。我组织很多人到处去收货，大理等地都去了，就是收不齐，没得几天地里的花就拉完了。当时1个月亏了80万，3个月亏了200多万，因为收不到货源。从2008年5月到7月，我们几个合资人就一起亏了，这个经历太难忘了。

那时每天有一趟车，在签合同之前也没有做市场调研，看有没有这么多的货源，后来没有办法就只有终止合同了，又从小生意开始做起，不敢搞得太大，怕做大了砸在手里，已经这个年纪了。

帮过我的人至今也没忘

我有今天的成果，特别要感谢的是村里的王琨，他是我们队的人，在我种地的时候他帮助过我，手把手地教我种百合，最开始没有钱进种球，都是他帮我垫的钱，后来赚着钱了才还给他。他也是在种花，资金、技术各方面都帮了我，我到现在也很感激他。还有一个铁路上的老大哥也帮了我很多，他已经是60多岁的人了，我也不会忘记他，赚了100万，怎么也要分给他50万，赚了50万，就分他25万。只要能赚钱，就要分给他，直到现在都是这样。

开始从事花卉，我家就不住土坯房了。1986年还是1987年批着宅基地，我家就盖了一楼一底的砖房，现在这房子还在。当时住着6口人，一直到1994年又盖了1间房子，1995年我结婚后就搬出去住了。到现在也是，我基本上不在斗南住了，2005年就在昆明买了房子，153平方米加上1个车库。

希望斗南建设自己的货运场

在斗南花卉产业发展上，关于货运这一方面，一定要有自己的货运场。比如说要打造斗南花卉小镇，就要做出货运物流市场链，货运、物流要统一在一起，不要东拉西扯，交通就不会堵塞，这个是最重要的。做物流经济收益还可以，虽然是没有太多地，但可以利用这些闲置地做一个物流市场，把花卉、物流配套起来，对这个花卉小镇有很大的帮助。

吴永鸿

农信社与斗南花产一起成长

口述人：吴永鸿（昆明市呈贡区农村信用联社主任，从事农村信用社工作30年）

采访时间：2018年7月24日下午
采访地点：昆明市呈贡区农村信用联社主任办公室
访 问 人：徐启亚

我叫吴永鸿，现任昆明市呈贡区农村信用合作联社党委副书记、主任，从事农信社工作30年。1988年我即进入呈贡信用社开始从事农村金融工作，1996年任吴家营信用社主任，2005年任呈贡县联社副主任，2012年交流到武定县联社任党委书记、理事长，2016年回到呈贡区联社工作。

呈贡信用社成立于1954年，其网点及服务对象基本涵盖呈贡所有街道、社区，60余年的发展历程，特别是改革开放40年来，共同见证了呈贡社会、经济发展，特别是农村经济和农业产业结构调整。花卉产业初步形成于20世纪80年代初期，主要为当时斗南村农户散户种植后，到昆明进行零星销售，随着市场需求不断扩大和斗南花卉品牌逐步形成了以斗南为中心的花卉产业，其市场辐射以国内为依托，面向南亚、东南亚，并走向世界。在此过程中，作为农信人、农信社全程参与了整个斗南花卉产业形成、发展，同时为斗南花卉产业形成、发展、壮大积极贡献了自己的力量。

呈贡过去是一个传统农业县，曾被誉为“花乡、果乡、菜乡”的“鱼米之乡”，农户以粮食种植为主，改革开放后，随着市场的逐步形成，单一的粮食种植经济效益低下逐步凸显，以斗南为代表的部分经济意识较强的农户转而从事经济效益更好的蔬菜、花卉种植、销售，花卉种植的经济效益得到了市场的充分肯定，到了20世纪80年代中后期，随着人们生活水平的不断提高和市场需求的不断增长，花卉消费已经形成一定规模，以斗南为中心的花卉种植、销售、市场进一步形成、稳固。农信社在此过程中，一直同农户、市场建立极为紧密的联系，从期初几百元、几千元农户小额贷款，到目前几十万元、几百万元甚至于几千万元的贷款，农信社一直担当、作为，同当地花农、花商“风雨同舟”携手共赢。

呈贡新区建设前，呈贡农信社在呈贡县域金融机构中规模小、社会认知度低，形象地讲就是呈贡金融机构的“丑小鸭”。呈贡农信社在80年代仅有几百万的存款，经过30多年的发展，截至2018年6月末，呈贡区联社存款190亿元，贷款146亿元，资产总规模达到217亿元。在全省农信社排名第三，在呈贡全区19家金融机构里，存贷款规模多年来位居第一。这些数字说明，如果呈贡的农业不发展，农村不发展，农民不致富，呈贡农信社的发展也不可能有那么好。

多年来，呈贡农信社每年投入的信贷资金80余亿元，全面支持县域经济发展，特别是当地群众生产生活和中小民营经济发展所需，对于农户来讲，其获得金融机构贷款资金基本就来源于信用社。就花卉产业来讲，农信社对斗南花卉公司给予了7个亿综合授信，每年对花农、花卉流通企业贷款投入10亿余元。

花卉产业发展初期，由于受到市场、经济能力、经济意识等限制，基本上农户以散户种植为主，但由于花卉种植前期投入资金量大，农户普遍存在信贷资金需求，但整体额度不大，基于此，农信社在全省率先推出了农户小额信用贷款，在对其进行建立经济档案、信用评级的基础上，给予农户信用额度授信，一般金额不超过10万元，期限3年，同时在贷款利率执行上给予较大优惠扶持，所以在90年代前后该产品退出后，农户贷款面达到60%—70%，后续随着经济发展，农信社对农户小额信用贷款授信额度指标增加至30万元，但后续随着新区建设、征地拆迁补偿、农户资本积累等，其信贷资金需求户数不多，但贷款需求金额较大，目前为更好支持农户外出租地从事花卉种植，农信社积极协调同省农业担保公司对农户给予信贷扶持，有效解决农户贷款无担保困难，切实为农户种植二次创业奠定坚实基础。

2003年以后，呈贡新区建设给呈贡带来千载难逢的机遇。新区建设占用了大量土地，同时农户得到了征地补偿资金，对于农户来讲最熟悉技能——农业种植，当其手中持有大量现金，同时又失去了最为熟悉的土地，农户自然就形成了大量外出租地，进一步扩大再生产，从而带动了当地农业产业结构调整和促进了当地农户增收致富，起到了产业扶贫的实质效果，做强和做大了云南花卉产业。

对于农村市场和农户贷款需求这一问题，我想金融机构是比较头痛的，近年来中央“一号文件”一直在关注农业、农村问题，各级政府一直非常重视“三农”问题，金融机构讨论的一个问题就是怎么解决扶持农民，扶持三农，但是三农确实存在没有符合我们风险防范、风控的这些资产担保条件的问题。上述说到呈贡信用社一直在推出这个小额信贷，应该是90年代，农信社以前的贷款一直是信用贷款，以前的额度小，2000、3000，1万、2万，后来应该是到1999年前后，贷款额度提升到10万，到了2016年,我们的额度进一步提高到了30万元，这就很好地解决了大部分农户生产、生活资金需求。

对于农户小额贷款即贷款金额在30万元以内贷款，如果从现在的统计来讲坏账率还是有一点，但是这一块我们以其他业务利润补欠来感恩回馈我们当地的老百姓。作为农户小额贷款，我们还有一个特点是给予最大程度利率优惠，作为我们来讲该项业务是“不赚钱”的，不符合商业银行的运营，其他银行是不可能给予的，但是呈贡农信社做到了，我刚刚讲到，农信社60余年发展得益于当地老百姓支持，目前我们有能力、有义务感恩回馈我们自己的父老乡亲。

在支持农户发展花卉种植、流通的同时，为适应市场寻求，农信社还积极支持花卉企业发展，在这里边，有代表性的如：斗南花卉公司、仟卉公司、扬月季公司等，仟卉公司是一家台资企业，其对花卉产业，特别是新特优花卉、种球等的推广起到了积极作用，早期就是仟卉公司过来以后最早形成了公司加农户加基地，前期可能基地不算大，但是这个台商光是提供给斗南花农种苗这一块应该是从品质以及各方面做得比较好，对当时花农的支持还是比较大，所以那个时候最早就是我们给它和其他类似的花卉企业一些贷款支持。现在我们提供了总额7个亿的综合授信，支持斗南花卉公司完成了花卉市场的升级改造，全力支持其打造成为国内最大、国际知名花卉集散中心。

目前围绕斗南花卉市场从事花卉销售、物流、农资，还有各种花

商、育种公司等等，从个体经营户到企业，大概有上千家企业，每年上百亿的产值。农信社除了农村网点的优势外，我们也要服务那些包括和花卉产业有关的客户，对于在斗南花卉市场时间长的商户，我们同时已给予大力信贷扶持。

对斗南花卉市场商户的贷款，我们采取两种方式，一个是直接看他的流水和信用，经营正常、信用良好，我们可以给予最高50万元信用贷款支持，对于贷款需求量大，我们除正常提供其他担保方式贷款外，还同斗南花卉公司建立良好业务合作，由其考察市场内优质商户，并由其提供担保，农信社可以给予500万元以内贷款支持。故此对斗南花卉市场商户的入驻，我们信用社起到了不小的作用。

说到信用社与花农的关系，我认为，改革开放40年来，斗南从一个呈贡辖区普通农村，成为一个远近闻名的亚洲最大的鲜花交易中心，斗南花卉产业的发展离不开农村信用社的支持；斗南农民靠种花富起来后，存款增加了，反过来又支持了我们信用社。我们之间就是这样一个关系。

就拿斗南来说，现在一个3万人口的小镇已聚集七八家银行，可以看出斗南经济的繁荣，但是当地农户存款还是大部分在信用社，这正是农信社与农户之间长期培养形成的“鱼水情”。这几年，省联社提出构建“一体两翼”经营格局，“一体”是支农支小为主体，这是基础、是核心、是根本，农信社根本就是三农，所有我们的农村市场不会丢。

从历史来看现实，或者是从历史来看未来，作为一个从事了几十年的农村信用的工作者，怎样预测斗南花卉未来的发展？总体来说，对斗南花卉产业这一块的发展前景，我们还是非常有信心。特别是克强总理来了以后，发展的后劲会更足。总理提出了一个世界花都、走向世界的问题，正在建设的斗南旅游小镇属国家级的特色小镇，就是一个走向世界的鲜花旅游小镇，对此，斗南是具备资源优势的。

王晓洁

我记录了斗南30年

口述人：王晓洁（昆明市文史研究馆馆员）

口述时间：2018年9月9日
口述地点：王晓洁家里

我叫王晓洁，是昆明市一名老报人，先后在昆明日报社担任编辑记者、部主任、副总编等职。现已退休，现被昆明市人民政府聘为昆明市文史研究馆馆员。

我从1986年到昆明日报工作，此后的25年，刚好见证了中国改革开放从渐入佳境到风起云涌的整个过程。同时我作为一名昆明市级媒体人，更是亲历了昆明改革开放的每一个进程。我这二三十年的新闻作品，都是踏着昆明改革开放的节奏，斗南花卉产业发展是我这些年关注的一个重点。

其实我的很多新闻同行都在一直跟踪斗南花卉产业的发展轨迹，从斗南村出现第一批种花人，到昆明尚义街上开张的第一家花店；从斗南第一个花卉交易市场建成，到亚洲第一个花卉拍卖中心落下第一锤；从省市政府对斗南花卉的扶持政策，到中央领导亲临斗南花市考察；从雨雪对花卉大棚损毁和花农遭遇的损失，到斗南花卉交易信息和产业升级报告……

斗南花卉每往前走一步，后面都有媒体的关注和助力，我个人初步估计，从20世纪80年代到现在，从中央媒体到地方媒体，从网络媒体到杂志期刊，对斗南花卉的报道篇目，至少在1000篇以上。以我的从业经验，这么多媒体那么多年持续关注一个村庄的一个产业，是非常罕见的。

所以我认为，斗南花卉产业30年发展的历史，也是新闻媒体30年对这个产业记录的历史；斗南花卉产业的发展壮大，离不开新闻媒体的传播，斗南花卉的知名度，离不开新闻媒体的推动。

只是目前无论斗南花农也好，斗南花卉企业也好，包括政府部门，并没有意识到这一点。今天我们的这本斗南花卉产业口述史，特地增加了我这个“老记”的口述，是对新闻媒体整体力量的认可和敬意。

在我新闻从业经历中，斗南花卉产业并不是我采访最多的一个主题，但我与斗南，与斗南花卉有一段值得讲述的故事：

初识斗南：菜地包围的村庄

初识斗南，是1988年。当时我在《昆明日报》负责理论版的采编工作，应昆明市所辖的呈贡县委党校之邀，我专程去采访该党校举办的呈贡旅游经济开发研讨会。当时的呈贡还是个典型的农业县，是昆明市的“菜篮子”和“果园子”，如何在一个农业县开发旅游产业？来自省市的有关专家发表了不少高论。会议专门安排了一次实地考察，其中的一个点是滇池畔的柳林。

那是一个深秋，到处一片金色。我随与会者乘车穿过一个村庄，

20世纪80年代，斗南是昆明市蔬菜基地

1998年的斗南村

2010年的斗南村

县委党校的一个老师指着村子告诉大家：“这个村子是呈贡最富裕的斗南村，昆明人吃的蔬菜大部分都是斗南种的。”那时的斗南村被大片的菜地包围着，一股浓浓的农家肥的气味洋溢在整片田野中，大家都赶快关上了车窗。“斗南村家家都是用农家肥种菜，种出的菜好吃”。那位老师说。

那次，我记住了斗南的那股浓浓的农家肥的气味，记住了斗南村成片的菜地。那时的斗南，蔬菜依然是重要的农业项目。

1991年冬天，昆明下了一场大雪，昆明市场蔬菜价格暴涨，市民抱怨菜价的同时，菜农也在抱怨这场天灾给他们带来的重大损失。为弄清真相，报社派我到呈贡现场采访。我赶到呈贡龙街的蔬菜批发市场，一位市蔬菜公司的工作人员正在统计被大雪压塌的蔬菜大棚的菜农损失，听到我问起菜价居高的问题，二话不多说，递过来一个受损严重的村子名单，其中就有斗南。那时的斗南，种蔬菜是农户的主要生计。

二识斗南：鲜花盛开的村庄

1996年春节前夕，我作为昆明日报社的经济部主任，带着报社县区行采访组的几名记者，第二次进了斗南。这次采访，是与斗南花卉的第一次“亲密接触”。

我的一本采访本上，完整保存着1996年2月5日到斗南村采访斗南花卉“第一人”化忠义的记录。迄今我还清晰记得，化忠义披着一件已经洗得发白的外衣，坐在他家的新房子里，向我们侃侃讲述他1983年是怎样开始种花的。他告诉我们，种花让斗南村的农户富起来了。他是斗南种花第一人，也是斗南盖小楼的第一人。那天他兴致很高，告诉我们他要写一部斗南花卉史，并吟诵了他为斗南花卉题的一首诗："一花引来万花开，百花发时香万家。迎得春来非自足，共享芬芳伴琼花。馥兰千机柳丝长，独矜晚节傲雪霜。迎得百花春园满，异彩纷呈也芬芳"。化忠义带我们看了他的大棚，他指着连片的大棚说，这些花地都是我带起来的，最早跟着我种花的人都富起来了。

我们在采访中得知，就在1996年，斗南全村总收入2800多万元，家里存款达10万元以上的已很普遍，现已有几个百万元冒尖户了。全村90%的农户盖了新房，每月纯收入达2万元的只算中等水平，最高的每月超过五六万。

就是那次采访，我第一次见到斗南花市。那天我特意起了个大早，赶到斗南花市时太阳还没出山，但 384平方米的花卉交易大棚早已熙熙攘攘。花农们挑着一担担鲜艳的康乃馨、满天星、香雪兰、玫

瑰、“勿忘我”鱼贯涌入花市，与来自外省、外地和本地的花商讨价还价。

那天在花市上，我看到几个女孩在卖郁金香，一问才知她们是从西安、大连倒花过来卖的。20年前昆明人还很没见过郁金香，虽然七八元1支略显贵，但每天都可以卖完。我在花市外看见了一群斗南村的老人在修剪花枝，她们说儿孙大了无须人管了，帮人家修剪花枝，每天有20块左右的收入，老有所得。我记得花市散得很快，才到上午10点多，花市散了，许多花已销到全国各大城市去了。但斗南村依然飘散着花的芳香。我问了一下市场管理人员，那天上市的鲜花大约有10万余支。

《昆明日报》1996年对斗南花卉的报道

《昆明日报西部周刊》2001年对斗南花卉报道

我又到斗南村附近原来的菜地走了一圈，到处都是薄膜覆盖的大棚，掀开大棚一看，地里都是种的玫瑰、剑兰和满天星。花田已经取代了菜地，我记忆中那股浓浓的农家肥的气味，也已经被阵阵花香取代了，斗南已经成了一座鲜花盛开的村庄。

三识斗南：花香怡人的村庄

我第三次走进斗南，是2000年9月，我在《昆明日报西部周刊》作主编，那时昆明正紧锣密鼓地筹办国际花卉节。我们这张西部特色鲜明的周刊如何配合国际花卉节，宣传昆明本土的斗南花卉？周刊总策划杨亚伦策划了一期《我们的祖国是花园——来自鲜花前线的报告》的大型特刊。

9月18日深夜，我们安排了4路记者走出新闻中心大楼，于9月19日凌晨同时走向斗南村花农家、巫家坝机场货运部、昆明尚义街花店和昆明999个花店，采访斗南鲜花的一天。

我的资料夹里依然保存这张周刊。这是一个现场感很强的全景“纪录片”。

实习记者李雁的稿件全程记录了走进斗南花农家的一天：

雨夜来到斗南，天上没有月亮，在一阵警觉的犬吠声中，我敲开一户花农的大门。门缝里挤出一位蓝衣、灰裤，头上子也扎着蓝头巾的大妈，我向她道中的明来意，她上下打量了我一番，迟疑了半晌后说：“你要住这一晚上？可倒是可以，就是简陋点儿。”在我连声的“没关系”和道谢中，大妈微笑着将我让进大门。

这是一户姓杨的人家，杨大妈2018年55岁，一双儿女都已成了家，有一个上六年级的外孙女和一个两岁半的孙子。家里的这幢3层小楼是1992年盖的。以前家里很穷，后来分了田地只是种点蔬菜，再后来村里有人种花发了财，才跟着别人种起了花，家里的日子也一天天好过起来。现在家中的责任田里只栽了些菠菜，偶尔点几棵豆苗，主要还是种玫瑰花和满天星。可我来得不巧，田里的花头一天刚被剪过一茬儿，现在只剩些花骨朵儿，要是再晚一个星期来，我一定可以和杨大妈一块儿去田里剪花。

杨大妈的老伴上花田守花去了，她执意要把他们的床让给我，说自己去和外孙女挤一挤，还特意换上了干净的床单，被套和枕巾。那张床古朴的样子吸引了我，我问杨大妈："这是您的嫁妆吗?"她笑着回答："以前是我妈的，现在是我的，以后还要给我姑娘呢。简单点，将就睡吧，明儿我来叫你。"枕着杨大妈自己绣的鸳鸯枕套，我不知不觉进入了花乡的梦境。

睡得正香的时候，一阵急促的电话铃声将我从梦中惊醒。一串更加急促的脚步声过后，一个男子打电话的声音从楼下传来："你说嘛，我记着。珍珠菊500支；'红草莓心'200支……我再念一遍，你看对不对……"杨家女儿女婿专门往重庆发花，他们几乎每天都是以这样的方式联系的。我抓过表一看：5：03。

6：25。杨大妈的声音一路从楼下传来，边走边喊："兴凤，兴明，起来了！听见没有？"声音又到了我睡的门口；"姑娘，醒了，起得来？"我以最快的速度打理完毕，跑下楼去。

兴凤是杨大妈的女儿总是充满了笑意，她钩住我的胳臂，一边问我昨晚睡得好不好，一边拉着我朝花市走去。刚迈进花市大门，我就禁不住叫出声来："好热闹啊！"硕大一个交易厅人山人海。发梢上滴着雨水，裤脚边沾着泥土的花农们在这里进行鲜花的第一次交易。

成捆的鲜花被他们或挑或扛或抱，仿佛已经不再是一群孱弱的生命，而是与花农的笑容一样充实的硕果。它们被花农拉到康乃馨、玫瑰、菊花、百合等交易区，往地上一放，便开始讨价还价。

到了菊花交易区，兴凤一边问价，一边伸手观察花。“你这花泡过水。”“没泡过，是雨水”。“5块。”“买不着。要么加点儿，7块。”“6块。不卖就算。”“拿嘛拿嘛。”“帮我送到米线馆旁边那家去，我家有秤，称了再给钱。”

兴凤先后买到了珍珠菊、百合、太阳花等，可买康乃馨却费了多一些的周折。要价一般都在重庆货商给价的边缘，而兴凤自然是想将价压得低些、再低些，于是总免不了反反复复的讨价还价。

随着兴凤手里货单上花的品种和数量一条一条被划去，兴凤手里的钱也一张一张地数给了别人，但从她自信的笑容里可以看出，这桩买卖她是稳赚不赔的。我对兴凤说：“你们这花生意可真是土里刨金哪！”她说：“刨哪样金，我们就像鸡刨食一样，今儿刨今儿吃，明儿刨明儿吃，刨哪样金。”她虽嘴上那么说，可我看见她脸上的笑容更加灿烂了。

11：30。在混合着花香味、泥土味、老花农的旱烟味的花市里，兴凤基本买完了需要的各种鲜花。我和她各抱了一捆最后买的“天堂鸟”回到家中。小院里，杨大妈与请来的两个小工正忙着把先后送来的花从最原始的样子用铡刀修整齐，包上保鲜袋，再由兴凤的丈夫将它们装在写有“机场专用”的特制箱子里。

12：00，我必须回报社发稿了。兴凤硬要塞给我两束太阳花，被我婉言谢绝后又轻轻地放回了包装箱里。还是让重庆没有到过云南，没有到过斗南的人们去享受这些鲜花吧。单是在这花乡梦一场，看着满眼的鲜花，嗅着花农们身上泥土的芬芳，我的心里，早已盛满美丽了……

那天深夜，我们还在办公室编辑各路记者发来的稿件。这一次，我虽然人没走进斗南，但从一篇篇来自“鲜花前线”报道中，我再一次触摸到了斗南花卉的枝蔓；在每一个现场记录的字里行间，我仿佛又闻见斗南鲜花怡人的清香。

四识斗南：花开全国的村庄

1999年，上海无形资产评估事务所评估“斗南花卉”的品牌价值为32亿元人民币。呈贡为此获得“中国花卉第一县”的美誉。2000年，国家林业局、中国花卉协会将斗南花卉市场认定为全国重点花卉市场。2001年，昆明斗南花卉市场被上海大世界基尼斯之最认定为“最大的鲜花交易市场”。2002年，亚洲第一个花卉拍卖中心在斗南开建。

斗南的一次次变身成了我的牵挂。2002年，在斗南国际花卉拍卖

中心开拍之前，我与昆明日报县区新闻部共同策划了《昆明日报呈贡特刊》。我再次走进呈贡，走进斗南，采访了时任呈贡县县长罗波，与他深入探讨了斗南花卉这个产业对呈贡经济的带来的品牌效应和社会的转型。根据采访内容，我撰写了长篇深度报道《中国花卉第一县》：

“呈贡有斗南，斗南有花卉。小县打造出大品牌，这是每一个呈贡人的骄傲。

鲜花不仅给城里人带去了微笑，也给一年到头在田边地头，在大棚内外的花农带来了阳光。2001年呈贡全县花卉种植面积共2.494万亩，花农户均收入1.6万元，全县农民人均收入3446元。

作为一级县区的党委和政府，最大的成就感莫过于看到老百姓增收时的笑脸；最大的快感，莫过于满足老百姓不断增长的物质与文化的需求。呈贡的广大农村群众种花种菜种果得到实惠，农民笑了，县委、县政府也乐了。”

那一年，距离化忠义在种子站试种第一棵鲜花，整整20年。那一年，呈贡县菜、果、花总产值4.91亿元，花卉种植面积2.494万亩。

那一年，斗南花卉已销往北京、大连、西安、兰州、上海、武汉、 香港。来自云南昆明呈贡斗南的鲜花带着阳光走进千家万户，斗南鲜花也让亿万中国人认识了斗南。

五识斗南：亚洲第一的村庄

近年来除了开车路过，我好像没再去过斗南。2018年6月，我作为昆明市文史研究馆“斗南花卉产业发展口述史”课题组成员，又一次走进斗南。那天去斗南花卉园区管委会第一个开座谈会，我是坐地铁去的，在斗南站下车，尽管之前已想到斗南翻天覆地的变化，但还是迷路了。

今天的斗南早已不是我认识的那个村庄，那些以路为市，满街尽现蓝头巾卖花姑娘的斗南已成为历史，留在人们的记忆中。这里已成为亚洲最大的鲜切花交易市场，“斗南花卉”也成为全国第一个花卉类中国驰名商标。

2017年，斗南花卉交易市场鲜切花交易额达53.55亿元，65亿支从这里出发，销往全国各地。斗南花卉占据了国内70%的市场份额，出口50多个国家和地区，据说今天的斗南花卉已成为中国花卉的“市场风向标”和“价格晴雨表”，这里的“蝴蝶翅膀”煽动一下，就会给全国花卉市场带来震动。

我想，如果化忠义先生在天有灵，他一定会为35年前他在种子站试种下第一棵剑兰的勇气尤感欣慰，不过他没想到，一支花竟带动了一个产业，改变了一个村庄和一群人的命运。

附　录

斗南花卉产业发展大事记

（1981—2018）

1981年11月，呈贡县良种场负责人斗南人化忠义先后到福建省漳州市百花村、杭州、广州等地考察花卉生产情况。

1982年，呈贡良种场从杭州花木公司引进30来个花木品种，开辟了3亩地的花卉苗木基地。又从广东佛山和杭州两地引进鲜切花唐菖蒲种球，从成都引进晚香玉种，在菜地里种了1亩左右。这是呈贡县首次作为商品化种植鲜切花的起步。

1984年，化忠义首次将鲜切花引种到斗南家中责任田里种植，成了斗南在蔬菜专业生产责任田里种鲜花的第一人。

1984年，云南省花卉协会成立。

1986年，中国科学院昆明植物研究所向云南省科委申请160万元，开始筹建“花卉工厂”，为斗南花卉生产提供种苗、种球。“花卉工厂”负责人魏兆祥经常深入田间对斗南花农进行技术指导。为了促进花卉业的发展，中科院昆明植物研究所、省农科院园艺所、昆明市园林科研所等单位，先后对香石竹、唐菖蒲、满天星等鲜切花品种进行了脱毒及快繁技术的研究；对唐菖蒲、马蹄莲等鲜切花品种进行周年栽培技术的研究。

1987年，化忠义动员时任斗南乡乡长李映坤种植鲜花，成了斗南第二个种花人。李映坤姑娘与化忠义三姑娘成了斗南第一批卖花姑娘。

附　　录

1987—1989年间，斗南人华明昇、毕会、王路坤、毕僅等开始在责任田里种花，并首先引进康乃馨、忽忘我、香雪兰、孔雀树、满天星等品种。种一亩鲜切花的效益相当于种一亩蔬菜价值的5—10倍，种花富了斗南人，过去的蔬菜种植村也逐步变成了花卉村。花卉生产渐次向斗南邻近各村扩展。

1989—1991年，昆明尚义街出现花摊并出现花店，这些摊主和店主纷纷到斗南进货鲜花。在斗南村，每天下午开始有人在原蔬菜交易市场前交易鲜花，这是斗南花卉市场形成的开始。

1992年，斗南三家农民联合起来成立第一家花卉企业“昆明市呈贡花卉公司”，租下了国防技校40亩地种植鲜花。

1992—1995年，呈贡县委和县政府聘请了省农科院和中科院植物所的花卉专家学者与本县农科人员组成讲师团、对花农开展花卉栽培技术培训、并大力发展和推广大棚建设，滴灌和喷灌技术。

1993年，斗南村原蔬菜批发市场被花卉交易所取代。

1993年，斗南人华明昇、鲁翠华、毕会等，纷纷走出家门，到成都、广州、上海等地开拓花卉销售市场。最多时，仅广州一地就有百余人。

1993年，缤纷园艺公司、新东星花卉公司首先进驻斗南，开展营销活动。芊卉、新基、兴隆、恒茂达、珠江花场、明日丰、忆成、省农科院、隆格兰、四季青、自更集团、梅龙、昆明今业、统一生物科技等30余家花卉公司到斗南开展业务。隆格兰公司还在斗南创建了百亩花卉基地。

1993年，第一次举办花卉斗南展销会，实现交易额2250万元，有100多户花农、企业参加展销。

1993年8月，云南省科委星火办组织有关专家制订了第一个云南省花卉产业发展规划。

1994年1月24日—25日，云南省在昆明海埂召开了省级各有关部门、昆明市、区领导及花卉企业负责人共200余人参加的云南省花卉现场办公会。时任云南省省长和志强主持会议，并作了“把云南建成花卉王国，把昆明建成花都”的重要讲话，明确提出“党的十一届三中全会后，我们造就了一个烟草王国，现在我们要再造一个花卉王国。”

1994年，李春贵首先在斗南搞起了航空托运业务。斗南人华明昇、鲁翠华还分别与航空公司联手，开展航空托运业务。还有两家铁路货运业务代办处。这些货运代办户，使斗南花卉流通渠道非常畅通，当日就能及时把货运到客户手中。各地个体和集体客商纷纷涌向斗南，租房长驻开展花卉经营业务，把斗南鲜花发往全国各大、中城市。

1994年以后，斗南人纷纷向外扩展，承包外地土地，创建花卉基地，除呈贡外，富民、嵩明、昆阳、晋宁、安宁等县都有，承包总面积已超过2000多亩。

1994年年底，昆明市花卉种植面积由1992年的1300多亩发展到6000多亩。

1995年，斗南办事处等部门投资380余万元，建成了一个占地12亩的比较规范的花卉交易市场。

1997年，斗南建成一栋邮电楼，村里装了900余部程控电话，为花农及花商信息交流提供了便利。

1997年10月16日，云南花卉产业联合会斗南分会在斗南办事处成立，选举时任县长曹超为会长，鲁翠华、郭能、裴盟为副会长，邓从军为秘书长。

附　录

1998年，云政发〔1998〕117号文《云南省人民政府关于加快花卉产业发展的意见》，文件中明确提出“以斗南村为代表的广大花农是支撑我省花卉产业发展壮大的基础。”并提出“扩建斗南花卉交易市场；组建非营利性花卉交易中心，逐步发展成为花卉高级拍卖市场。”

1998年，云南省鲜花种植面积达1.8万亩，鲜切花产量9.17亿支，产值8.5亿元，占全国鲜切花产量的50%。高峰期日交易量达到主花350万—400万支，配草花18吨左右，日交易额96万元左右，日均参与交易人数3500与人，鲜切花销往国内70多个大中城市，以及日本、泰国、新加坡、韩国等国家和台湾、香港地区，出口鲜切花达184万美元。

1999年，昆明世界园艺博览会开幕前夕，斗南建成了占地65亩的昆明斗南花卉市场。成立昆明斗南花卉有限公司，斗南花卉交易市场正式投入运营。交付使用后，日成交金额180万—200万元，日上市鲜花120万—150万支，高峰时期达300余万支。斗南鲜花从最初的0.3亩，发展到1999年的2589亩。

1999年，云政发〔1999〕249号文《云南省人民政府关于加强花卉出口工作的意见》，文件中提出“用10年的时间把云南建成中国和亚洲的最大的出口花卉基地和交易中心。”“要进一步完善昆明斗南花卉交易市场。斗南现已成为全国规模最大的鲜切花市场，一期扩建的硬件建设已基本完成，要抓紧完善交易机制和服务功能。”

2000年，国办函〔2000〕67号文《国务院办公厅支持云南省发展花卉产业有关意见和措施》，文件中明确“要使云南的花卉尽快发展成为支柱产业并进入国际市场，必须在发展公司加农户的现代化生产方式的同时，发展现代拍卖市场的营销方式。这是云南落实西部大开发的一件大事，你省要当作战略问题抓好，国务院有关部门要给予大力支持和帮助。”

2000年，国家林业局、中国花卉协会将斗南花卉市场评为全国重点花卉市场。

2000年9月28日—10月3日，云南省举办首届昆明国际花卉节。活动内容包括昆明国际花卉展和花车巡游、云南野生花卉展、花卉摄影展、插花艺术表演、花卉学术交流等一系列大型活动。在斗南花卉市场组织斗南数百家花卉生产企业举行花卉园艺精品展销。

2001年，国家农业部将斗南花卉市场确定为全国定点花卉市场。

2001年，昆明斗南花卉市场被上海大世界基尼斯之最认定为“最大的鲜花交易市场”。

2002年，云政发〔2002〕152号文《云南省人民政府关于促进花卉产业升级的意见》，文件提出“用20年左右的时间，把花卉产业建成促进我省经济增长的重点新兴产业，把云南建成亚洲最大的花卉生产基地和现代化市场交易中心。”“以昆明国家花卉拍卖市场为核心，形成以适应拍卖、订单、现货、零售等不同交易手段、不同目标市场和消费对象的花卉市场网络和与之配套的包装、储运、金融服务网络。”

2002年12月20日，昆明国际花卉拍卖交易中心投入使用。从此，亚洲花都的任何价格波动都将影响亚太地区的花市，斗南开始执亚洲花卉产业的牛耳。

2003年末，斗南镇总人口28673人，其中：农业人口27849人，非农业人口824人。农村从业人员19560人，乡镇企业从业人员4540人。斗南镇以花卉、蔬菜种植为主，是一个无粮种植镇。2003年，全镇农村经济总收入完成5.83亿元；农民人均纯收入达5150元；乡镇企业增加值完成8812万元。

2004年，“斗南”花卉商标被认定为云南省著名商标。

2005年4月，农业部、国家发展和改革委员会、财政部、商务部、中国人民银行、国家税务总局、中国证券监督管理委员会、中华全国供销合作总社联合认定昆明斗南花卉有限公司为农业产业化国家重点龙头企业。

2007年，“斗南DOUNAN及图”注册商标被国家工商行政管理总局商标局认定为中国驰名商标。

2009年7月，斗南第一家小额贷款公司——昆明市呈贡区斗南小额贷款有限公司成立，注册资本1600万元，花农可以凭借信誉贷款。

2010年，昆明斗南花卉有限公司携手香港阳光基金、香港荣丰集团，成立昆明斗南国际花卉产业园区开发有限公司。

2011年2月，昆明城乡规划委员会通过昆明斗南国际花卉产业园区项目规划，确定项目规划用地1020亩，一期规划286亩。斗南花卉市场被评为“5A级诚信市场”。

2012年，云南锦苑花卉产业有限公司从事昆明到泰国的花卉冷链物流运输，斗南鲜花至东南亚花卉市场可一日到达。

2012年8月8日，斗南花卉产业园区一期项目正式开工，列为农业部“十二五”重点项目。园区项目计划总投资38.87亿元，规划建筑面积81万平方米，占地1020亩，分三期建设。

2012年，斗南花卉市场交易额连续10多年保持全国第一。被国家农业部确定为国家级斗南花卉市场。昆明斗南国际花卉产业园区开发有限公司被评为昆明“十佳”成长型文化企业，启动国家4A级旅游景区规划。

2013年，呈贡新区斗南国际花卉产业园区管理委员会挂牌成立。

2013年，农业部、云南省政府签署合作备忘录，共建国家级斗南花卉市场；4月，确定为云南省“3个100”重点建设项目计划。

2015年1月，第十六届昆明国际花卉展、中国盆景邀请展在花花世界举办；3月，斗南花卉交易市场转场成功，“花花世界”投入运营；9月，第十一届昆明泛亚国际农业博览会斗南花卉分会场在花花世界举办；12月，斗南花卉电子交易中心开拍，创新交易模式；12月，斗南·花花世界被评为昆明市文化创意产业园区。

2015年，斗南花卉产业开发有限公司投资50亿元建设6个交易大钟，600个交易席位的大型拍卖市场。

2015年8月，呈贡斗南花乡农业产业协会成立，首任会长鲁红伟。

2016年，花卉旅游规划布局在斗南启动。呈贡新区斗南国际花卉产业园区管委会整合花卉产业和旅游产业资源，将斗南社区原址提升改造为花卉旅游小镇，并以此为基础，连通滇池万人码头，斗南生态湿地、昆明斗南国际花卉产业园、三台山旅游文化园区，打造一个以花卉为主题的、高铁入滇第一站的国家4A级旅游景区，将花卉旅游充分融入春城全域旅游的发展战略中，形成以斗南花卉为核心的滇池东岸休闲旅游度假区。

2016年，斗南花卉交易市场鲜切花交易量首次突破60亿枝，交易额47.2亿元。斗南花卉电子交易中心日交易量、交易额双双突破200万枝（元）；8月，第十七届中国昆明国际花卉展斗南分会场暨首届斗南·花花世界旅游文化节在斗南·花花世界举办；11月，斗南·花花世界举办第十四届中国国际农产品交易会暨第十二届昆明国际农业博览会斗南分会场；11月，斗南·花花世界被评为云南省文化创意产业园区。

2016年，昆明斗南国际花卉产业园区开发有限公司被评为云南省非公企业100强。

2017年1月24日，中国国务院总理李克强夜访斗南花卉交易市场，提出“现在斗南花卉市场已经是中国第一、亚洲第一，希望你们向世界第一迈进”的殷切期望，这个目标也成了斗南花农、花商们的梦想。

2017年6月22日，第十八届中国昆明国际花卉展在昆明国际会展中心开幕。本次花展设主会场和分会场。分会场位于呈贡区斗南街道，设斗南花花世界展区、昆明花拍中心展区、昆明盆花苗木展区、斗南盆景花卉展区4个展区，有2000多家花卉经营户就地参展。

2017年6月22日，昆明产业开发投资有限责任公司与昆明斗南国际花卉产业园区开发有限公司、云南锦苑花卉产业股份有限公司签订战略合作协议，共同推进组建“云花集团”。合作组建云花集团，是昆明产投公司深入贯彻李克强总理“将斗南花卉市场做到世界第一”指示精神，落实昆明市委、市政府打造“世界春城花都”城市品牌的扎实行动。今后，昆明产投公司将以昆明为中心区，充分利用好省市相关优惠政策，发挥自身产业引导和金融资本优势，将“云花集团”打造成为云南花卉产业领域的“航空母舰”。

2017年3月22日，斗南花市成为国家3A级旅游景区。昆明斗南花卉交易服务标准化试点通过省、市两级验收。6月15日，斗南花卉小镇成功入围云南20个全国一流特色小镇创建名单。7月1日，花花世界昆明花都·海洋世界开业，斗南花卉市场花卉交易与文化旅游双引擎启动。

2017年，昆明斗南国际花卉产业园区开发有限公司被评为云南省非公企业100强。

2017年，昆明国际花卉拍卖交易中心登记的花农合作社达400多家，联合农户1.2万多户，涉及花卉生产面积4万多亩，亩产值稳定在3

万元左右。

2017年，斗南花卉市场的鲜切花交易量达到65.3亿支，交易额53.55亿元，昆明斗南花卉交易市场连续20多年交易量、交易额、现金量、人流量和出口额居全国第一。

2018年，据《中国特色小（城）镇2018年发展指数报告》，昆明市呈贡区斗南花卉小镇入选中国“50个最美特色小镇”。

2018年7月13日，主题为“绿色新动能 春城花都美”的2018“高铁经济看呈贡”全国主流媒体行暨“斗南花卉特色小镇”建设情况新闻发布会在呈贡召开。呈贡区委、区政府表示力争将斗南建设成为“世界第一的花卉交易中心”“亚洲第一的花卉产业创新研发高地”“中国第一的花卉特色小镇”。

2018年7月14日，第十九届中国昆明国际花卉展斗南分会场“花拍之夜”系列活动，在昆明国际花卉拍卖交易中心盛大举行。本次“花拍之夜”活动由云南省农业厅指导，中国花卉报社、呈贡新区斗南国际花卉园区管理委员会主办，昆明国际花卉拍卖交易中心有限公司、云南锦苑花卉产业股份有限公司、云南省花卉产业发展有限公司承办，主题为“聚焦斗南、共赢共享”。整个活动有2000多位来自全国各地的花店业主、业内专业人士、KIFA供购商代表参加。

2018年，斗南花卉小镇计划在斗南花市北侧，新建一个花卉新品种试验田，新建一栋花卉科研研发大楼，并引进国内外优秀企业，形成省、市、区三级研发的高端花卉品种试验田。将与科研单位合作，引进国内外花卉育种和科研公司进驻斗南。

2018年，云南省80%以上的鲜切花和周边省份、国家的花卉进入斗南花卉市场，日上市鲜切花100个大类1600多个品种，平均每天有1000—1200吨鲜花销往全国各地，目前已形成以斗南为核心，辐射晋宁、石林、宜良、嵩明、富民等周边区县以及玉溪、楚雄、红河等州市的花卉产业集群。作为云南鲜花外销的主要通道和渠道，斗南花卉市场是全国最大的花卉交易市场和全国唯一的国家级花卉市场，花卉外贸辐射俄罗斯、波兰、新加坡、日本、韩国等50多个国家和香港地区，以巨大的交易额和交易量成为亚洲最大的鲜切花交易市场。

昆明市斗南花卉产业化成功之路

杨健强

（原载于2000年2月《中国农村经济》）

昆明是春城，如今，在市场经济的大潮中，花卉产业正在城郊农村蓬勃兴起，1998年，全市花卉种植面积已达1.7万亩，花农达1万户，有花卉企业200多家，种植花卉品种40多个，产值达1.6亿元。花卉业正在成为昆明的新兴产业。

在昆明郊区的呈贡县斗南村，花卉业一枝独秀，斗南村已成为全省乃至全国闻名的“花乡”。全村95%的耕地和95%的农户都走上了种植和经营花卉的道路。1998年，全村生产销售鲜切花4.98亿支，占昆明市鲜切花销售的89%，产品90%销往国内10多个大城市，部分鲜切花还远销到日本和东南亚等地区。花卉收入成为该村农民致富的主要门路，1998年全村农民人均纯收入达到4315元，人均储蓄存款9000元，该村成为靠花卉致富的“小康村”。现在，斗南村的花卉已成为昆明市和云南省的花卉名牌，斗南村的发展之路已成为发展农村经济、增加农民收入的典型范例。从该村的实践中可以得到有益的启示。

一、经济效益是农业产业化发展的内在动力

斗南村濒临滇池，现有农户1619户，人口5189人，耕地面积2715亩，人均占有耕地0.25亩。以前，该村一直是昆明的粮食、蔬菜基地。1990年，3户农民自发种植鲜花，市场销售好，比较效益高，于

是就逐步扩大生产经营规模，成为花卉专业户。他们的带头作用使斗南人明白了一个道理，搞农业要讲比较效益。从经济实惠看，种菜每亩收入五六千元，种花每亩收入一两万元，种菜收入比种粮高，种花收入又比种菜高，种花是一条致富之路。效益的驱动，激发了农民发展花卉产业的积极性，如今斗南村有40多户花农相继到附近村镇和邻县租地种花。他们招聘工人、技术人员和管理人员，并培训农民，向斗南以外输出资金、技术和人才。花卉产业化的发展，促进了专业分工。被称为“花王”的斗南人鲁翠华既是种花能手，又是花卉营销大户。

斗南人经过市场经济的磨炼，现在是花卉种植和销售的行家，他们既是农民+又是商人，既在本地种花，又在他乡租地种花，不少人成了花卉产业的企业家。斗南的实践说明，兴一业富方，抓一品富一片，选准一个好的主导产业，因地制宜，扬长避短，产业化的进程就加快，就能优化农村产业结构，农民就能致富奔小康。该村的实践还说明，广太农民是农业产业化的主体，能够发展什么，应该发展什么，怎样发展，在经济利益的比较中，他们会从自发到自觉地做出选择。各级领导部门都应该尊重农民群众的开拓和首剖精神，尤其要重视能人的带头作用。只有依靠竞争和效益来调动广太农民的积极性，农业产业化才能发展。

二、市场需求是农业产业化的前提

社会的进步和人民生活水平的提高为花卉产业的发展提供了广阔的市场。斗南人正是紧紧把握住市场供求变化的脉搏，把千家万户的生产与市场连接起来。他们一是抓住全国鲜切花市场需求量与日俱增的机遇，于1991年开辟了村中花卉一条街，带动了斗南村农民种花的积极性。花农从原来的几户，增加到十几户、几十户，再增加到几百户、上千户，该村因而成为生产经营花卉的专业村。二是抓住市场营销这个关键环节，从花农自种自销，发展到专业化经销。目前，在斗南村购销花的省内外人员达300多人，其中斗南村的营销人员占50%，达130多户，外地人员占50%，其中有17家外地公司常驻斗南进行运销，形成了一支专业化的花卉营销队伍。云南航空货运公司在斗南村设立了分理处及3个代办点，每年9月至次年3月，仅分理处一家每天办理的货运量就达3—4吨，高峰期达5—6吨。该村批发花卉大户鲁翠华办的云南省呈贡花卉园艺公司航空货运代理处自1998年2月成立至6月底，就代办了400多吨鲜切花。铁路货运也在市场设立了分理处。营销人员不仅在产地销售，还跨地区到外地进行营销。斗南有80—90人常驻广州芳村市场销花，50多人常驻上海目前，斗南村每天发往全国各地的鲜花达15—20吨，其中70%销往广州、上海，部分鲜花还从广州转口发往东南亚等地。目前，斗南花卉已占广州花卉市场份额的43%，斗南花卉已遍布大江南北。三是狠抓市场建设，以适应花卉产业发展的需要。1994年斗南村建立了全国第一个村办花卉交易市场，取代了原来的路边交易市场，鲜切花日销量达120万—150万枝，成交额70万—120万元，日上市交易人员3000人。不仅本地区和邻近县（市、区）种的花被拿到斗南交易，而且玉溪、通海、江川、西双版纳等地种的花也运来斗南交易。随着花卉交易量的增加，斗南花卉成为驰名国内外的品牌。斗南人放眼世界，充分利用品牌效益，又投资3000多万元，新建占地面积100亩的鲜花交易市场，提高了市场的档次，扩大了市场功能，使市场具备鲜花销售、种苗交易、信息传递、分拣包装、冷藏保鲜、检疫、仓储运输等多种功能，同时提供金融、工商、税务、航空、技术咨询等配套服务，并与国内外花卉市场联网，力争使其成为连接省内外、国内外市场的花卉集散中心，以促进花卉产业的发展。

现在的斗南人有了强烈的市场意识。花农说，“只有依托市场才能求得发展，要做到斗南卖全国的鲜花，全国买斗南的鲜花”。斗南的实践从一个方面说明，只有面向市场、研究市场、拓展市场，农业产业化才有生机和活力。

三、龙头企业是农业产业化的支柱

龙头企业上连市场，下连农民，具有开拓市场、引导生产、深化加工、搞好服务的综合功能。

建好一个龙头企业，就是建好一座引导农民进入市场的桥梁。斗南村在发展花卉产业中，特别重视培植和引进龙头企业。该村制定各种优惠政策，鼓励本地花农兴办公司，又积极引进一些高起点、高科技含量的花卉园艺公司，实现了“公司＋农户”的有机结合。主要有三种类型：

一是龙头企业带动型。1994年以来，斗南村先后引进了香港绿叶花卉公司、武汉隆格兰园艺公司、台湾千卉公司、香港缤纷公司等。这些公司具有一定经营规模，科技含量高、辐射面较广、带动能力强。它们与农户结成了利益共同体，成为花卉产销的龙头企业。这些公司从国外引进优良的种苗、先进的管理办法以及科学的栽培技术，建立基地，培育良种，把优良种苗供应给农户，再回收农户的鲜花。与此同时让群众走出去参观学习，并培训和带动农户采用先进的科学栽培技术和管理办法，使农户所种鲜花品种优良、品质优秀、效益显著。

二是基地、服务带动型。斗南第一个成立起来的“昆明呈贡花卉公司”，通过建设基地，带动农户学种花、种好花，使花卉面积不断扩大。呈贡县的乌龙乡、晋宁县的上蒜乡的花卉就是在该公司的影响和带动下发展起来的，短短几年，两地种花农户就超过两地农户总数的50％。花卉产业的发展还带动了当地农资供应、彩印包装、农药、农膜供应等行业的发展，为农户提供了更直接的服务。

这些龙头企业在培育良种，指导农户花卉生产，搞活流通，开拓市场方面，发挥了“火车头”的作用，公司和农户形成了鱼水关系。正是由于龙头企业的带动，斗南花卉产业化的水平才不断提高，才能实现小生产和大市场的有机结合。

四、社会服务是农业产业化的条件

斗南村花卉产业的发展，各项社会化服务发挥了重要作用。推进农业产业化，必须完善社会化服务体系，只有在农资供应、信息咨询、科技服务、市场建设等方面，为农户提供全面、优质、高效的社会化服务，帮助农户解决产前、产中、产后服务等各种问题，才能为农业产业化创造条件，加快农业产业化进程。斗南村社会化服务主要体现在三个方面：

一是下大力改善基础设施建设。几年来，该村先后投资457万多元建中、小排灌站 5 座及“三面光”沟渠，架设渡水槽2.4公里，修筑滇池防浪堤2.8公里，改善了农业生产条件；采取群众集资、出租土地等形式筹集资金，铺设了入村及村内的柏油路5.3公里和水泥田间道路8条（全长5公里），方便了农户运输；结合旧村改造，兴修和疏通了3000多米的下水道，建污水净化池1个，公厕9个，还投资11万元购置了一辆垃圾车，对村里的垃圾进行集中处理，现每年投入20万元用于垃圾处理。

二是抓科技投入，依靠科技进步发展花卉产业。斗南村在积极推进花卉产业化的过程中，极为重视发挥科技的作用。该村先后高薪聘请省农科院、省植物研究所等科研单位以及日本、荷兰等国内外专家、教授讲授花卉的栽培、管理知识。1990年以来，先后举办了24期各种类型的培训班，培训人员3800多人次，培训面在80%以上。斗南村还大力推广塑料大棚、地膜覆盖等先进技术，使花卉生产基地实现了塑料大棚化。为了引进优良品种，村里先后派人到广州、深圳、上海以及日本、澳大利亚等地学习取经，与先进地区和科研院所加强横向联系，引进花卉种苗。针对生产中出现的花卉品种退化、病虫害感染等问题，该村采用隆格兰公司全新的生物工程技术培育无菌壮苗，该公司每年提供优质苗2500万—3000万株，为斗南花卉的发展提供了重要保障。

三是推动系列化服务向深层次延伸。在斗南，围绕花卉产业开展的服务可以说是全方位、全过程的。为了防止群众买到假货、劣货，村里专门联系了有信誉的厂家在斗南设点销售，供应农药、农膜、包装箱、塑料纸等；与此同时，餐饮、运输、商品零售等服务业也搞得红红火火。斗南村还于1994年10月参加了“云南省花卉产业联合会”，并成立了“昆明斗南分会”，至今已有会员30多户。分会主要履行组织培训，信息收集、分析、反馈以及引进优良种苗等职责，为农户提供产前、产中、产后服务。为适应花卉产业迅速发展的要求，该村正积极筹建花卉营销公司，以进一步搞活花卉流通，解决一家一户闯市场中遇到的难题。

斗南村花卉产业的发展已走过了 8 年的艰苦奋斗历程。该村以市场为导向，以效益为中心，依靠龙头企业的带动和社会化服务的配套完善，使花卉产业逐步形成生产专业化、基地规模化、经营集约化，产供销一条龙的生产经营格局，成为当地发展前景广阔的支柱产业，走出了条农业产业化的成功之路。

（作者系原国家民委副主任、原中共昆明市委书记）

斗南花卉史话

化忠义

昆明地区属低纬高原山地季风气候。北有群山阻隔冷空气，南受印度洋暖湿气流影响，又有滇池等湖泊调节温湿度，所以是一个夏无酷暑、冬无严寒、“四季如春”的地方，具有得天独厚的气候优势。在这优越的自然环境之下，终年都适合花卉的生长。明朝谪居云南的状元杨升庵写下的“天气常如二三月，花枝不断四时春”的著名诗句，正是这里的真实写照。

在昆明、呈贡一带，四时山花烂漫，各种野生花卉遍布山野田畴，形成一幅幅诗画般的绚丽风景。在色彩各异的野花之中，还有一些可供食用、风味独特的山花，如棠梨花、马樱花、金雀花、苦刺花……可供人们尽情享受。

各种家养花卉亦广为分布，居家庭院、寺庙、学校都普遍种植，其中不乏许多名贵品种。如山茶、玉兰、栀子、兰花、桂花、木槿、金银花属薇、素馨、缅桂、海棠、大丽花、菊花、金凤、紫薇、美人蕉等数十个品种都广为栽培。在呈贡境内，过去比较有名的有马郎小村寺里的一株松子麟山茶花，有200来年树龄，花繁枝茂，盛花期蔚然壮观，并留传下一个很有意味的美丽传说；大洛羊寺里的一株金桂，枝繁叶茂，盛花期“香飘十里”；下庄子万寿寺里的玉兰、斗南启文宫中的紫薇、先农宫里的大栀子、毕昇花园中的两株缅桂和海棠，树冠高大，花繁叶茂……

过去，作为商品化栽培亦有一个特殊的地方品种一翠菊，呈贡人叫“花节”，她已有上百年种植历史，专供每年七月半祭祖之用。栽培此花需准确掌握其生育期，要求盛花期一定要在农历七月十五。盛花期提前和缩后，就大大减低其经济价值，所以对栽培技术要求很高，经济效益回报亦很可观。它主产梅子村，该村每年都有1/3左右农户种植，斗南也有10来户人家栽种，主销呈贡县及官渡区农村，部分销往昆明市区。

在过去，尤其是在“文化大革命”期间，花卉被视为资产阶级的玩物，被戴上“封、资、修”的帽子，横遭砍伐。党的十一届三中全会的改革春风，吹暖了祖国大地，解放思想，更新观念，以经济建设为中心，改革开放为动力，市场需求为导向，抓住机遇，调整产业结构，国民经济不断发展，人民生活水平日益提高，一个新兴的花卉产业，从无到有、从小到大、从少到多，在呈贡县迅猛地发展起来了。真是“国兴花发”“花随人意”，斗南已成为著名的花乡。斗南花卉交易市场已成为我省乃至全国最大的鲜切花集贸市场。现在，在呈贡这块热土上，鲜花品种已经引种到50余种，斗南花卉交易市场日上市鲜花达数百万枝，每天由斗南发往全国各大中城市的鲜花达30多吨。并且开始走出国门，远销香港、台湾地区及日本、韩国、新加坡、泰国等国家。我县种植鲜花面积已达5000余亩，成为我县继蔬菜、水果之后的又一新兴产业和经济支柱。

花卉产业的蓬勃发展，还带动了其他相关产业的发展，并逐渐形成新的经济增长点，呈现出一派勃勃生机，吸引中外来宾不断到斗南参观考察访问。

呈贡县的花卉产业是如何开始的？是怎样发展起来的？事情还得从呈贡县良种场和我本人说起。

我原是国营呈贡县良种场负责人。良种场的主要任务是进行试验、示范、推广农作物良种，是上级种子公司的育种基地。以社会效益为主要任务，所以长期亏损，每年由国家给予一定数额的补贴。1981年，在昆明市种子工作会上，当时任昆明市种子公司经理的张毅同志对我讲：你们是不是考虑一下开展多种经营，走以副养农的道路，逐步做到扭亏增盈？花卉生产很有发展前途，如果你有兴趣的话，可以先外出考察一获，回来后把花卉生产搞起来。我接受了这个建议，由省、市种子公司开具证明和介绍信，1981年11月间，我到福建省漳州市百花村和杭州等地考察了那里的花卉生产情况，然后又出差到广州，顺便了解和走访了一些花卉信息和花卉生产企业。1982年，我首批从杭州市花木公司引进了30来个花木品种，在良种场公路边开辟了3亩地的花卉苗木基地，又从广东佛山和杭州两地引进鲜切花唐菖蒲种球，从成都引进晚香玉种，在菜地里种了1亩左右。这就是呈贡县首次作为商品化种植鲜切花的起步。

1984年，因各种条件制约，3亩地的花卉苗木全部转让给三台山公园，花园地点改作他用，菜地种的鲜切花因经济效益还可以仍被保留下来。虽然当时尚未有花卉市场，鲜花靠运往昆明走街串巷销售，很是不便，但仍维持下来，后来场里实行联产承包责任制，我本人成了承包人，鲜切花生产一直坚持到1991年我退休。

1985年，我还向县科委提出过“鲜切花保护地冬季栽培”的试验课题，取得了初步的探索经验和试验效果。

1984年，我首次将鲜切花引种到斗南家中责任田里种植。于是，我成了斗南在蔬菜专业生产责任田里种鲜花的第一人。

附　录

我首先把鲜花生产引到斗南种植，是有一定想法的。我们斗南是一个蔬菜生产的老菜区，曾经为昆明市的“菜篮子工程”作出过自己的贡献，可是因自身土地已存在着严重的耕作障碍，本县新的菜区在不断发展，斗南原先在单产和总产量及品质上的优势，逐渐被其他新菜区所取代。斗南必须要另外寻找出路，才能找回斗南的优势地位。斗南农民，对新生事物敏感，基础条件较好，随着生活水平的不断提高，花卉生产必将有一个美好的前景；种花比种菜效益高得多，花卉产业定会发展起来。

开始那两年，多数村民对种鲜花还不认识和理解，就连市蔬果公司一些人也曾有过些异议。我有意识地进行了一些宣传，排除非议，坚持种植，并寻找和动员一些人来种植，把斗南鲜花生产推广开来。李映坤是我物色的第一个对象，他当时是斗南乡（办事处）乡长、主任，在群众中有威信，本人各种条件较好，经我几次动员说服，于是在1987年由我供给他种球，他成了斗南第二个种花人。他姑娘和我的三姑娘成了斗南第一批卖花姑娘。

1987—1989年间，我还把自己繁育的花种或从外地（佛山、兰州、珠海、杭州等）引进的唐菖蒲种球先后转让给昆明近郊的大女儿，以及其他亲戚，还有官渡区子君乡的李佳驹等好些农户，鲜切花的种植逐渐由点到面不断扩大起来。

1988年以后，斗南村的一批青年，亦开始转变观念，根据寻找花卉种源，钻研种植技术，开始种植花卉。其中较为突出的有华明昇、毕会、王路坤、毕僅等几位。他们思想敏锐，有远见，对新事物反应快，且具有开拓创业精神，开始在责任田里种花，并首先引进了康乃馨、勿忘我、香雪兰、孔雀树、满天星等品种。到90年代初，他们几位不仅在自家责任田里种花，还首先走出斗南，在外村开辟基地，开始规模化生产。

1989—1991年间，昆明有了花摊，并出现了花店，这些摊主和店主纷纷到斗南来购货。1992年花卉种植在斗南已经基本铺开，发展到800来亩。在斗南村，每天下午开始有人在原来的蔬菜交易小市场前交易鲜花，这是花卉市场形成的开始。1993年，原小蔬菜批发市场被花卉交易市场取代了。

办事处及各级政府亦相应调整了种植产业结构。乡党委书记王建存说过："市场的力量、市场的魅力，把我们由市场的适应者，改造成了市场的创造者……商品经济的市场法则把我们的自发行为转变为自觉的经营活动"。各级领导纷纷作出决策，主动引导农民搞市场经济、发展花卉种植，把花卉产业定位为我省、我市、我县的重点，把斗南建设成"花卉生产基地"。于是，先后投资380余万元，建成了一个比较规范的花卉交易市场，1996年又再次扩建为一个占地约十亩的初级花卉交易市场。

90年代，花卉生产渐次向斗南邻近各村发展。梅子、江尾、小古城、殷练、乌龙等村及官渡区的肖家营、大小罗家营、矣六、五腊、子君、小耳村等地已陆续开展起花卉种植业。到目前为止，仅龙街乡就发展到3000多亩，斗南花卉市场接纳了近5000来自花卉产品的交易，从而使斗南花卉市场交易双方日均人流量超过3000人，鲜切花上市量达200多万支，日交易额达60万—120万元。每日通过航空和铁路托运及汽车买走的鲜花达30—40吨。

在市场出售的花卉品种，由起步时的两个主要品种已发展到目前的50余个。它们是：唐菖蒲、康乃馨、满天星（丝石竹）、马蹄莲、勿忘我、情人草、玫瑰、香雪兰、百合、多头菊、万寿菊、翠菊、孔雀树、情人树、晚香玉、矢车菊、紫罗兰、泰国兰、洋兰、富贵菊、六出花、文馨兰、天茄、鸾尾、马尾、洋桔梗、红掌、天堂鸟、姜花、胡兰、千曰红、蝴蝶石竹、蚌壳草、白雪花、向日葵花、黄金草、叶上花、太阳花、鸡冠花、铜叶桉、过山龙、排骨草、银柳、珍珠菊、石竹梅等等。

1993年，我在《昆明科技报》上发表过唐菖蒲、满天星、康乃馨的栽培技术3篇文章，后被一家花卉栽培技术培训班用作讲义，又被一家花种花苗店翻印作技术资料出售，对花卉栽培技术的推广普及起到了一些作用。

1993年，斗南村几位有志青年，纷纷走出家门，到成都、广州、上海等地开拓花卉销售市场。于是更多青年下广州、奔上海、闯京城；最多时仅广州一地就有百余人，形成了一支小小的队伍。他们把花卉销售的渠道伸展到全国各大中城市，亦带回了许多有价值的信息，其中华明昇、鲁翠华、毕会等几人最有代表性。他们具有市场意识、竞争意识和开拓创业精神，与全国各地花商建立了业务关系，大批童往各地发货，最多时一家人日发货70余件。他们自己分别建有几十亩不等的基地，还与航空公司联手开展航空托运业务。

1994年，李春贵首先在斗南搞起了航空托运业务。至今斗南已有航空托运业务代办处近10家，其中6家业务比较大。还有两家铁路货运业务代办处，这些货运代办户，使斗南花卉流通渠道非常畅通，当日就能及时把货运到客户手中。

花好自有蜂蝶来。1993年，“缤纷花卉公司”及“新东星花卉公司”首先进驻斗南，开展营销活动。先后又有“芊卉”“新基”“兴隆”“恒茂达”“珠江花场”“明日丰”“忆成”“省农科院”“隆格兰”“四季青”“自更集团”“梅龙”“昆明今业”“云南三江”“雷兰”“绿叶”等30余家花卉公司到斗南开展业务。“隆格兰公司”还在斗南创建了百亩花卉基地。

各地个体和集体客商亦纷纷涌向斗南，租房长住开展花卉经营业务。这批客商约有300来人，他们自买、自包装、自己托运，把斗南鲜花发往全国各大、中城市。邮电通讯业务亦有迅猛发展。1997年建成一幢邮电楼，村里装了900余部程控电话，花农信息灵通，耳聪目明，获益匪浅。1994年以后，斗南人纷纷向外扩展，承包外地土地，创建花卉基地，其范围除本县内各办事处外，富民、嵩明、昆阳、晋宁、安宁等县都有，承包总面积已超过2000多亩。

1997年10月16日，“云南花卉产业联合会斗南分会”在斗南办事处成立，选举县长曹超为会长，鲁翠华、郭能、裴盟为副会长，邓从军为秘书长。该会以贯彻落实省政府关于花卉产业的各项方针，建立社会主义市场经济，使花卉产业更快、更好地发展；充分利用斗南的品牌优势，协调各公司之间和与政府部门之间的关系；开展技术培训，搞好花卉的科研、生产、销售一条龙。

随着花卉产业在呈贡的不断发展，原来的花卉市场显得狭小、拥挤，远远不能适应形势发展需要。筹建一个与国际接轨，具备多种功能的综合性的花卉交易市场已刻不容缓、势在必行。在省、市、县人民政府的大力支持和指导下，一个占地70余亩，集交易市场功能、信息服务功能、冷藏保鲜功能、旅游服务功能及海关、铁路、民航、工商、税务、科技等为一体的综合性服务功能的新市场一期工程，已于1998年8月18日奠基，并开始进行紧张的施工，计划到1999年“昆明世界园艺博览会”开幕前完工并投入使用。该项工程计划一期工程投资3000万元，二期工程在一期工程的基础上，建成中、高级花卉交易市场。

“中国昆明斗南花卉公司”已在筹建新花卉市场时成立。王建存为董事长，余建国为总经理。公司一成立，立即着手招商引资，领导新市场建设，着手开展各项业务。该公司的成立，将对斗南花卉市场的筹建；适应社会主义市场经济的新格局；依托市场、发展经济、致富一方，发挥对花卉产业的引导、服务和进一步发挥斗南花卉的名牌效应，推动县乡经济的发展，发挥出应有的作用，作出它自己的贡献。

下面是我有感而发，写就的一首《西江月》一并抄录出来，作为本文的结尾：

西江月

花乡斗南颂

这里繁花似锦，到处五彩缤纷。
群芳争艳绽满村，四季幽香袭人。
招来八方宾客，赢得财源滚滚。
千家丰盈起歌声，喜庆繁荣昌盛。

（本文原载于《昆明花卉史话》）

斗南历年鲜花种植交易一览表

斗南花卉交易量、交易额示意图

2017年市场交易量76.34亿支，交易额63.82亿元

交易量（亿支）

交易额（亿元）

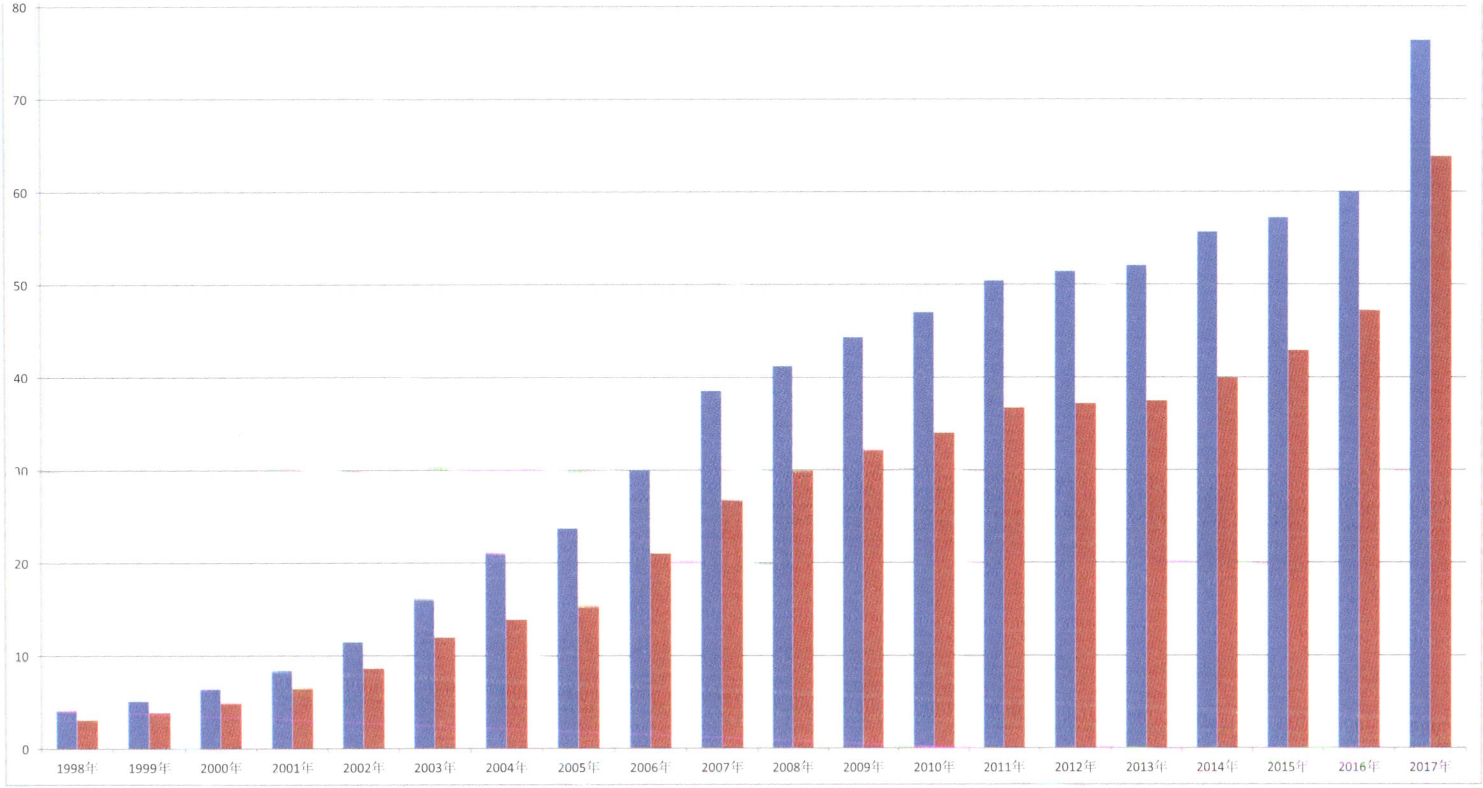

附　　录

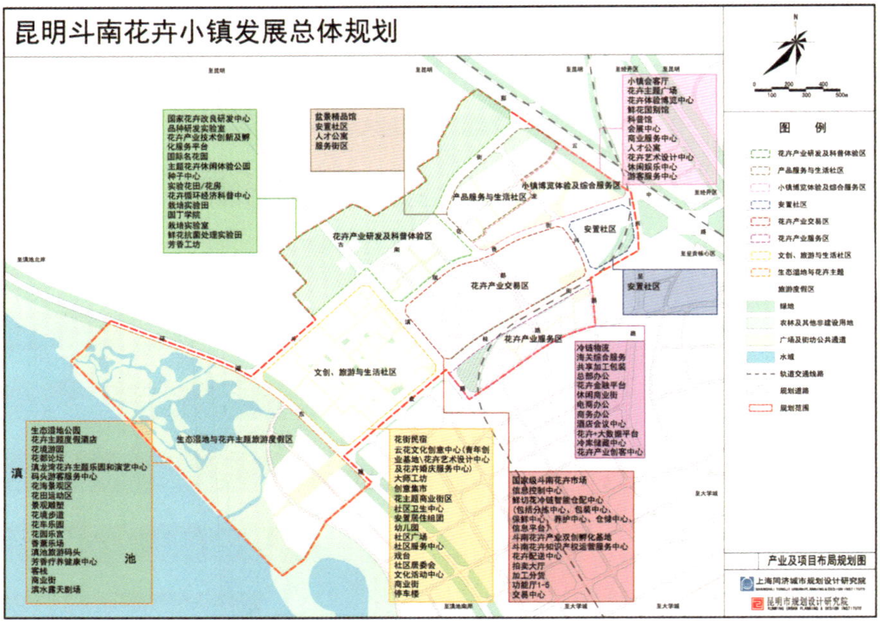

云南省昆明斗南花卉小镇产业布局规划图

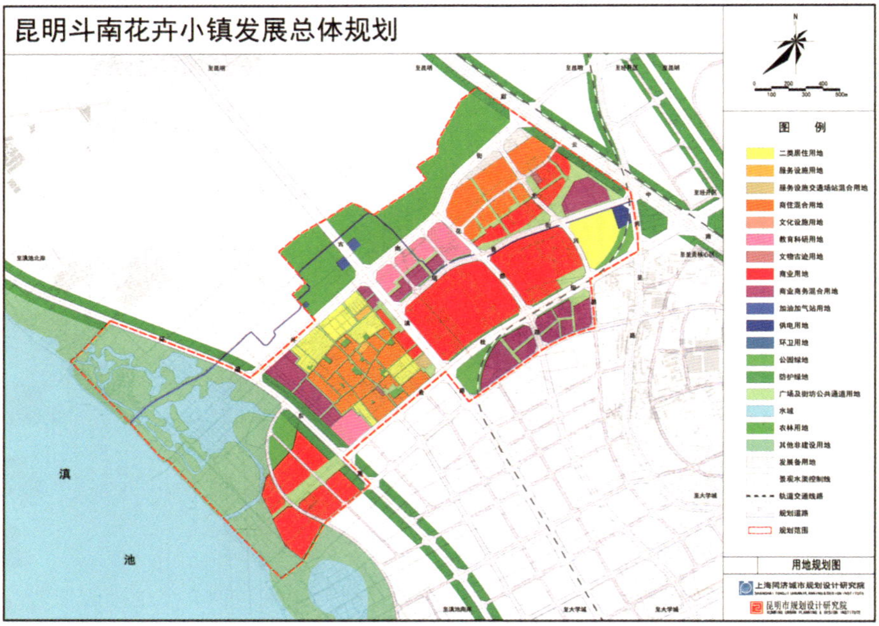

云南省昆明斗南花卉小镇用地规划图

听花蕾绽放的声音

中国第一花卉小镇
（手机扫码看视频）

昆明斗南花卉小镇将着力打造——

世界第一的花卉交易中心

亚洲第一的花卉产业创新研发高地

中国第一的花卉特色小镇

云南省昆明斗南花卉小镇效果图

后 记

公元1526年，被朝廷贬官于云南永昌的明代状元杨慎（字升庵），在游历昆明时曾模仿白居易的《忆江南》，写下了脍炙人口的诗句《滇春好》，赞美滇池及周边四季如春的自然美景："滇春好，韶景媚游人。拾翠东郊风袅袅，采芳南浦水粼粼，能不忆滇春？滇春好，百卉让山茶。海上千株光照水，城西十里暖烘霞，能不忆滇花？滇春好，翠袖拂云和。雅淡梳妆堪入画，等闲言语胜听歌，能不忆滇娥？滇春好，最忆海边楼。渔火夜星明北渚，酒旗飘影荡东流，早晚复同游。"

虽然世事已过近500年，春城昆明依然如升庵所赞"天气常如二三月，花枝不断四时春"。春依然是昆明的"魂"，花依旧为昆明的"魄"。然而不同的是，今日，春天成了昆明的城市品牌，而花卉已经成为昆明市的一个大产业。

昆明人爱花。即便在炮火连天的抗战时期，热爱生活的昆明人也不能缺少花。1944年，时任抗日战争援华美军第172医院副院长的克林顿·米勒特博士，在昆明拍摄了大量的彩色照片，其中一幅是昆明街头的卖花农妇和一位买花的妇女。而同一时期住在近日楼附近的维新街的冰心，这样描写昆明："近日楼前就是花市，早晨带一两块钱出去，随便你挑，茶花，杜鹃花，菊花，……还有

后　记

许多不知名的热带的鲜艳的花。抱着一大捆回来，可以把几间屋子摆满”

20世纪八九十年代，昆明人爱花、买花、赏花之风更加兴盛。许多主妇到市场上买菜时，顺便买一把回家。昆明尚义街，一度成为昆明人和外来游客纷沓而至的花市，玫瑰、百合、康乃馨、满天星等等，在街头摇曳生姿。与鲜花进入昆明人视野的是距昆明20多公里的呈贡斗南。斗南花农把鲜花带给了昆明，斗南也把鲜花做成了一个产业。

一支花何以能成就一个现代产业？一个传统的村落为何能在短短35年成为亚洲第一大的鲜花市场？是时候揭开亚洲花都之谜了！

2018年6月，中央文史研究馆面向全国各地方文史馆，征集纪念改革开放40年口述史及相关文史资料，昆明市文史研究馆的学者们对昆明在改革开放40年来的重大事件进行了盘点，大家都认为斗南花卉产业发展是个标志性事件，这段历史用口述史的方式记录下来具有重大意义。“中国最大的花卉产业和市场——昆明斗南花卉发展口述史”一经上报中央文史馆，立刻获批，与安徽小岗村农村改革口述史等课题，一同列入2018年中央文史研究馆重点选题，并列入中共昆明市委宣传部“改革开放40年系列活动”的内容。

2018年仲夏，昆明市文史研究馆组成“昆明斗南花卉产业发展口述史课题组”，开启了斗南花卉产业寻访之旅。课题组由昆明市政府参事室主任、昆明市文史研究馆主任厉鸿华亲自领衔，云南大学商旅学院MBA导师徐启亚任组长，云南民族大学教授杨国才，资深新闻人王晓洁、杨亚伦，云南林下经济促进会副秘书长余卫东，资深电视纪录片制作人周岳军等参加。课题组认真研究和总结了斗南花卉产业的发展轨迹，收集了大量云南省及昆明市花卉产业发展的相关资料，同时阅读了与斗南花卉相关的书籍、论文，以及媒体报道，理清斗南花卉产业发展的整个历程。

经过近两个月寻访，课题组锁定了34位斗南花卉产业发展史的亲历者和见证者，他们中有斗南村的第一代花农、第一批卖花姑娘、第一批闯广州卖花的村民；有第一批进入斗南指导花卉种植的中科院科技人员；有第一批进入斗南的花卉公司；有斗南第一个花卉交易市场的建设者；有斗南国际花卉拍卖交易中心敲下第一锤的拍卖师；有斗南村第一个航空货运办理窗口和第一个农村信用社机构，还有一直为斗南花卉产业壮大发展作出重大贡献的地方政府官员。课题组成员对他们进行了逐一采访，用笔记、录音、摄像方式记录了他们讲述的斗南花卉产业的故事，并编辑成这本《NO．1 亚洲花都——昆明斗南花卉产业发展口述史》。

产业口述史在国内尚鲜有，本书所记录的斗南花卉产业口述史更是开花卉产业的先河。本书通过34位亲历者的口述和145幅斗南花卉历史照片，完整地再现了斗南花卉

后　记

产业的产生、发展、壮大、升级的历史。在这部口述史，读者可以跟随口述人的故事走过斗南花卉不寻常的35年，感受昆明市农村改革和农业产业化的壮美诗篇，更可以触摸到中国改革开放带给中国社会的巨大变化。

本书将34篇口述，按照斗南花卉最早种植和销售的花农、助推斗南花卉市场的花卉公司；促进斗南花卉产业发展的各级党委政府和科研院所及服务机构的分类，分为“花农篇”“公司篇”“服务篇”三个板块，勾勒出了斗南花卉产业清晰的发展轨迹。

本书的一个重要亮点是它的科技含量。它是一本可读、可看，也可以听的书，昆明报业集团的“掌上春城”采用多媒体手段，在书中植入了5个二维码，读者只要用手机扫一下二维码，在手机上就可以看到一部斗南花卉产业发展纪录片。

本书在采访和编写过程中，得到了中共呈贡区委、呈贡区人民政府、呈贡区委宣传部、斗南花卉产业园区管委会、呈贡区斗南街道办事处、云南省花卉产业联合会的大力支持，昆明斗南花卉产业发展口述史课题组向他们表示诚挚感谢！

2018年深秋